Wolfgang Walter

Befreiung des Ich

Die transformierende Kraft des Zen-Weges

vianova
Verlag Via Nova

Wolfgang Walter

Befreiung des Ich

Die transformierende Kraft des Zen-Weges

vianova
Verlag Via Nova

1. Auflage 2004

Verlag Via Nova, Alte Landstraße 12, 36100 Petersberg

Telefon: (06 61) 6 29 73
Fax: (06 61) 9 67 95 60
E-Mail: info@verlag-vianova.de

Internet:
www.verlag-vianova.de
www.transpersonal.com

Umschlaggestaltung: Klaus Holitzka, 64756 Mossautal
Satz: typo-service kliem, 97647 Neustädtles
Druck und Verarbeitung: Rindt-Druck, 36037 Fulda

ISBN 3-936486-59-X

Inhaltsverzeichnis

Vorwort

Dieses Buch ist das Ergebnis vieler Gespräche, die ich mit Teilnehmern aus meinen Zen-Gruppen in München, Freising und Neufahrn geführt habe, um das wahre Wesen des Zen, d.h. das Wesen unseres Menschseins, zu erläutern. Gleichzeitig soll es einen möglichen Weg aufzeigen, universellen Frieden zu schaffen. Alle Gespräche kreisen um den gleichen Kern, unser wahres Wesen, das, was wir wirklich sind. Es soll eine Hilfe sein für Menschen, die sich auf den Weg nach innen machen, aber es erhebt keinen Absolutheitsanspruch. Vielmehr soll es Mut machen, neue Wege zu beschreiten. Da sich Zen-Schüler häufig an verschiedenen Punkten des Weges befinden, wird das Gleiche oft mit anderen Worten gesagt. Wiederholungen sind keine Absicht, sondern praktische Hilfe. Es ist auch gedacht für Menschen, die sich von ihrer Konfession distanziert haben, zweifeln oder Lehre und Verhalten ihrer Religion nicht mehr akzeptieren können. Immer mehr Menschen tauchen ab in ein religiöses Niemandsland, doch gerade diese Menschen stehen dem Religiösen manchmal näher als ihre fundamentalistischen Gegner.

Viele Menschen stehen in unserer Zeit vor Fragen wie: Wer bin ich? Sind wir Menschen auf der Welt, um zu leiden? Gibt es Auswege aus scheinbar sinnlosen Lebenssituationen? Welchen Sinn haben Krisen? Haben die Religionen versagt? Was ist der Sinn meines Lebens? Gibt es eine Möglichkeit zum Weltfrieden?

In diesem Buch versuche ich, Antworten auf all diese Fragen zu geben.

Der Verfasser

Dank

Mein besonderer Dank gilt Laila Schmid,
die mir eine wertvolle Hilfe
bei der Entstehung des Buches war.

1. Kapitel
Prolog

Frage: Darf ich fragen, wie Sie zum Zen gekommen sind?

Wolfgang: Der Auslöser war eine Reise nach Sri Lanka, die ich zusammen mit meiner Frau Anfang der 80er Jahre unternommen habe. Die riesigen Buddhastatuen beeindruckten mich außerordentlich und brachten irgend etwas in mir zum Klingen. Einmal gerieten wir zufällig in eine Art „Hindu-Gottesdienst". Die Leute standen tief in sich versunken im Kreis, die Hände vor dem Gesicht gefaltet. Nie zuvor hatte ich eine solche Religiosität erlebt, sie war körperlich spürbar. In diesem Augenblick wusste ich, das hatte ich eigentlich immer gesucht.

F: Was bedeutete zu dieser Zeit die Religion für Sie?

W: Meiner christlichen Religion gegenüber verspürte ich einen großen inneren Widerstand; eigentlich hatte ich sie schon längst zur Seite gelegt.

F: Wie kam das?

W: Ich wurde sehr christlich erzogen. Diese religiöse Erziehung war natürlich völlig übertrieben. Aber damals war ich mir dessen nicht bewusst. Ich dachte, das müsste so sein. Als Ministrant betete ich unzählige Male den Rosenkranz, obwohl ich dies als sehr langweilig empfand, zumal zur selben Zeit im Fernsehen eine Serie über die Dinosaurier lief. – Das war wirklich sehr hart. Als Anerkennung für mein oftmaliges Ministrieren bekam ich dann vom Pfarrer einen Rosenkranz geschenkt, eine große Auszeichnung für mich! Als derselbe Pfarrer mich später einmal nach dem Rosenkranz in der Sakristei fragte, wie viele „Gegrüßet seist du Maria" ich mitgebetet hätte, antwortete ich: „Vielleicht zehn?" Daraufhin bekam ich von ihm eine schallende Ohrfeige. „Nicht einmal fünf waren es", sagte er zornig. So war das eben damals in den fünfziger Jahren.

F: Wie ging es anschließend religiös weiter?

W: Nun ja, ich wallfahrtete insgesamt ungefähr achtmal nach Altötting. Anschließend war ich jedes Mal krank. Durch meinen Vater war ich in einer marianischen Vereinigung integriert und diese Wallfahrt wurde jedes Jahr durchgeführt. Mit etwa zwölf Jahren las ich voller Begeisterung unter der Bettdecke mit Taschenlampe Romano Guardinis Buch „Der Herr"[1]. Warum ich dies tat, kann ich heute nicht mehr sagen. Vielleicht war es eine Sehnsucht nach etwas, das sich nicht in Worte fassen lässt. Ich habe nichts davon verstanden, erinnere mich nur noch daran, dass es sich um sehr viele hauchdünne Seiten handelte.

F: Wie empfanden Sie Ihre Erstkommunion?

W: Das ist eine gute Frage. Ich dachte, ich müsste sehr heilig sein, und wenn ich das wäre, würde gewiss etwas geschehen. Als mir dann der Pfarrer die Hostie auf die Zunge legte und daraufhin nichts passierte, war ich zunächst sehr enttäuscht. Selbstverständlich bekam ich von meinen Eltern neben einigen anderen Dingen wieder einen Rosenkranz geschenkt.

F: Warum mussten Sie immer nur den Rosenkranz ministrieren, es gab doch auch noch die Heilige Messe?

W: Natürlich. Ich ministrierte auch jeden Tag die Heilige Messe. Es gab da ein Krankenhaus mit einer kleinen Kapelle, wo jeden Morgen um sechs Uhr die Eucharistiefeier gefeiert wurde. Um pünktlich zu sein, musste ich jeden Tag um halb sechs Uhr aufstehen. Anschließend bekam ich ein kleines Frühstück in der Küche des Krankenhauses. Das war mein Entgelt, an Weihnachten gab es noch zusätzlich einen Waschlappen und ein Stück Seife.

F: Sie sagten, dass die Reise nach Sri Lanka der Auslöser für Sie war.

W: Ja, das stimmt. Ich beschäftigte mich nach meiner Rückkehr sehr ausführlich mit dem Buddhismus und las viele Bücher hierüber. Diese Religion hatte für mich etwas wirklich Faszinierendes, erstens, weil sie so anders war, und zweitens, weil sie einem methodische Ratschläge gab, um vorwärts zu kommen. In der Bibel steht beispielsweise nur: „Liebe deinen Nächsten". Im Buddhismus hingegen fand ich Stufe für

Stufe ausführlich beschrieben, *wie* dies in der Realität zu verwirklichen sei.

F: Sind Sie später nie aus der Kirche ausgetreten?

W: Nein. Ich habe zwar mit zwanzig Jahren meine christliche Religion mit Füßen getreten, aber ich bin nie aus der Kirche ausgetreten.

F: Wie sind Sie dann zum ersten Mal mit dem meditativen Sitzen in Berührung gekommen?

W: In den buddhistischen Büchern las ich auch einiges über den Zen-Buddhismus. Ein Buch ergab das nächste, und selbstverständlich lernte ich, dass man sitzen muss, um Erleuchtung zu erfahren, und so probierte ich es unverzüglich selbst aus.

F: Was war aus Ihrer heutigen Sicht der Hauptanlass dafür, sich mit Zen zu beschäftigen?

W: Rückblickend waren es drei Dinge, die mich faszinierten. Erstens das Wort „Erleuchtung". Ich wollte einfach wissen, was es bedeutet. Auf der anderen Seite waren da die unsinnigen und absolut unlogischen und paradoxen Aussprüche der Zen-Meister, die es mir antaten. Hinzu kam, dass ich einfach ein großes Bedürfnis verspürte, dahinter zu blicken, denn wenn sich Zen über zwei Jahrtausende gehalten hat, muss doch etwas dran sein, dachte ich mir.

F: Und was war der dritte Punkt?

W: Das dritte waren die Koans, diese seltsamen Geschichten, die ich durchschauen wollte.

F: Können Sie sich noch an Ihre ersten Erfahrungen beim Sitzen erinnern?

W: Ja, sehr gut. Es tat einfach nur weh. Ich muss dazu sagen, dass ich eigentlich ein sehr unsportlicher Mensch bin, was die Sache natürlich besonders erschwerte. Und wenn man auf Anhieb versucht, im Lotossitz zu sitzen – denn nur so ist Erleuchtung möglich, dachte ich mir, – ist das ziemlich schmerzhaft.

F: Sind Sie jeden Tag gesessen?

W: Selbstverständlich. Ich war wie besessen. Ich führte sogar Buch darüber und machte für jede Viertelstunde ein Kreuzchen auf ein kariertes Blatt. Am Ende des Jahres zählte ich dann alle Kreuzchen zusammen und beschloss: Nächstes Jahr muss es besser werden!

F: Wie erlebten Sie damals Ihr Sitzen?

W: Ich saß und wartete, dass etwas passiert. Rückblickend kann ich nur sagen: Es war wie bei meiner Erstkommunion. Nichts passierte, außer dass meine Beine ständig einschliefen und wehtaten.

F: Welche Motivation hatten Sie für Ihr Sitzen?

W: Ich wollte nicht so werden wie mein Vater, wollte unbedingt heraus aus diesem Hamsterrad. Mein damaliger Psychologie-Professor sagte mir einmal während meines Studiums, dass sich im Grunde genommen alles fortsetzen würde. Diese Aussage ängstigte mich sehr. Im Sitzen fand ich eine Möglichkeit, den Kreislauf zu durchbrechen. Ich wollte meine Kinder anders erziehen.

F: Wie wurden Sie erzogen?

W: Meine Erziehung war betont hart, mehr möchte ich dazu eigentlich nicht sagen. Heute bin ich allerdings – das mag vielleicht unsinnig klingen – trotz alledem sehr dankbar dafür. Ich habe meinen Eltern verziehen. Alles hatte einen tiefen Sinn. Ich stünde bestimmt nicht da, wo ich heute stehe.

F: Und wo stehen Sie heute?

W: Ich weiß es nicht. Ich kann es wirklich nicht sagen. Ich habe meinen Standpunkt verloren. Mein Standpunkt ist zu einem Nicht-Standpunkt geworden.

F: Wann war es, als Sie zum ersten Mal leibhaftig mit Zen in Berührung kamen?

W: Im Grunde genommen dauerte es sehr lange. Ich saß und saß einige Jahre lang. Ich saß ganz alleine, alle Türen, mit Zen-Meistern in Berührung zu kommen, waren verschlossen. Es war ein Weg durch die Wüste, so empfand ich das damals. Meine einzige Motivation, weiter zu sitzen, waren meine Zen-Bücher. Ich las einige Seiten und wusste, es geht nicht um das Lesen, sondern nur um das Sitzen. Erst nach vielen vergeblichen Anläufen hatte ich die Möglichkeit, einen Zen-Einführungskurs zu besuchen.

F: Wo war das?

W: Das war in Würzburg bei Joan Rieck, einer amerikanischen Zen-Lehrerin.

F: Können Sie mir etwas darüber erzählen, wie diese erste Begegnung stattfand?

W: Dieses eine Wochenende veränderte mich sehr. Alles war neu, ungewohnt und doch zugleich sehr vertraut. Als ich beim Dokusan zum ersten Mal Joan Rieck gegenübersaß, konnte ich überhaupt nichts sagen. Die Tränen erstickten einfach meine Stimme. Ich weiß noch, wie sie mich nach meinem Beruf fragte, aber sie konnte das Wort „Lehrer“ nicht verstehen. Ich war einfach nur glücklich darüber, endlich da zu sein. Hier war ich zu Hause, endlich war ich angekommen!

F: Was passierte nach diesem Wochenende?

W: Als ich wieder nach Hause kam, hatten wir Besuch. Ich erinnere mich, wie ich mich über die vielen Kuchen für so wenige Leute wunderte. Diese ganze Verschwendung wurde mir plötzlich bewusst, aber als ich es laut kritisierte, stieß ich auf absolutes Unverständnis.

F: Wann besuchten Sie schließlich Ihr erstes Sesshin?

W: Lange Zeit danach. Wieder waren alle Türen verschlossen, während ich unentwegt für mich alleine übte. Jeder Versuch einer Anmeldung im Meditationshaus Dietfurth war eine Fehlschlag. Es klappte einfach nicht.

F: Was taten Sie dann?

W: Verbissen saß ich regelmäßig weiter. Selbstbewusst, wie ich damals war, gab ich mir selbst das Koan „Mu“. Ich übte mit *Mu*, wie ich es in den Büchern las, denn mit dem Atem zu üben fand ich auf die Dauer zu langweilig. In einem Brief an Pater Lassalle erzählte ich ihm von meiner Praxis.

F: Hat er geantwortet?

W: Ja.

F: Und?

W: Er hat geschrieben, ich solle sofort damit aufhören. Alles, was ich ihm mitgeteilt hätte, würde sehr zwanghaft klingen. Das war natürlich eine herbe Enttäuschung für mich! Aber es hatte schließlich auch etwas Gutes. Meine nächste Anmeldung in Dietfurth wurde schließlich ein Erfolg. Endlich durfte ich ein ganzes Sesshin besuchen!

F: Wer leitete dieses Sesshin?

W: Es war Pater Victor Löw, mein erster Zen-Lehrer.

F: Welchen Eindruck hat er auf Sie gemacht?

W: Er war für mich eine Art Übermensch. Ich stellte ihn innerlich auf ein hohes Podest und verehrte ihn zutiefst. Wenn er in seinen alten Hausschuhen schlurfend zum Frühstück oder zum Mittagessen in den Speisesaal kam, war das immer ein besonderer Augenblick für mich.

F: Und wie war dieses erste Sesshin für Sie?

W: Es war die Hölle. Eine junge Frau sagte am Ende des Sesshins, als wir alle zusammen über unsere Erfahrungen sprachen: „Ich wusste, dass dieses Sesshin für mich die Hölle sein würde, aber dass es die Hölle bei weitem übertrifft, das hatte ich nicht erwartet!“ Sie sprach mir aus der Seele.

F: Welches war das einprägsamste Erlebnis während dieses Sesshins für Sie?

W: Es war genau der Augenblick, als Pater Victor am letzten Abend seine Zigarettenschachtel – sie war gelb – aus der Tasche zog, sie vor sich auf den Tisch legte, eine Zigarette herausnahm, sie anzündete, in den Mund steckte und rauchte.

F: Er hat geraucht?

W: Ja, er hat geraucht. Ich konnte es nicht fassen. Ein „heiliger“ Mann, der rauchte!

F: Wie haben Sie darauf reagiert?

W: Ich habe zu ihm gesagt: „Pater Victor, wenn ich das meiner Frau erzähle, das glaubt sie mir nie“!

F: Und was hat er gesagt?

W: „Wollen Sie auch eine"?

F: Und was haben Sie gemacht?

W: Ich war so überrascht, dass ich ablehnte, obwohl ich wirklich gerne eine Zigarette geraucht hätte. Damals verzichtete ich während des Sesshins freiwillig auf das Rauchen, weil ich überzeugt war, so käme man schneller zu einer Erleuchtungserfahrung.

F: Wurden Sie Schüler von Pater Victor?

W: Ja, aber erst zwei Sesshins später. Natürlich war ich sehr stolz darauf.

F: Welche Übung hat er Ihnen gegeben?

W: Zweimal dürfen Sie raten.

F: Den Atem?

W: Ja. Eigentlich war ich ein wenig enttäuscht, denn ich wollte natürlich sofort mit den Koans beginnen. Selbstverständlich habe ich es trotzdem akzeptiert. Ich wusste, wenn *er* es sagt, wird es wohl das Beste für mich sein. Ich vertraute ihm voll und ganz. Dieses absolute Vertrauen ist, glaube ich, sehr wichtig.

F: Und so saßen Sie mit dem Atem?

W: Ja. Ich atmete und atmete. Ich konzentrierte mich auf den Atem und erlebte tausend Abschweifungen. Zum ersten Mal bemerkte ich, dass es gar nicht so einfach ist, nur zu atmen und den Atem fließen zu lassen. Je stärker ich mich darauf konzentrierte, desto klarer wurde mir, wie ich in Wirklichkeit eigentlich den Atem ständig beeinflusste, ihn verlängerte oder verkürzte.

F: Und was taten Sie, als Ihnen das klar wurde?

W: Ich gab es auf. Ich atmete einfach nur noch, ohne diese krampfhafte Anstrengung im Hintergrund, und plötzlich wurde alles viel leichter.

F: Wenn Sie heute einem Ihrer Schüler die Übung mit dem Atem geben, nehmen Sie dann Bezug auf Ihre eigenen Erfahrungen mit dem Atem?

W: Ja und nein. Wir können auf der Leiter der Erfahrungen keine Sprosse überspringen. Jeder muss für sich die Erfahrung machen, dass er nicht Herr im eigenen Haus ist, dass er eigentlich alles manipuliert, sogar den Atem. Das muss jedem wirklich selbst klar werden. Fehlt diese Erfahrung, bleiben wir stecken.

F: Wie lange haben Sie mit dem Atem geübt?

W: Ich weiß es nicht mehr. Zwei Jahre waren es sicher. Wichtiger aber für mich waren die Erfahrungen, die ich später während der Sesshins machte.

F: Wollen Sie etwas darüber erzählen?

W: Ich muss vorausschicken, dass ich bis zu jenem Zeitpunkt ein sehr gespaltenes Verhältnis zu Ordensschwestern hatte. Als fünfjähriger Junge wurde ich einmal von meinen Eltern für einige Wochen in einem Kinderhort untergebracht. Dieser Hort wurde von einer Ordensschwester geleitet. Tollpatschig, wie ich damals war, bin ich eines Tages in die Milchschüssel ihrer Katze getreten. Die ganze Milch kippte auf den Boden. Sofort bekam ich von ihr eine Ohrfeige. Lange Zeit konnte ich dies nicht verstehen, denn das Missgeschick geschah ja ohne Absicht. Die Folge war, immer wenn ich eine Ordensschwester in ihrer schwarz-weißen Kleidung auf der Straße sah, stieg in mir die Wut von damals auf. Diese Abneigung bestand über zwei Jahrzehnte, und obwohl ich den Grund und die Ursache genau kannte, hörte die Abneigung nicht auf. In einem späteren Sesshin geschah es dann. Am letzten Abend stellte ich mit einer Ordensschwester im Speisesaal die Tische und Stühle in Hufeisenform auf. Plötzlich war alles ganz anders. Da war eine absolute innere Zuneigung in mir, wie ich sie vorher noch nie gespürt hatte. Spontan ging ich auf sie zu und sagte zu ihr: „Schwester, ich habe das Bedürfnis, Sie zu umarmen."

F: Und? Wie reagierte sie?

W: „Dann tun Sie es doch", antwortete sie. So umarmte ich sie. Daraufhin erzählte ich ihr meine Geschichte, und sie freute sich mit mir.

Seitdem hat sich dieses Gefühl der Zuneigung, wenn ich Ordensschwestern auf der Straße sehe, nicht verändert, nur umarme ich sie nicht mehr.

F: Gibt es darüber hinaus weitere wichtige Erfahrungen, die Sie in dieser Anfangszeit gemacht haben?

W: Ja, z. B. die Eucharistiefeiern. Beide Zen-Lehrer, die ich hatte, sowohl Pater Victor Löw wie auch später Pater Willigis Jäger, waren Priester. Jeden Samstagabend während eines Sesshins konnte man auf freiwilliger Basis den Gottesdienst besuchen. Ich habe mir keinen entgehen lassen. Es waren Eucharistiefeiern, die mich bis tief in die Seele hinein beeindruckten. Ich kann es nicht anders ausdrücken. Wir saßen auf unseren Kissen rund um den Altar. Viele Worte aus der Bibel bekamen dabei für mich einen neuen Sinn. Sie betrafen mich plötzlich ganz persönlich. Sie waren wie Pfeile, direkt ins Herz geschossen. Ich bin dafür sehr dankbar. Zum ersten Mal habe ich auch in der katholischen Kirche das gefunden, was ich bisher so vermisste. An Ostern feierten wir gemeinsam die Auferstehung. Pater Victor und Pater Lassalle hielten gemeinsam die Eucharistiefeier. Niemals werde ich vergessen, wie Pater Lassalle mit seinen einundneunzigeinhalb Jahren auf seinem Kissen saß und aus dem Evangelium vorlas. Und wie er schließlich ganz alleine und ohne fremde Hilfe aufstand! Leider verstarb er ein halbes Jahr später.

F: Wann gingen Sie schließlich nach Würzburg?

W: Als Pater Victor starb. Ich musste mich auf die Suche nach einem neuen Zen-Lehrer machen. Bei Pater Victor übte ich noch zum Schluss mit dem Koan „Mu,“ aber ich kam einfach nicht weiter. Also rief ich in Würzburg an und bekam ein Programm zugeschickt. Mein erstes Sesshin mit Willigis Jäger war am Sonnenhof im Schwarzwald.

F: Wollen Sie mir darüber etwas erzählen?

W: Das erste Dokusan bei ihm war wohl das entscheidende. Ich kann mich nicht mehr an den Zusammenhang erinnern, in dem das Wort „okay“ fiel, aber es war dieses Wort, das mir den Abstand zu ihm nahm. Dieses *eine* Wort bewirkte in mir eine tiefe Verbundenheit mit ihm.

F: War dieses Verbundensein vorher bei Pater Victor nicht?

W: Nein, da war ein großer Abstand. Ich sagte ja vorhin bereits, ich hatte ihn auf einen Sockel gestellt und verehrt. Dies wurde mir in diesem Augenblick klar. Da war eine Trennung zwischen ihm und mir, aber damals war ich mir natürlich dessen nicht bewusst.

F: Und das Koan „Mu“?

W: Drei Tage später war es gelöst. Alle weiteren Koans sprudelten nur so aus mir heraus. Es war ganz einfach.

F: Wie würden Sie die Arbeit mit den Koans beschreiben?

W: Es ist ein Eintauchen in immer tiefere Tiefen, besonders dann, wenn man an einem Koan festhängt und nicht weiterkommt. Ich vergleiche es mit den Stollen in einem Bergwerk. Man gräbt und gräbt, tiefer und tiefer, bis die neue Ebene erreicht ist. Auf dieser Ebene bewegt man sich nun weiter, mühelos, ohne Anstrengung, von Koan zu Koan, bis das nächste Hindernis auftaucht. Dann muss man wieder beginnen, neu zu graben, bis die nächste Ebene erreicht ist. Natürlich bin ich mir im Klaren darüber, dass dies nur ein unzureichender Vergleich ist. In Wirklichkeit gibt es keine verschiedenen Ebenen, und die Barrikade bin ich selbst. Ich selbst war das Hindernis, das wurde mir mit der Zeit immer klarer.

F: Könnte man die Arbeit mit den Koans als einen Prozess betrachten?

W: Ja, es ist ein Prozess der Veränderung und der unmerklichen Verwandlung. Er wird dadurch in Gang gehalten, dass man vollkommen in diesem Augenblick ist, in diesem Atemzug, in diesem Schritt, in diesem Koan.

F: Aber man denkt doch beim Sitzen die ganze Zeit über das Koan nach? Widerspricht das nicht dem Grundgedanken des Zen?

W: Nein, dieses Denken ist kein Denken im gewöhnlichen Sinn. Es ist ein Denken jenseits des gewohnten oder gewollten Denkens. Im Zen wird dieses Denken als Nicht-Denken bezeichnet. Es geschieht einfach in mir ohne das geringste Wollen. Dabei erschließen sich Ebenen, die mit einem gemachten Denken nie zu erreichen wären. Es ist ein Denken hinter dem Denken, könnte man vielleicht sagen. Aber darüber lässt sich wenig sagen, man muss es selbst erfahren.

F: Lassen Sie mich noch einmal da anknüpfen, wo wir vorher aufgehört haben, bei Ihrem eigenen Weg. Wie sind Sie Zen-Lehrer geworden?

W: Zen-Lehrer wird man nicht, man wird dazu ernannt.

F: Und wer hat Sie ernannt?

W: Bei meiner Ernennung zum Zen-Lehrer waren drei Zen-Meister beteiligt. Zum einen war das mein eigener Zen-Meister, Roshi Willigis Jäger, zum anderen die beiden japanischen Zen-Meister Masamichi Yamada Roshi sowie Kubota Roshi. Alle drei gehören der Sanbo-Kyodan-Schule an, einer relativ jungen Zen-Schule, die vor gut hundert Jahren entstanden ist und die Rinzai-Linie mit der Soto-Linie vereinigt.

F: Was bedeutet der Name „Sanbo-Kyodan"?

W: „Sanbo-Kyodan" bedeutet „Die drei Kostbarkeiten". Das sind Buddha, also das Absolute, Dharma, die Lehre, und Sangha, die Gemeinschaft.

F: Wie ist nun diese Ernennung abgelaufen?

W: Die Prüfung fand während eines Sesshins statt. Es war wirklich sehr hart. Aber im Nachhinein gesehen ist es ungeheuer wichtig, dass das Zen-Verständnis des Schülers oder das Zen-Auge, wie es heißt, sehr genau unter die Lupe genommen wird. Ich bin nach drei Tagen nach Hause gefahren.

F: Sie sind nach Hause gefahren? Während des Sesshins zu Ihrer Ernennung?

W: Ja. Es war der letzte große Zweifel, den ich hatte. Ich weiß noch genau. An diesem Abend regnete es wie aus Kübeln. Ich kam um 23 Uhr zu Hause an, und meine Frau schaute mich ungläubig an. Sie konnte sich überhaupt nicht vorstellen, was geschehen war.

F: Wie ging es dann weiter?

W: Ich rief Willigis am nächsten Tag an und erzählte ihm von meinem Entschluss, mit Zen aufzuhören.

F: Und was sagte er?

W: „Warte ab, ich ruf dich zurück."

F: Und? Hat er zurückgerufen?

W: Ja.

F: Was hat er gesagt?

W: Er hat gesagt, ich solle wieder hinfahren.

F: Und sind Sie zurückgefahren?

W: Ja. Ich sagte, dass ich wieder da sei, und machte weiter.

F: Was wurde dann bei diesem Sesshin geprüft?

W: Darüber möchte ich nicht sprechen. Das ist sehr vertraulich und gehört nur in den Dokusan-Raum. Es bleibt im Herzen des Einzelnen.

F: Hatten Sie je Zweifel, dass der Zen-Weg für Sie der richtige Weg ist?

W: Nicht nur *einen* Zweifel. Früher bin ich auch schon manchmal während eines Sesshins nach Hause gefahren. Einmal war es auch vor lauter Glück. Ich hielt es einfach nicht mehr aus. Ich wäre sonst gestorben. Heute bewundere ich jene Menschen sehr, die die ganze Zeit über durchhalten.

F: Wie ist mittlerweile Ihr Verhältnis zu Ihrem Zen-Lehrer Willigis Jäger?

W: Ich bin ihm unendlich dankbar für seine Führung. Ihm verdanke ich tausendmal mehr als meinen Eltern, die sich aus ihrer Sichtweise heraus wirklich die größte Mühe gaben. Diese Dankbarkeit kann ich nicht mit Worten ausdrücken. Ich kann mich nur in tiefster Verbundenheit vor ihm verneigen.

F: Ich habe gehört, dass Sie mit ihm gemeinsam Sesshins leiten?

W: Ja, ich unterstütze ihn auf jede denkbare Weise.

F: Und wie läuft das ab?

W: Wir teilen uns alles. Das eine Teisho hält er, das nächste ich. Am Morgen eines Sesshins betreten wir das Zendo und zünden gemeinsam ein Räucherstäbchen an, machen die Niederwerfungen und sitzen dann gemeinsam Seite an Seite. Anschließend geht jeder in seinen eigenen Dokusan-Raum zum Gespräch. Bricht einer seiner Schüler durch, schicke ich ihn zu ihm. Wir arbeiten also Hand in Hand. Ein großer Vertrauensbeweis ist, dass seine Schüler ihre Koans auch bei mir lösen dürfen. Das gab es in der Zen-Geschichte meines Wissens nach noch nie. Es herrscht ein absoluter Gleichklang zwischen uns.

F: Was ist Ihrer Meinung nach das Wichtigste in einer Lehrer-Schüler-Beziehung?

W: Das Wichtigste ist das absolute Vertrauen des Schülers zum Lehrer. Ich habe früher oft Schüler erlebt, die mit ihrem Lehrer ständig zu diskutieren versuchten. Sie haben Ihre eigene Meinung vertreten und ließen sich davon einfach nicht abbringen. Ich konnte diesen Eigensinn damals nicht verstehen. Ein Lehrer ist schließlich ein Mensch, der den Weg bereits ein ganzes Stück vorausgegangen ist.

F: Aber ist das nicht eine gewisse Hörigkeit?

W: Nein, ein Lehrer ist kein Guru. Er wird dem Schüler immer alle Freiheiten lassen. Als ich einmal so weit war, mit Zen aufzuhören – ich war damals vollkommen verzweifelt –, sagte Willigis zu mir: „Gut, dann komm in zehn Jahren wieder.“ Dieser Satz war ein großer Schock für mich. „Was ist in zehn Jahren?“, dachte ich mir. „Vielleicht lebt er dann nicht mehr, und was mache ich dann?“

F: Und was haben Sie gemacht?

W: Es hat mich eine schlaflose Nacht gekostet. Ich fand heraus, dass dieser Zen-Weg eine existenzielle Angelegenheit für mich war, eine Sache auf Leben und Tod. Am nächsten Morgen ging ich in aller Frühe wieder zum Dokusan und sagte zu ihm: „Die zehn Jahre sind vorbei.“

F: Und was hat er gesagt?

W: Er hat gelacht und wir machten weiter.

F: Ich möchte noch einmal auf dieses Vertrauen zurückkommen.

W: Ich habe vorhin von Vertrauen gesprochen und von Freiheit. Aber es kommt noch etwas Wichtiges hinzu. Das Durchtrennen der Nabelschnur zum Lehrer. Das ist ein wichtiger Augenblick im Leben eines Zen-Schülers. Ich kann mich noch gut erinnern, wie froh Willigis war, als ich ihm dies mit heftigen Worten mitteilte.

F: Wie war seine Reaktion?

W: „Endlich!“, hat er gesagt, und sich gefreut wie ein kleines Kind.

F: Was waren Ihre wichtigsten Erfahrungen im Zen?

W: Das sind sehr viele.

F: Aber vielleicht einige wesentliche.

W: Eine wesentliche Erfahrung war, dass ich nicht der bin, für den ich mich damals hielt. In Wirklichkeit ist alles leer und substanzlos, und ich *bin* diese Leere und Substanzlosigkeit. Da ist nichts mehr, obwohl alles da ist, alles ist grenzenlos weit und offen mit allen Möglichkeiten.

F: Gibt es weitere Erfahrungen?

W: Ja, natürlich, aber ich möchte nicht darüber sprechen. Das ist etwas sehr Intimes. Als Willigis meine Erfahrungen in einem seiner Bücher veröffentlichte, war ich sehr erschrocken. Gott sei Dank war mein Name nicht erwähnt.

F: Wenn Sie nichts weiter darüber erzählen wollen, möchte ich noch einmal auf die Religion zurückkommen. Ich erlebe unter Christen oft große Ängste, wenn sie von Zen hören.

W: Ja, das ist richtig. Die Angst sitzt tief in den Köpfen der Menschen. Sie glauben, wenn sie Zen praktizieren, würden sie sich vom Christentum entfernen. Das Gegenteil ist der Fall. Ein Christ, der Zen praktiziert, wird ein besserer Christ, und der Buddhist, der Zen praktiziert, ein besserer Buddhist. Was im Wesentlichen geschieht, ist, dass alle gemachten Gottesbilder, alle Konzepte und Meinungen, die man sich zurechtgelegt hat, Stück für Stück verschwinden. Dieser Prozess ist es, der meiner Meinung nach vielen Menschen Angst macht. Aber wo sollte das Göttliche in uns Platz finden, wenn wir bis oben hin voll sind?

F: Sie zitieren oft die christlichen Mystiker wie Johannes vom Kreuz, Tauler oder Meister Eckehart.

W: Ja, das stimmt. Ich glaube, dass wir das, was die christlichen Mystiker gesagt haben, für uns selbst entdecken müssen. Oft, so habe ich den Eindruck, findet eine Annäherung an das Christentum über östliche Wege statt. Hätte ich den Buddhismus nie kennengelernt, wäre ich vermutlich schon längst aus der Kirche ausgetreten.

F: Könnte man sagen, dass Zen ein Weg zu uns selbst ist?

W: Ja, er lehrt uns, zu unserem innersten Wesen, zum Urgrund allen Seins, zu unserer Buddha-Natur, wie Zen sagt, zurückzukehren. Die Buddha-Natur hat natürlich nichts mit der Person Buddha zu tun. Es ist einfach ein Wort für das Absolute, das wir alle sind, das sich in uns als Mensch ausdrückt.

F: Sie haben gesagt, dass *wir* dieses Absolute sind. Ist das nicht vermessen?

W: Nein. Es ist eine Erfahrung, die alle Mystiker gemacht haben. Darüber kann nichts gesagt werden. Die christlichen Mystiker litten schon immer darunter, wenn sie über ihre Erfahrungen gesprochen haben. Dieses Absolute geht nun einmal nicht in unser Gehirn hinein. Es kann nicht gedacht werden und entzieht sich jedem Wort. Es kann also nicht sprachlich ausgedrückt werden. Wenn trotzdem versucht wird, es in der Sprache festzuhalten, geht es verloren und ist nicht mehr das Gleiche. Das Absolute lässt sich weder in Worte kleiden noch in Begriffen eingrenzen.

F: Öfter hört man vom Gegensatz des Göttlichen als etwas Absolutem und nicht Fassbarem, aber auch auf der anderen Seite von der Personifizierung Gottes in Jesus. Was sagen Sie dazu?

W: Ich habe damit keinerlei Probleme. Form ist Leere, Leere ist Form, heißt es im Herz-Sutra. Beides ist eine Einheit, Gott *und* Mensch. Wir sagen: Gott ist Fleisch geworden, er hat sich inkarniert in Jesus. Das ist vollkommen richtig. Jesus hat diese Erfahrung gemacht: „Ich bin Gott", und er hat uns aufgefordert, ihm nachzufolgen in diese Erfahrung. Jesus war da sehr radikal. „Lasset die Toten die Toten begraben" (Lk. 9,60). Sätze, wie „Liebe deine Feinde" (Matth. 5,44), können wir verstandesmäßig nicht nachvollziehen. Unser Verstand sagt uns, wir müssen unseren Feind vernichten, um besser und in Frieden leben zu können. Wir haben ein falsches Bild vom Frieden. Wirklicher Friede, so wie ich ihn begreife, hat absolut nichts mit äußeren Bedingungen zu tun, er kann nur *in* uns sein. Der Himmel ist *in* uns. Jesus hat diese Erfahrung gemacht, und wir sind aufgerufen, ihm nachzufolgen in diese Erfahrung. Aber auch Jesus hatte Probleme mit Menschen, die ihn falsch verstanden, mit den Schriftgelehrten und Pharisäern, die alles nur den Buchstaben getreu auslegten. Wir können Gott und Mensch nicht auseinander dividieren. Jesus hat diese Erfahrung nie für sich allein in Anspruch genommen. Warum sollte sich dieses Göttliche nur in *einem* Menschen eingrenzen? Dann wäre ja das Göttliche begrenzt, es wäre somit nicht mehr göttlich.

F: Welche Aufgabe hat Ihrer Meinung nach die Religion?

W: Die Religion sollte uns in die Freiheit führen, in eine innere Freiheit, in die Erfahrung dessen, was sie lehrt.

F: Das klingt sehr einfach.

W: Das ist es auch. Aber dazu bedarf es Menschen, die einen Weg nach innen gegangen sind und tiefe Erfahrungen gemacht haben.

F: Wenn ich in der Kirche Predigten höre, finde ich diese oft langweilig.

W: Das kann ich verstehen. Wenn jemand vom Krieg erzählt, ihn aber nie persönlich erlebt hat, ist das genauso. War aber jemand selbst im Krieg und erzählt darüber, ist das sehr spannend, man wird ihm aufmerksam zuhören.

F: Könnte man sagen, der Zen-Weg ist ein Weg, um innerlich erwachsen zu werden?

W: Ja, durchaus. Ich glaube, es ist äußerst wichtig, dass wir uns nicht nur körperlich, sondern auch spirituell weiterentwickeln.

F: Was versprechen Sie sich davon?

W: Schauen Sie sich um auf dieser Welt, besonders in diesen Tagen der angespannten politischen Lage. Amerika ist im Krieg mit dem Irak.

Vielen Menschen fällt es ungeheuer schwer, innerlich im Gleichgewicht zu bleiben. Manchmal packt uns dabei eine heimliche Wut und wir denken, warum kann es nicht anders sein?

F: Vielleicht kommt es daher, dass wir meistens dazu neigen, immer nur eine Seite zu bevorzugen und die andere abzulehnen?

W: Das ist richtig. Buddha lehrte uns den mittleren Weg. Das ist ein Weg jenseits der Extrempositionen, abseits von Krieg und Frieden, ein Weg, der jeden Dualismus überwindet.

F: Anderseits, was ist schlecht daran, wenn ein Mensch um den Frieden bemüht ist?

W: Nichts, aber das, was sich die meisten Menschen unter Frieden vorstellen, ist meistens nur eine sehr oberflächliche, sehr dualistische Betrachtungsweise. Wir wollen die Sonne, aber nicht den Schatten. Wir wollen ausschließlich Gesundheit und lehnen die Krankheit ab. Wir wollen das Leben und klammern den Tod aus. Auf diese Weise schaffen wir uns die Probleme selbst.

F: Wie verstehen Sie den Frieden?

W: Ich glaube, wirklicher Frieden hat nichts mit dem Außen zu tun. Wirklicher Frieden kann nur *in* uns sein. Oder, um es religiös auszudrücken: Der Himmel ist in uns.

F: Wie können wir das Ihrer Meinung nach verwirklichen?

W: Wir haben zu lernen, das Leben so anzunehmen wie es ist, und zu akzeptieren, was wir nicht verändern können.

F: Ist das nicht Fatalismus?

W: Nein. Wir können nur da Frieden schaffen, wo wir sind, in unserem Umfeld, in der Familie, an unserem Arbeitsplatz. Wir schaffen den Frieden niemals nur durch kluge Worte und schon gar nicht durch Besserwisserei, sondern nur durch unsere Präsenz, ganz im Augenblick zu sein. Das ist unsere große Chance. Nur dadurch verändert sich unser Bewusstsein und somit die ganze Welt.

F: Jesus hat gesagt: „Liebe deine Feinde“. Ich kann dies aber nur schwer nachvollziehen.

W: Unser Verstand sagt uns natürlich, wir müssen den Feind vernichten. Hinter dieser Anschauung steht unser altes Ego, ein Bewusstsein, das nur darauf aus ist, Macht zu erlangen und Einfluss zu nehmen, damit die Welt so ist, wie wir sie uns vorstellen.

F: Kann ich durch mein Sitzen auf dem Kissen diese Welt wirklich verändern?

W: Ja. Zen ist kein Ego-Trip. Wenn wir sitzen, sitzen wir nie nur für uns allein. Wir sitzen für alle Lebewesen und verändern dadurch alles. Letztlich ist die äußere Welt nur ein Spiegel für unsere innere Welt. Außen und innen sind nicht zwei verschiedene Standpunkte, wie uns dies unser Denken suggeriert. In Wirklichkeit haben wir nur *einen* Standpunkt. Dieser Standpunkt aber ist ein Nicht-Standpunkt, substanzlos, leer, an keinen Ort gebunden, jenseits von Leben und Tod.

F: Gab es in Ihrer Kindheit rückblickend auch schon Erlebnisse, die auf den späteren Zen-Weg hindeuteten?

W: Ja. Ich kann mich noch gut erinnern an die Zeit – ich war ungefähr vier Jahre alt –, als ich in der Nacht immer zu meinem Bruder ins Bett kroch.

F: Was war da?

W: Ich hatte regelmäßig über Monate hinweg das Gefühl, ich würde mich auflösen. Mein Körper war nicht mehr spürbar, nur noch ein Gefühl von unendlicher Weite. Das machte mir damals große Angst. Ich habe mit niemandem darüber gesprochen, denn ich hatte Angst, ausgelacht zu werden. Erst sehr viel später bei einem Sesshin kam das gleiche Gefühl wieder hoch, und ich erinnerte mich an meine Kindheit zurück. Aber jetzt konnte ich das Gefühl zulassen, ich musste nicht mehr davor fliehen. Ich war gut aufgehoben bei meinem Lehrer Willigis.

F: Und später?

W: Während meines Musikstudiums hatte ich eine alte Klavierlehrerin, die Schülerin von Graf Dürckheim war. Ich wusste damals natürlich noch nicht, wer das war. Das Klavierexamen stand bevor und ich musste vorspielen. Ich war ungeheuer nervös. Sie sagte mir: „Du hast geübt und geübt, du kannst es. Lasse es, wenn es so weit ist, einfach spielen und hör dir dabei zu, wie es spielt.“ Vor der Prüfung schrieb sie mir auf einen kleinen Zettel: „ES spielt“. „Konzentriere dich darauf und beginne erst dann zu spielen“, riet sie mir. Und so tat ich es auch.

F: Und?

W: Alles war wunderbar. ES hat einfach gespielt, ich habe gar nichts getan. Die Zeit danach habe ich nur mit dem Kopf gearbeitet, wie das eben bei den meisten Menschen der Fall ist.

F: Wie würden Sie diese dualistische Welt beschreiben?

W: Die dualistische Welt spiegelt sich wider in einem dualistischen Bewusstsein, einem Bewusstsein voller Gegensätze. Die dualistische Welt ist für mich eine Scheinwelt, eine durch Gedanken konstruierte Welt, eine Traumwelt. Aber viele Menschen können das nicht annehmen. Der Grund dafür liegt einerseits in der damit verbundenen Infragestellung der eigenen Person und andererseits in diesem dualistischen Denken, das sich ständig zwischen die reine Wahrnehmung schiebt und somit unser wahres Sein verdunkelt.

F: Kann dieses Denken wirklich überwunden werden, und wenn ja, wie?

W: Es ist möglich, aber es dauert seine Zeit. Wir können diesen Prozess nicht beschleunigen. „Selig die Armen im Geiste“ (Mt 5,3), heißt es in der Bergpredigt. Gemeint sind jene Menschen, die sich geistig arm machen, die ihren Verstand loslassen, um ganz in diesem Augenblick da zu sein und ganz in diesen Augenblick eintauchen. Gemeint sind jene Menschen, die sich reduzieren auf diesen einen Atemzug, auf diesen Schritt, auf dieses Geräusch, ohne diesem innerlich auch nur ein einziges Wort hinzuzufügen, entblößt allen Denkens, das die Dinge ständig benennt.

F: Mir ist häufig nicht klar, was während des Sitzens geschieht und wie ich mich verhalten soll. Denke ich oder nehme ich wahr?

W: Denken und Wahrnehmung sind so eng miteinander verknüpft, dass wir den Eindruck haben, das eine wäre das andere. Oder anders ausgedrückt: Wo ist die Grenze zwischen Denken und Wahrnehmung?

2. Kapitel
Denken

F: Ich möchte noch einmal auf unser gestriges Gespräch zurückkommen. Sie sprachen den Unterschied von Wahrnehmen und Denken an.

W: Sehr gerne. Wenn ich sitze, kann ich mein Denken besonders beobachten, und im Laufe der Zeit wird mir dieser Vorgang immer klarer. Die Folge ist, dass ich leichter sitze, je mehr ich dieses Denken durchschaue. Wir erkennen nach einiger Zeit, dass sich unser Denken immer in Worten ereignet, in der Sprache also, in der ich gewöhnlich spreche. Wir können natürlich nicht schneller denken, als unsere Sprache ist. Häufig ersetze ich daher auch das Wort „Denken“ mit dem Wort „Kommentator“.

F: Aber wie kann ich dieses Denken loslassen? Wie schaffe ich es, diesen Kommentator zum Schweigen zu bringen und zu stoppen?

W: Indem ich eben diesen Kommentator sehr genau beobachte. Wenn ich mich auf mein Kissen setze, kann ich entweder besonders konzentriert und aufmerksam sitzen oder sehr unkonzentriert. Wenn ich aber sehr aufmerksam in mich hineinhöre, werde ich den Kommentator sofort erkennen, wenn er auftaucht. Und in diesem Erkennen liegt bereits das Ende des Gedankens. In diesem Moment habe ich die freie Wahl, den Gedanken weiterzudenken, weil er mich fasziniert, oder ich kann wieder ganz bewusst zurück in die Wahrnehmung gehen. Dieses einfache Wahrnehmen wird im Zen Shikantaza genannt.

F: Können Sie dieses Wahrnehmen näher beschreiben?

W: Nun, im Allgemeinen sind unsere Sinneswahrnehmungen eng mit unserem eigentlichen Denken verknüpft. Nehmen wir einmal den Geruchssinn. Unsere Nase ist immer empfangsbereit. Würden wir den Geruchssinn sich selbst überlassen, könnten wir keinen Unterschied feststellen zwischen dem Geruch eines Misthaufens und dem Geruch eines Parfüms. Nur durch unser Denken, das sich ständig über die reine Wahrnehmung legt, empfinden wir etwas als angenehm oder unangenehm. Dieses Denken bzw. dieser Kommentator ist es, der ständig vergleicht und das Wahrgenommene kategorisiert.

F: Und was wäre, wenn dieses Denken nicht wäre?

W: In diesem Fall würde uns beispielsweise ein Baum erscheinen, der ganz anders wäre, ganz neu. Dieser Baum würde in keiner Beziehung zu allen anderen Bäumen stehen. Er wäre original. Er wäre einfach das, was er ist. Aber er wäre nicht mehr grün oder kahl, nicht mehr groß oder klein, schön oder verkrüppelt. Er wäre einfach das, was er ist. Unser Gehirn allerdings interpretiert ständig die Außenwelt, und die Objekte werden dadurch als hart oder weich, als angenehm oder als unangenehm empfunden. Ob ich also der Musik oder der Malerei den Vorzug gebe, hängt von unserem Denken ab, ist somit ein Produkt dieses Denkens.

F: Können Sie dieses Denken näher beschreiben?

W: Unser mentales Bewusstsein wird von einem begrifflichen und bildhaften Denken beherrscht. Es ist die Grundlage jedes gezielten Handelns und jeder planenden Tätigkeit. Ohne Abstraktion wäre kein begriffliches Denken möglich. Das Denken besitzt eine enorme Dynamik und einen starken Zug zur Selbstzerstörung. Eigentlich ist das, was wir Denken nennen, nichts anderes als Schwingungen in einem elektromagnetischen Feld, in dem unsere Gedankensphären entstehen. Hier speichern wir viele Erfahrungen und Erlerntes in unserem Gedächtnis und setzen es bei Bedarf ein. Geschehnisse können wir innerlich ausmalen, uns bildhaft an vergangene Zeiten erinnern oder gar in Phantasien schwelgen.

F: Aber waren wir nicht im Verlauf der Evolution gezwungen, diese Struktur, die uns Zusammenhänge durchschauen lässt, zu entwickeln, um mit den verschiedenen Situationen in unserem Leben fertig zu werden?

W: Natürlich. Es war ein notwendiger evolutionärer Prozess, der uns auf die Ego-Ebene gehoben hat. Da unser Denken andererseits immer mit unserer Sprache gekoppelt ist, hat sich die Sprache parallel zum Denken entwickelt.

F: Sie meinen, ohne Sprache ist Denken nicht möglich?

W: Ja. Mit der Sprache denken wir in Gegenständen. Gäbe es kein Wort für etwas, wäre Denken unmöglich. Wir kreieren Vorstellungen von dem, was wir Wirklichkeit nennen. Wir schaffen eine Scheinwelt, die wir in unserer Vorstellung für real halten. Alles Wissen über uns und unsere Individualität ist letztlich nur Abstraktion und erzeugt Leid. Wir drehen uns im Kreis wie in einem Karussell auf der Suche nach der Wahrheit. Das aber, was tatsächlich die Wirklichkeit ist, war schon immer da. Sie lässt sich von niemandem manipulieren. Solange wir Menschen nicht über unser Denken hinausgehen, werden wir immer mit unseren Ideen leiden, denn solange wir nur dieses einzige Programm unseres Bewusstseins benutzen, begrenzen wir uns und engen uns ein.

F: Hat unser Denken noch weitere Aspekte?

W: Nichts kann ohne Zeitdauer des Geschehens gedacht werden. Denken kann nur in der Zeit stattfinden. Wenn Denken entsteht, verbinden sich Ideen, und so entstehen Zeit, Raum, Gott und die Welt. Es erzeugt Anfang und Ende, Leben und Tod, gut und böse, richtig und falsch. Denken lässt die Zeit entstehen, wenn unser momentanes Handeln in Bezug zum Ziel gesetzt wird. Solange die Kontinuität im Denken besteht, entfernen wir uns nicht nur von der offenbaren Wirklichkeit, wir zerstören auch die Sensibilität unserer Sinne. Gäbe es keine Dauer des Denkens, gäbe es auch keine Dauer des Schmerzes, des Leides und der damit verbundenen Probleme.

F: Ist es nicht vielleicht so, dass wir ständig die Wirklichkeit mit der Abstraktion unseres Denkens verwechseln, in welchem sich eigentlich nur unsere eigenen Interessen widerspiegeln?

W: So ist es. Die Folge dieses Denkens ist der Dualismus, der sich aufspaltet und wie bei einer Atomexplosion zur Kettenreaktion führt. Solange wir uns in Gegensatzpaaren bewegen, müssen wir wählerisch sein. Wir können gar nicht anders. Erinnern Sie sich an das Shinjinmei, dessen Anfang lautet: „Der höchste Weg ist nicht schwer, wenn du nur aufhörst zu wählen.“ Unser Denken ist so beschaffen, dass wir gar nicht anders können, als in Gegensätzen zu denken. Denken und Empfinden sind zwar Gegensätze, sie müssen sich aber nicht notwendigerweise verbinden. Da ist z. B. die Trauer. Erst wenn das Denken in Erscheinung tritt, das mir sagt: „Ich bin traurig“, beginne ich zu leiden. Ohne dieses Benennen ist da einfach nur die Traurigkeit, die weder positiv noch negativ ist.

F: Sie meinen, jede Empfindung lässt sich nur empfinden, nicht aber denken?

W: Ja. Gefühle werden nur dann zum Problem für uns, wenn wir beginnen, sie gedanklich zu kontrollieren und zu analysieren. Auf diese Weise geht jedes Gefühl durch das Denken zugrunde.

F: Was sollen wir Menschen denn nun tun?

W: Alles, was wir tun müssen, ist Abstand zu nehmen von dem Verlangen, frei zu sein. Etwas zu wollen erschafft das Denken. Wer nichts will, ist ohne Denken. Nur unser Wollen oder Loswerdenwollen schafft das ganze Leid und die damit verbundenen Probleme. Die wirkliche Wirklichkeit aber kann nur erlebt werden. Deshalb muss der kontinuierliche Fluss, die ständige Bewegung des Denkens unterbrochen werden. Nur so verlieren die Gedanken ihren natürlichen Rhythmus, verlangsamen sich und können sich nicht mehr miteinander verbinden und verketten. Wenn wir unsere Gedanken nicht mehr in „gut“ und „schlecht“ klassifizieren, in „sinnlich“ oder „spirituell“, wenn nichts mehr interpretiert wird, wenn unser Denken gleichsam keinen Raum mehr hat, sich zu bewegen, werden wir in einen Zustand des Seins kommen, in dem keine Fragen mehr existieren. Dann kann sich unser Bewusstsein öffnen, ES kann geschehen, die Explosion kann stattfinden.

F: Sie sprechen in Ihren Teishos öfter von einem Baby-Bewusstsein.

W: Ja, das stimmt.

F: Was meinen Sie damit?

W: Stellen Sie sich einmal ein Baby vor. Es liegt in seinem Bettchen und ist wach. Dieses Baby hört alles, sieht alles und spürt seinen Körper. Aber es hat noch keine Worte dafür, weil sein Denken noch nicht weit genug entwickelt ist. Es sagt nicht grün, blau oder gelb, es sagt nicht angenehm oder unangenehm. Dieses Baby kontrolliert noch nicht sein Leben oder versucht, jemand anderer zu sein. Es funktioniert auf eine ganz natürliche Weise und ohne Anstrengung. Es ist in einem ganz natürlichen Zustand. So sollte unser Sitzen sein.

F: Man könnte aber auch sagen, es ist schutzlos.

W: Genau aus diesem Grund bezeichne ich das Denken manchmal als eine Art Schutzmechanismus. Wenn wir von unserem Ich sprechen, meinen wir, es handle sich um etwas Permanentes, Dauerhaftes, Festes. Aber dieses Ich ist nichts Permanentes, dieses Ich ist etwas Fließendes. Es verändert sich ständig. Ich würde sogar so weit gehen zu sagen: Dieses Ich muss mit unserem Denken immer wiederhergestellt werden.

F: Sie glauben, dass wir uns mit diesem Denken ständig neu erschaffen?

W: Absolut. Wir wollen uns ja auch noch morgen antreffen auf dieser Welt. Wir wollen nicht sterben. Das Denken, so betrachte ich es, ist eine Art Schutzmechanismus, den wir entwickelt haben, eine Art Schutzmechanismus vor dem Tod. Aus diesem Grund haben wir auch die Zeit erfunden. So können wir sagen, morgen, übermorgen, nächste Woche oder in fünf Jahren. In Wirklichkeit aber ist es ein Verdrängen des Todes, ein Verdrängen der eigenen Sterblichkeit.

F: Das klingt alles sehr negativ. Was ist denn falsch an unserem Denken?

W: Nichts, absolut nichts. Wir haben dieses Denken im Laufe der Evolution entwickelt, und das ist gut so. Auf diese Weise können wir unser Leben planen, wir können über uns selbst nachdenken. Aber wir sehen auch, dass sich dieses Denken häufig verselbstständigt. Wir können es nicht mehr abstellen. Wir sind gefangen in diesem Denken. Das wird uns besonders beim Sitzen klar. Wir fühlen uns als Sklaven dieses Denkens, wenn wir sehen, wie uns die Gedanken hierhin und dorthin zerren. Wir sehen, wie wir an diesem Denken leiden. Man könnte dieses Ich mit einem Kriegsschauplatz vergleichen, an dem sich ständig die Fronten verändern, und wir erleben diesen Kriegsschauplatz besonders dann sehr intensiv, wenn wir sitzen. Die meisten Menschen kennen sich eigentlich nur denkend und vergessen dabei, dass es noch andere Dimensionen gibt, Dimensionen, aus denen all unser Glück kommt.

F: Wie sollten wir denn nun Ihrer Meinung nach mit dem Denken umgehen?

W: Wir könnten unser Denken benutzen wie ein Schreiner seinen Hobel benutzt. Wenn er ihn braucht, nimmt er ihn, wenn er ihn nicht mehr braucht, legt er ihn weg. Wir sollten erfahren, dass dieses Denken nur *ein* Instrument unter vielen ist, das uns zur Verfügung steht. Aber es gibt noch viel feinere Instrumente, tiefere Dimensionen, die uns zur Verfügung stehen als diese eine Denk-Dimension. Wenn wir jedoch den ganzen Tag nur denken, denken, denken, brauchen wir uns überhaupt nicht zu wundern, wenn wir am Abend fix und fertig sind.

F: Sie sprachen vorhin das Glück an.

W: Ja. Wenn ich mein Glück analysiere, wenn ich also über mein Glück nachdenke, dann ist das so, wie wenn ich eine Blume zerschneide, um herauszufinden, warum sie so schön ist. Aber dadurch geht natürlich die Schönheit der Blume verloren. Das Wesentliche dieser Schönheit ist die Blume an sich, nichts weiter. Wir Menschen basteln ständig an diesem Leben herum, weil wir es anders haben wollen. Dadurch geht uns das Leben verloren, seine Einfachheit und seine Schönheit.

F: Sind denn unser Leben und die Welt nicht so, wie ich sie wahrnehme?

W: Die Welt, wie wir sie wahrnehmen, ist unsere eigene Welt, unsere ganz individuell eingefärbte Welt. Man könnte es mit einem Kaffeefilter vergleichen. Wenn die Filtertüte unser Leben ist und der Inhalt, das Kaffeepulver, unsere Erfahrungen, und ich gieße oben klares Wasser hinein, kommt unten selbstverständlich eingefärbtes Wasser heraus, also eine eingefärbte Wirklichkeit.

F: Wollen Sie damit sagen, dass jeder in seiner ganz eigenen und individuellen Welt lebt?

W: So ist es. Jeder filtert die Wirklichkeit durch seinen eigenen Filterinhalt. Das sind die eigenen Erfahrungen, die er gemacht hat vom ersten Schrei, den er getan hat auf dieser Welt, bis zum jetzigen Augenblick. Jeder erlebt seine eigene, ganz individuell eingefärbte Welt. Aber wir erleben die Welt nicht so, wie sie ist. Diese eingefärbte Welt hat nicht mehr Wirklichkeit als eine Scheinwelt. Sie ist nur Erscheinung, vergleichbar einem Kinofilm, einem Traum, aus dem es aufzuwachen gilt.

F: Das stelle ich mir sehr schwer vor. Ich sitze nun schon so viele Jahre und habe das immer noch nicht erreicht.

W: Genau das ist das Problem: Wir wollen es erreichen. Könnten wir annehmen, dass jeder so sein darf, wie er ist, wäre es ganz einfach. Wir bräuchten überhaupt nichts zu verändern, denn alles würde sich durch die Übung ganz von selbst verändern. Die Schwierigkeit beim Sitzen ist einfach die, dass wir immer etwas erreichen wollen. Wir sind es gewohnt, in diesem Leben nur mit Mühe oder mit Lernen weiterzukommen. Im Shinjin-mei[2] heißt es: „Der höchste Weg ist nicht schwer, wenn du nur aufhörst zu wählen." Wir müssen aufhören zu unterscheiden und das Leben so nehmen und akzeptieren, wie es ist. Aber gerade das ist die große Schwierigkeit. Wir sollten beim Sitzen zulassen, was auch kommen mag. Auch das ist ein großes Problem, besonders dann, wenn beim Sitzen sehr viel Leid hochkommt, Verkrustungen, alte Erinnerungen aus dieser Rumpelkiste Vergangenheit. Hier wird es dann besonders schwierig, die Dinge gelassen anzuschauen oder gar einfach nur Zeuge zu sein dessen, was da geschieht, ohne uns in diesen Vorgang selbst hineinziehen oder gar von ihm irritieren zu lassen. Unsere Übung sollte zu einer Nicht-Übung werden, wie ich manchmal sage, ohne Anstrengung, ganz heiter und gelassen. Sich einfach hinsetzen und abwarten, was passiert. Wir sollten uns tragen lassen von diesem Leben, wie ein Blatt auf dem Wasser sich tragen und die Dinge geschehen lässt.

F: Die Veränderung ereignet sich wirklich nur dann, wenn ich mich tragen lasse und die Dinge so nehme, wie sie sind?

W: Ja. Ich möchte noch einmal betonen: Wenn wir die Welt verändern wollen, hilft es nicht, die Terroristen zu erschießen und Gleiches mit Gleichem zu vergelten. Das hat noch nie funktioniert. Wenn jemand diese Welt wirklich verändern will, muss er beginnen, sich selbst zu verändern, er muss bei sich beginnen. Wenn wir die Sache genauer betrachten, sehen wir, dass alle Probleme auf dieser Welt eigentlich nur dadurch entstehen, dass wir ständig den anderen verändern wollen, aber uns selbst dabei vergessen. Es hilft also nichts, Anschauungen, Meinungen und religiöse oder politische Standpunkte zu verändern, zuallererst müssen wir uns selbst verändern.

F: Und was entsteht schließlich aus dieser Veränderung?

W: Das, was man im Christentum als Liebe und im Buddhismus als Mitgefühl bezeichnet. Diese Liebe kann ich nicht willkürlich machen, ich kann sie verstandesmäßig nicht begreifen. Diese Liebe kann ich nur in der Leerheit erfahren, denn sie wächst nur aus dieser Leerheit heraus. Diese Liebe hat absolut nichts zu tun mit dem Verstand. Es ist eine neue Liebe, eine Liebe ohne Ego, eine Liebe, die nichts mehr ausgrenzt und auch den Terroristen einschließt.

F: Könnte denn die Religion uns dabei helfen?

W: Wenn wir die Bibel nicht als Kochbuch, sondern als Erfahrungsbuch, als Weisheitsbuch begreifen würden, ja. Aber wer die Bibel nur verstandesmäßig liest und sie nur durch seinen Verstand filtert, wird sie nie wirklich verstehen. Das Wort Weisheit kommt von Wissen. Für mich ist die Bibel ein Weisheitsbuch. Allerdings handelt es sich hier um ein Wissen aus einer anderen Ebene, ein Wissen hinter der intellektuellen Erkenntnis.

F: Dennoch gibt es Richtlinien?

W: Selbstverständlich. Unsere Gesellschaft hat das Ideal eines perfekten Menschen aufgebaut. Traditionen sagen uns, wie wir uns zu benehmen haben, was gut ist und was schlecht, was richtig ist und was falsch. Aus diesem Grund versuchen wir ununterbrochen, unsere Gedanken und Gefühle zu kontrollieren, um diesen Idealzustand zu erreichen. Intellektuelles Wissen ist etwas, das wir von jemandem übernommen haben, der es ebenfalls von einem anderen übernommen hat. Wir kauen also auf Knochen herum, auf denen bereits Tausende vor uns herumgekaut haben. Faktisch denken, fühlen und erleben wir die alten Gedanken und Erfahrungen unserer Gesellschaft. Eigentlich laufen wir als Kopie auf dieser Welt herum, nicht als Original.

F: Was meinen Sie damit?

W: Tatsache ist, dass sich die Kopie ständig selbst bestätigen und beweisen muss, ein Original zu sein. Das Original hat dies nicht nötig. Es muss sich nicht ständig selbst bestätigen. Es *weiß* ganz einfach, dass es ein Original ist, und hat keine Beweise nötig.

F: Können Sie mir das genauer erklären?

W: Die Kopie meint, ständig etwas verändern zu müssen, damit es zum Original wird. Die Kopie glaubt z. B., Gedanken verjagen zu müssen, um auf diese Weise richtig zu meditieren, um in einen natürlichen Zustand zu kommen. Gleichwohl ist ein natürlicher Zustand nicht ein Zustand vollkommener Gedankenlosigkeit, sondern vielmehr ein Zustand, in dem die Gedanken aufhören, uns einzuengen und zu quälen. Im Shodoka[3] lesen wir: „Der Weise vermeidet nicht eitle Gedanken."

F: Im Zen hört man oft vom Nicht-Denken. Meinen Sie das damit?

W: In diesem Zustand fällt jedes „Du" weg, es ist niemand mehr da, der der Ansicht ist, es wären seine eigenen Gedanken. Alles fließt einfach dahin. Gedanken entstehen, aber es ist niemand da, der sie liest. Wenn aber keiner mehr da ist, der im Hintergrund agiert, werden auch keine Empfindungen miteinander verknüpft oder interpretiert. Dann sehe ich einfach nur, wie sich meine Hände bewegen, doch es ist niemand da, der dies benennt. Es ist ein Handeln, das völlig unberührt vom Denken ist. Das Handeln ist zu einem Nicht-Handeln geworden. Ebenso ist es mit dem Sehen. Wenn unser Denken nicht mehr dazwischentritt, fallen Subjekt und Objekt weg, und der Betrachter und das Gesehene werden eins. Wer zwingt uns denn, innerlich Dinge zu erzählen, die wir im Außen erleben?

F: Eigentlich ist da kein Unterschied zwischen uns und jemandem, der sich laut mit sich selbst unterhält.

W: Außer, dass wir es nicht laut tun. Es ist so, dass wir ständig etwas im Kopf machen. Wir versuchen z. B., sämtliche Angst machenden Gedanken und Erinnerungen zu verjagen und durch etwas anderes zu ersetzen. Wir sollten uns jedoch darüber im Klaren sein, solange wir etwas wollen, existiert auch unser Denken. Hört aber das Wollen bzw. das Nicht-Wollen auf, kommt auch unser Denken zur Ruhe. Betrachten wir es einmal genauer. Zuerst kommen die Empfindung und die Wahrnehmung, erst dann das Benennen und Etikettieren. Die Wirklichkeit wird so zu einer zweiten Wirklichkeit, einer Überdeckung der ersten Ur-Wirklichkeit. Dieses ständige innere Benennen ist eine vollkommen unnötige Aktivität. Die vorhandene Energie wird verbraucht und erschöpft uns. Im Grunde genommen sind Denkprozesse nur dann notwendig, wenn wir einen Entschluss fassen müssen oder etwas planen; wie z. B.: Was nehme ich mit in den Urlaub? Was darf ich im Supermarkt nicht vergessen? Wie gehe ich am besten an die Arbeit heran? Ist dieser Prozess jedoch vorbei, können wir unsere Empfindungen wieder sich selbst überlassen und die Arbeit so konzentriert wie möglich erledigen.

F: Könnte man sagen: Das Denken schützt unser Ich vor der Auflösung?

W: Ja. Ich glaube, das wirkliche Problem ist unsere Angst. Sowohl die Angst vor dem eigenen Verlust als auch die Angst vor dem Verlust eines anderen Menschen. Aus dieser Angst heraus hat der Mensch die Götter erschaffen, die uns beschützen und denen wir opfern, um sie gnädig zu stimmen.

F: Ist das nicht gefährlich, was Sie da sagen?

W: Ich glaube, nicht Gott ist das Problem, sondern das, was wir daraus machen. Zählen Sie doch einmal zusammen, wieviele Kriege im Namen Gottes geführt werden oder in der Vergangenheit geführt wurden. Die meisten Kriege waren Religionskriege. Das muss uns erst einmal wirklich bewusst werden! Jede Kriegspartei ruft ihren eigenen Gott an, um sich zu schützen und den Sieg herbeizuführen. *Das* ist die wirkliche Perversion! Im Grunde genommen ist es nur eine Rechtfertigung des Krieges, für das eigene Fehlverhalten. Man übergibt den Krieg in Gottes Hände. Auf diese Weise wird sogar der Krieg in ein positives Licht gerückt.

F: Was wäre, wenn wir die Denkstrukturen loslassen könnten?

W: Dann könnte dieses Andere, Nicht-Benennbare von ganz allein die Führung übernehmen. Wenn dieses zwanghafte Denken, das uns auf Dauer kaputtmacht, nicht mehr dazwischentritt, würden wir ganz einfach nur funktionieren. Wir sollten absolut hilflos sein, sonst gibt es keine Möglichkeit mehr, dass uns geholfen wird. Solange wir versuchen, unser Bewusstsein zu kontrollieren, verstärken wir unser Denken automatisch. Ohne diesen Denkprozess fällt die illusorische Teilung von Subjekt und Objekt von ganz alleine weg. Betrachten wir es doch genauer: Ein Ich, das sich selbst betrachtet, kann es doch eigentlich nicht geben!

F: Sie haben gesagt, wir sollten absolut hilflos sein.

W: Ich meine, wir müssen aufgeben, um zu gewinnen. Das ist das Geheimnis aller Wege nach innen.

F: Das ist nicht einfach.

W: Gerade am Anfang eines Sesshins habe ich oft den Eindruck, alle sitzen in ihren Startlöchern, um durchzustarten und all das zu erreichen, was sie sich vorgenommen haben. Am Ende des ersten Tages sind viele erschöpft, weil sie sich verausgabt haben. Einige konnten bereits Tage vorher nicht richtig schlafen, weil sie sich auf etwas Besonderes eingestellt haben. Das verschärft natürlich die Situation noch. Hinzu kommt, dass einige länger im Dokusan-Raum bleiben als andere. „Ist da vielleicht schon etwas passiert?“, denken sie. „Da kommt jemand schneller voran als ich! Bin ich vielleicht zu dumm dazu?“ Und sie intensivieren ihre Übung, strengen sich noch mehr an. In Wirklichkeit jedoch wird ihr Üben immer verkrampfter, und sie stecken noch mehr Ego-Aktivität in ihre Bemühungen. Sie nehmen sich vor, die ganze Nacht zu sitzen, und sind dann doch froh, am Abend ins Bett zu kommen. Sie vertrösten sich auf den nächsten Tag. Schließlich ist die ganze Motivation am nächsten Tag dahin, weil sie nur noch damit beschäftigt sind, die Schmerzen in den Beinen und im Rücken zu bekämpfen. „Zum Dokusan gehe ich nicht, schließlich ist ja nichts Besonderes passiert.“ Und eine neue Chance ist vertan. Gerade dann wäre es besonders wichtig, zum Dokusan zu gehen, eben weil ich kein Konzept habe, weil ich eigentlich gar nicht weiß, was ich sagen soll. Dies sind oft die wertvollsten Gespräche. So sind wir in der Lage zuzuhören, und natürlich nehmen wir das Gesagte ganz anders wahr, als wenn wir kommen und denken: „Das muss ich sagen und das muss ich sagen und das darf ich ja nicht vergessen!"

F: Ja, das kenne ich auch.

W: Wir sollten aufgeben, um zu gewinnen, denn das Ziel, das wir erreichen wollen, ist ein Nicht-Ziel, und der Weg, den wir gehen, ein Nicht-Weg. Daher sollte auch unsere Übung zu einer Nicht-Übung werden. Was aber machen wir? Wir sitzen und lauern: „Ist es das? Ist es das? Jetzt muss doch endlich etwas geschehen!" Was aber geschieht? Die Müdigkeit stört mich, die Gedanken stören mich, die Fliege stört mich, vom Nachbarn ganz zu schweigen. Wir projizieren unseren inneren Zustand nach außen. Wir fühlen uns unvollkommen, weil alles anders ist, als ich es mir vorstelle. Und so sitzen wir weiter und vertrösten uns auf den nächsten Tag.

F: Woher wissen Sie das so genau?

W: Weil ich durch den gleichen Wahnsinn gegangen bin und es genauso erlebt habe.

F: Warum ist es eigentlich so, dass manchmal erst einige Tage *nach* einem Sesshin etwas passiert?

W: Weil wir erst dann unsere Übung vergessen haben und endlich wieder natürlich und ungezwungen geworden sind.

F: Wie kann ich das denn auch während eines Sesshins erreichen?

W: Wir können es nicht machen, wir können es nur *sein*! Deswegen sage ich während eines Sesshins oft. Seid einfach so, wie ihr seid! Wir dürfen so sein, wie wir sind. Wir müssen uns nicht kasteien. Allerdings scheint gerade dies nicht so einfach zu sein. Schließlich wollen wir vorwärts kommen, wir wollen das Geld ja nicht umsonst ausgegeben haben! Und doch sollten wir unbedingt versuchen, nicht anders sein zu wollen als so, wie wir in diesem Augenblick gerade wirklich sind. Jegliche Veränderung ergibt sich nur aus dem Zulassen von Gedanken und Gefühlen, aber auch aus dem Zulassen von Aggression, wenn sie gerade dran ist. Einfach nur Zeuge zu sein dessen, was da geschieht. Und so sitzen wir weiter. Das Sesshin hat bereits seine Mitte erreicht. Und wir denken: „Gott sei Dank, die erste Hälfte habe ich überstanden, nur noch soundsoviele Tage!" Wir denken manchmal: „Der tut sich bestimmt leichter! Wenn ich nur früher angefangen hätte! Der hat viel bessere Voraussetzungen als ich. Wenn ich keine Kinder hätte, wenn ich einen anderen Beruf hätte, wenn ich weniger Stress hätte", usw., usw. Aber jeder von uns ist an der richtigen Stelle. Jeder ist gerade da richtig, wo er ist. Jeder hat die richtigen Eltern, jeder hat die richtigen Kinder, die richtigen Schwierigkeiten, den richtigen Partner, den richtigen Beruf. All das ist genau auf uns zugeschnitten. Jeder von uns hat nur die Schwierigkeiten, die er auch meistern kann. Niemand wird überfordert. Das, was wir suchen, offenbart sich im Bandscheibenvorfall genauso wie in der Scheidung oder im Krieg. Unsere wahre Natur offenbart sich im Geschehen dessen, was da geschieht, vollzieht sich als das Geschehen selbst, im Werden wie im Vergehen, im Erfolg wie im Misserfolg, im Lachen wie im Weinen. Das bin ich, das ist ES!

F: Könnten Sie diese Erfahrung auch religiös ausdrücken?

W: Ich würde es so formulieren: Unser Lachen ist ein Lachen Gottes. Unser Weinen ist ein Weinen Gottes. Das, was wir Gott nennen, sieht durch dieselben Augen wie wir, hört mit denselben Ohren wie wir, plant den gleichen Urlaub wie wir. Wir sind durch und durch göttlich. Wir sind letztlich genau das, was wir suchen. Wir sind das, was wir sind, aber wir sind nicht das, wofür wir uns halten.

3. Kapitel
Das Absolute

F: Was können Sie über den Bereich des Absoluten sagen?

W: Nichts.

F: Aber Sie kennen doch diesen Bereich?

W: Nein.

F: Gibt es Erleuchtung?

W: Nein.

F: Sie sind heute nicht sehr gesprächig.

W: Ja, das stimmt.

F: Hat das einen bestimmten Grund?

W: Ja. Über das Absolute zu sprechen ist ein unmögliches Unterfangen. Auch nur *ein* Wort darüber zu verlieren wäre falsch.

F: Die Wissenschaft bestätigt heute, dass der Kosmos eine unendliche Bewegung von Energie ist.

W: Ja. Diese endlose Energie ist weder durch Raum noch durch Zeit begrenzt. Jedes Wesen aber, das zu sich selbst „Ich" sagt, kann das nicht erfassen.

F: Und in jedem von uns ist diese Energie enthalten?

W: Ja, und trotzdem zerteilt sie sich nicht. Sie ist ganz da, in allem.

F: Könnte man sagen: Jeder Teil des Ganzen ist die Summe des Ganzen?

W: Ja. Sri Aurobindo hat einmal sinngemäß gesagt, wenn wir die Fülle aus der Fülle nehmen, wird sie Fülle bleiben.[4]

F: Das klingt sehr schön.

W: Ja, aber es sind nur Worte. Sie helfen uns nicht weiter. Mit unserer verstandesmäßigen Unzulänglichkeit werden wir Menschen niemals fähig sein, ein angemessenes Verhältnis zum Ganzen zu finden.

F: Was ist das Wesen dieses Ganzen, mit dem wir unsere Übereinstimmung finden müssen?

W: Es ist ein Zustand, der unwandelbar, unerschöpflich und ohne Ausdehnung ist. Dieser Zustand ist unbewegt, obwohl er alles Geschehen enthält, er ist reinstes, pures Sein. Manchmal sage ich auch: Jeder von uns sitzt auf einer gewaltigen, nicht auszuschöpfenden Schatzkiste, aber die meisten Menschen sind sich dessen nicht bewusst. Sie laufen herum wie Bettler. Sie wissen nicht, dass sie in Wirklichkeit die reichsten Menschen sind.

F: Gibt es dafür auch Belege in der Bibel?

W: Ja, natürlich. Da wird vom Schatz im Acker gesprochen. Unsere Aufgabe ist es zu graben. Oder kennen Sie vielleicht die Geschichte mit den Talenten, von denen jeder gleichviele erhält? Der eine vergräbt sie, der andere macht mehr daraus. Oder die Geschichte vom verlorenen Sohn, der als Bettler auf dieser Welt umherirrt und nicht weiß, dass er der Sohn des Allerhöchsten ist.

F: Ich mache die Erfahrung, dass sich in unserer Zeit immer mehr Menschen auf die Suche machen.

W: Ja, aber in Wirklichkeit sind nicht wir es, die suchen, wir sind *die Gesuchten*. Man könnte es vergleichen mit einem ungeheueren Magneten, der uns anzieht.

F: Eigentlich suchen wir Menschen immer nur das Glück.

W: Ja, allerdings suchen wir das Glück immer nur im Außen. Das ist das Fatale an der Situation. Wahres Glück können wir nur in uns selbst finden. Sie kennen vielleicht das Märchen vom Hans im Glück, der, verstandesmäßig betrachtet, einfach nur dumm ist. Er tauscht alles, bis er am Ende nichts mehr hat. Erst jetzt ist er glücklich. Das geht aber nicht in unseren Verstand. Die Werbung suggeriert uns ständig: Je mehr wir besitzen, desto glücklicher werden wir. Aber ist das wirklich so? Lässt nicht *ein* erfüllter Wunsch sofort zehn neue Wünsche entstehen, denen wir aufs Neue nachjagen?

F: Es dauert oft sehr lange, bis wir diesen Kreislauf durchschauen.

W: Wenn wir aufhören könnten, uns mit diesem gigantischen und unaufhörlichen Treiben unserer Sinne zu identifizieren, hätten wir die Chance herauszufinden, wer wir wirklich sind, und würden uns unserer wahren Identität bewusst.

F: Manchmal, in Momenten der Stille und inneren Zurückgezogenheit, spüre ich ganz stark die Anwesenheit von etwas anderem.

W: Solche Momente enthüllen nichts anderes, als dass dieses Werden *den* Aspekt unseres Seins beleuchtet, der absolut nichts mit mir selbst zu tun hat. Es gleicht einem scheinbaren Spiel von Bewegtheit, wie die Wellen auf der Oberfläche des Meeres, die Tiefe bleibt jedoch unberührt.

F: Ich habe gelesen, dass moderne Psychologen darüber übereinstimmen, dass das sogenannte Wachbewusstsein nur einen kleinen Teil unseres bewussten Daseins darstellt.

W: Ja. Man könnte auch sagen, dass unsere Sinnesorgane eigentlich nur Werkzeuge unseres Bewusstseins sind. Nicht, weil wir Augen haben, können wir sehen, sondern weil uns bewusst ist, dass wir sehen. Das innerste Wesen unseres Seins ist Bewusstsein. Unsere Sinnesorgane sind die Tore zur Wahrheit. Das ist gemeint im dritten der vier großen Gelübde[5]: „Unzählbar sind die Tore der Wahrheit, ich gelobe, sie zu durchschreiten." Durch die ständige Beschäftigung mit dem Verstand geht die uns innewohnende Identität verloren. Der Verstand neigt dazu, alles zu zerstückeln und in kleine Teile zu zerlegen. Er versucht, jedes Ding gesondert zu ergründen, und entzieht allen anderen Dingen somit die Aufmerksamkeit. Dadurch verlieren wir die eigentliche Sicht für das Ganze. Unser wahres Wesen jedoch kennt weder Anfang, Mitte noch Ende. Nichts kann zerstört werden. Wenn Jesus sagt: „Noch ehe Abraham wurde, bin ich" (Joh 8,58), dann hat er die Erfahrung des „Ursprünglichen Antlitzes" gemacht, wie Zen sagt. Nur ein ungeteilter, ich-freier Mensch, der nicht mehr nur Teile sieht, kann das Ganze wahrnehmen, das vor allem Ursprung Liegende. Nur in einer zeitfreien und ich-freien Zone erfahren wir unsere Ganzheit. In jedem von uns, in jeder Zelle, in jedem Molekül, in jedem Atom wirkt diese Fülle der Ewigkeit.

F: Und Sie glauben, Zen ist ein Weg in diese Erfahrung?

W: Ja. In dieser Erfahrung explodiert alles, was uns unser Verstand vorgibt zu wissen. Es ist gleichsam eine *Explosion des Bewusstseins*. Der Zen-Weg sprengt unsere gewöhnliche Rationalität. Das macht Zen besonders für diejenigen interessant, die ihren Verstand geschult haben und dabei an seine Grenzen gestoßen sind. Bedenken Sie: Trotz unseres außerordentlichen Wissens über uns und die Welt sind wir weder glücklicher noch zufriedener geworden. Wir scheinen von unserer Verstandestätigkeit etwas zu erwarten, was diese nicht leisten kann. An der Oberfläche unseres Ego-Bewusstseins, das scheinbar alles im Griff hat, verbirgt sich eine beispiellose Ohnmacht. Ignatius von Loyola hat in seinen Exerzitien etwa sinngemäß geschrieben, dass nicht das viele Wissen uns sättigt, sondern das *Spüren von innen her*.[6]

F: Können Sie mir in diesem Zusammenhang etwas über dieses Spüren sagen?

W: Als Spüren bezeichne ich die von unseren Sinnesorganen ausgelösten Reize, aber auch das, was durch Erinnerungen in uns ausgelöst wird. Gefühle haben eine große Macht über uns. Sie zerren uns hierhin und dorthin und machen unser Leben widersprüchlich und kompliziert. Wir wehren uns dagegen, blocken sie ab oder wollen sie loswerden. Wir unterscheiden Gefühle, die nicht sein dürfen, und wertvolle, positive Gefühle wie Dankbarkeit oder Liebe. Wir fühlen uns von ihnen angezogen oder sind voller Ablehnung. Es ist die Macht der Gewohnheit, dass wir uns ganz automatisch mit unseren Gefühlen identifizieren. Genau das ist einer der Gründe, warum der Mensch leidet. Wir leiden an uns selbst!

F: Wie soll ich mich also meinen Gefühlen gegenüber verhalten?

W: Ein Mönch hat einmal seinen Meister mit folgendem Ausspruch konfrontiert: „Wenn Sinnesempfindungen auftreten, ist man von der Weisheit getrennt.“[7] Der Meister riet ihm, diese Trennung zu lassen. Ich glaube, wir müssen lernen, unsere Gefühle zuzulassen, ohne sie zu unterdrücken, aber auch ohne uns von ihnen beherrschen zu lassen. Wir sollten lernen, sie auszuhalten und sie von alleine wieder vergehen zu lassen. Die Übung im Zen zielt ganz klar darauf ab, die Dinge geschehen zu lassen und das Ego zurückzunehmen.

F: Ist es das, was Johannes vom Kreuz als passive Reinigung bezeichnet hat?

W: Ja. Wir kommen auf unserem Weg nicht voran, wenn wir ständig versuchen, alles Unangenehme zu unterdrücken. Ein sehr wichtiger Lernprozess! Es dauert manchmal sehr lange, bis wir tatsächlich begreifen, dass wir uns mit diesen Gefühlen nicht zu identifizieren brauchen. Nur dann können wir diese Gefühle sozusagen vor uns hinstellen, sie ganz genau beobachten und wir lassen uns schließlich nicht mehr von ihnen beeindrucken. Trotzdem dürfen wir lachen und weinen. Dogen Zenji hat einmal bemerkt, dass diese vorhin angesprochene Trennung von Weisheit, wenn Gefühle aufkommen, tatsächlich über unser oberflächliches Verstehen hinausgeht. Der Kern dieser Aussage lässt sich also verstandesmäßig nicht begreifen.

F: Könnte man es vielleicht so sagen: Gefühle dürfen sein, aber wir müssen lernen, richtig damit umzugehen?

W: In der Tat. Gefühle gehören zu unserer Wesensnatur. Wenn wir Gefühle unterdrücken, betonieren wir unsere ursprüngliche Natur zu. Der Beton ist unsere Künstlichkeit. Da ist es nicht verwunderlich, wenn plötzlich diese schöne Betondecke Risse bekommt und aus der Tiefe explosionsartig etwas nach oben schießt, womit keiner gerechnet hat. Dann tun wir Dinge, die wir im nächsten Augenblick schon wieder bereuen. Jeder von uns kennt das.

F: Dabei denke ich oft, meine Psyche spielt verrückt!

W: Wir wollen diese Künstlichkeit reparieren, die Risse kleben. Schließlich wollen wir uns wohl fühlen und nicht mit Problemen belastet sein.

F: Kommt es möglicherweise auch daher, dass sich die Menschen oft unvollkommen fühlen?

W: Ja. Viele Menschen betrachten sich als etwas, das ständig repariert werden müsste, als etwas, das besser und perfekter zu machen sei. Wir wollen immer etwas machen, weil uns der Regen stört, die Hitze oder die Kälte. Dieses Wollen mündet in eine Künstlichkeit unseres Seins. Wir können die Künstlichkeit manchmal auch beim Kinhin erleben. Wir gehen nicht mehr natürlich, wir machen etwas mit diesem Schritt. Wir schleichen und wir schreiten, weil wir es verlernt haben, natürlich zu gehen. Wir wollen es einfach besser machen. Dadurch verliert das Gehen seinen Fluss und wird unnatürlich. Wir setzen immer etwas drauf. Ich muss gestehen, dieses Gehen beim Kinhin ist nicht einfach. Ich selber habe bestimmt fünf Jahre gebraucht, bis meine Beine der Situation angemessen einfach von alleine gegangen sind.

F: Manchmal stelle ich auch fest, dass ich beim Sitzen beginne, meine Gefühle zu analysieren.

W: Ja, auch das hat jeder von uns schon erlebt. Der Verstand legt sich sofort über das Gefühl und beginnt, die Gefühle zu bewerten. Wir versuchen herauszufinden, woher beispielsweise diese plötzliche Traurigkeit kommt. Im Zen ist es jedoch sehr wichtig, Gefühle *nicht* zu analysieren, woher sie plötzlich kommen und weshalb. Wenn wir uns einfach nur hinsetzen und uns ganz passiv verhalten, kommt alles von ganz allein ins Gleichgewicht. Es geht nur darum, die Dinge bewusst wahrzunehmen, egal, was da gerade kommt. Wir sollten lernen, unsere Gefühle anzunehmen, d.h. sie als das zu erkennen, was sie sind, und danach wieder fallen zu lassen. Gefühle, so sagt Zen, sind in sich leer und ohne Substanz. Wir wissen doch, Gefühle kommen, sie bleiben einige Zeit und vergehen dann wieder. Warum sollte ich mich also davon irritieren lassen?

F: Das hört sich so einfach an, aber die Praxis schaut oft ganz anders aus.

W: Ich glaube, der Punkt ist der: Wir wollen alles auf einmal können. Aber auch Klavierspielen lernt man nicht in einer Woche. Es dauert Jahre. Dazu brauchen wir Geduld. In dem Wort Geduld steckt das Verb „dulden". Ich muss lernen, mich selbst auszuhalten. Aus diesem Grunde ist der Umgang mit meinen Gefühlen eine notwendige Station auf dem Weg in die Freiheit. Mit der Zeit lernen wir, richtig mit ihnen umzugehen, und wir werden feststellen, dass sie sich im Laufe der Zeit verwandeln. Der Weg des Zen ist ein Weg der Verwandlung. Unsere Aufgabe ist es, Verstand und Gefühle zu überschreiten, denn am reinen Bewusstsein haften weder Gedanken noch Gefühle.

F: Werden wir am Ende gefühllose Wesen sein?

W: Nein, ganz bestimmt nicht. Solange wir Menschen sind, haben wir Gefühle. Aber wir *sind* nicht diese Gefühle, ebenso wenig, wie wir dieser Körper sind. Mein Lehrer hat einmal gesagt: „In Wirklichkeit bin ich so leer wie dieses Weltall." Das trifft den Kern, glaube ich. Die Form als *leer* zu erfahren und die Leerheit als Form, also beides zu integrieren, genau darum geht es. Schauen Sie, am Anfang unseres Lebens kennen wir nur diese Form. Wir gestalten sie schön und pflegen sie. Wenn wir den Weg des Zen gehen, machen wir irgendwann die Erfahrung der Leerheit. Alles wird substanzlos und leer. Alles ist zwar da, aber es betrifft mich nicht mehr. Dies ist der zweite Schritt. Manche bleiben an diesem Punkt stehen. Sie sind der Meinung, das wäre es. Dabei handelt es sich lediglich um einen weiteren Schritt auf dem Weg. Das Wichtigste kommt erst noch, nämlich die Integration von Form und Leerheit, bis das absolute Gleichgewicht hergestellt ist: Form ist Leere, Leere ist Form.

4. Kapitel
Raum – Zeit – Kausalität

F: Wenn ich den Weg des Zen richtig verstehe, geht es dabei vor allem um die Überwindung unseres Ego, also um den Egotod?

W: Das ist richtig.

F: Wenn es mich aber nicht mehr gibt, wo sind dann Raum und Zeit und die Welt, in der ich mich befinde?

W: Lassen Sie mich von vorne beginnen. Raum wird im Allgemeinen definiert durch seine Länge, Breite und Höhe, also durch drei zueinander senkrecht stehende Linien, die exakt messbar sind. In der Relativitätstheorie wurde ferner die Zeit in den Raum mit einbezogen, die sogenannte Raumzeit. Diese Raumzeit fällt, je nach dem Bewegungszustand des Menschen, verschieden aus. Damit hat die Annahme der Physik, der Raum sei ein Ganzes und in sich ruhend, seine Grundlage verloren.

F: Das verstehe ich nicht.

W: Wenn Sie den Raum definieren als etwas, das die Objekte umgibt, so folgt daraus, dass es ohne Objekte keinen Raum geben kann.

F: Das ist mir klar.

W: Objekte müssen wiederum von Raum umgeben sein, sonst gäbe es sie ebenfalls nicht. Unsere räumliche Vorstellung beruht demnach auf dem Glauben an etwas Permanentes. Raum ist jedoch nicht ohne Dauer und Zeit denkbar. Es gibt keinen Raum ohne Zeit, d. h., erst durch die Übertragung der Zeit auf die Erscheinungen wird die Vorstellung eines Gegenstandes möglich. Zeit gehört also notwendigerweise zur Existenz von Objekten. Diese Zeit grenzt die Welt ein, zerteilt sie in Stücke und legt sozusagen ein Raster über die Wirklichkeit.

F: All dies steht und fällt aber doch mit unserem Denken?

W: Ja, das ist richtig. Würde unser Denken aufhören, gäbe es nichts Bleibendes und Seiendes mehr.

F: Könnte man sagen: Raum und Zeit können in unserem abstrakten Denken nur gemeinsam existieren?

W: Ja, sie bedingen sich gegenseitig und bilden eine untrennbare Einheit. Raum ist nicht ohne Zeit denkbar, und ebenso braucht die Zeit einen Raum, in dem sie wirken kann. Es ist unmöglich, einen Gegenstand zu identifizieren, der nicht räumlich und zeitlich in Erscheinung tritt. Wenn wir also sagen, dass ein Mensch existiert, meinen wir damit seine Existenz in Raum und Zeit. Sobald wir jedoch den Menschen in Raum und Zeit beschreiben, isolieren wir ihn als Objekt unserer Betrachtung. Auf diese Weise funktioniert unser abstraktes Denken, dieses in Raum und Zeit begrenzte Denken.

F: Wenn wir aber davon ausgehen, dass Raum und Zeit nur Fiktionen sind, dann müssen auch alle darin vorkommenden Gegenstände Fiktionen sein. Denn wo es keinen Ort gibt, kann es doch auch kein Objekt geben?

W: Ich möchte es so ausdrücken: Wenn eines von beiden unwirklich ist, muss auch das andere unwirklich sein. Die Mystik weiß das schon lange. Hier existiert weder Zeit noch Raum, noch ergibt sich daraus ein kausaler Zusammenhang.

F: Was meinen Sie mit kausal?

W: Kausales Denken ist nichts weiter als ein Vorgang in unserer Vorstellungswelt. Kausales Denken findet sein Ende, wenn die Vorstellung von Zeit und Raum nicht mehr gegeben ist. Eine objektivierte Wirklichkeit, formuliert durch Zeit, Raum und Kausalität, ist also nichts weiter als eine Konstruktion unserer Empfindungen und Wahrnehmungen. Die Mystik betrachtet Zeit und Raum immer schon als Illusion, ohne Anfang, ohne Ende, ohne Ding. Die Erleuchtungserfahrung ist es, die uns in ihrer Tiefe zur Aufhebung von Räumlichkeit und der damit verbundenen Gegenständlichkeit führt. Wer das erlebt, dem zieht es gleichsam den Boden unter den Füßen weg, und es kommt zu einem Ende des normalen Zeitempfindens.

F: An diesem Punkt angekommen, ist es, glaube ich, sehr wichtig, einen Lehrer zu haben.

W: Ohne einen Lehrer wäre man absolut hilflos. Viele sind der Meinung, sie wären verrückt geworden, weil ihnen diese Welt plötzlich ganz anders erscheint und sie diese Welt ganz anders und neu wahrnehmen. In Wirklichkeit ist diese Sichtweise unsere normale Sichtweise. Trotzdem bedarf es einiger Zeit, bis wir uns daran gewöhnt haben. In diesem neuen Bewusstsein gibt es keinen Beobachter mehr, der etwas außerhalb von sich beobachten würde, es gibt nichts Bleibendes mehr, nichts Vergehendes, nur noch dieses!

F: Wie empfinden die Menschen diese neue Wirklichkeit?

W: Sie haben den Eindruck, endlich angekommen zu sein. Sie betrachten ihr früheres Leben als einen Traum, den sie irgendwann geträumt haben. Sie erleben die neue Wirklichkeit als glasklar und ganz einfach. Sie sind sehr glücklich. Sie können ihr Glück nicht fassen, sind vollkommen überwältigt davon.

F: Beinhaltet der mystische Tod, also der Tod des Ego, nicht auch physische Schmerzen?

W: Ja. Aber er führt auch in eine neue Bedeutsamkeit des Seins und zu einer vollkommen neuen Sichtweise der Welt und des Menschen. Ein solcher Mensch ist authentisch. Er braucht dazu keinen Beweis mehr.

F: Ist das das Ende?

W: Nein, das ist erst der Anfang. Jetzt geht es erst richtig los!

F: Wie meinen Sie das?

W: Dieses Baby muss gehegt und gepflegt werden, vergleichbar mit einer Geburt, die bereits stattgefunden hat. Vor allem geht es darum, nicht wieder in das alte Jedermann-Bewusstsein zurückzufallen!

F: Es hat also kein Ende?

W: Nein, denn wo kein Ende ist, ist auch kein Anfang. Es ist wichtig, sich weiter zu schulen, um tiefer und tiefer einzutauchen in dieses neue Bewusstsein. Anders ausgedrückt geht es darum, das Feuer zu bewahren und dafür zu sorgen, dass es nicht erlischt.

5. Kapitel
Karma

F: Ich möchte heute einmal auf das Karma zu sprechen kommen.

W: Gern. Schauen Sie, die Wissenschaft hat auf der physischen Ebene den Zusammenhang von Ursache und Wirkung sehr sorgfältig erforscht. Diese Gesetzmäßigkeiten ermöglichen es uns, bestimmte Resultate vorherzusagen. Warum sollte es im Inneren anders sein?

F: Meinen Sie in diesem Zusammenhang: Was der Mensch sät, das wird er auch ernten?

W: Ja. Paulus hat dies in seinem Brief an die Galater geschrieben (Gal. 6,7). Aber um einen richtigen Eindruck von Karma zu bekommen, ist es wichtig zu wissen, dass der Mensch und das Universum eine Einheit sind. Alles existiert in einer unvorstellbaren Vielzahl von Entwicklungsgraden, die in einem Ganzen vereint sind: In einem großen Bewusstsein, wenn man es so ausdrücken kann.

F: Meinen Sie, so wie ein unbeabsichtigter Schnitt in die Hand vom ganzen Körper gespürt wird?

W: Ja, das ist ein sehr gutes Beispiel. Jede physische Verletzung hat Auswirkungen auf den ganzen Organismus.

F: Karma wird religionsphilosophisch oft mit Seelenwanderung und Wiedergeburt in Verbindung gebracht.

W: Ja, aber ich glaube, das ist eine stark verkürzte Denkweise. Man könnte es vielleicht so ausdrücken: Absichtsvolle Gedanken, Worte und Handlungen hinterlassen Spuren, deren Früchte uns auf einer anderen Ebene wieder begegnen. Wir wissen z.B., dass negatives Denken die Atmosphäre unserer Innenwelt vergiftet, bis hin zu psychosomatischen Erkrankungen als Folge.

F: Gibt es eigentlich auch verschiedene Arten von Karma?

W: Es gibt im Wesentlichen drei Arten von Karma. Das erste ist das Karma, das wir in der Vergangenheit erschaffen haben und in diesem Leben erfahren. Das zweite ist das Karma, das wir in der Vergangenheit erschaffen haben, das sich aber noch nicht ausgewirkt hat. Und das dritte Karma ist das Karma, das wir in diesem Augenblick, also jetzt erschaffen, und das sich später auswirkt.

F: Könnte man Karma vielleicht mit einem Lagerhaus vergleichen, in dem all unsere vergangenen Handlungen wie Samen gelagert sind?

W: Ja. Erst wenn die Bedingungen entsprechend sind, beginnen sie zu keimen und wirken sich in unserem Leben aus. Karma ist also einerseits die Quelle, andererseits aber auch die Frucht unseres Denkens und Handelns.

F: Aber ich kenne doch meine früheren Handlungen, also das, was ich vielleicht falsch gemacht habe, nicht mehr.

W: Das ist auch nicht wichtig. Stellen Sie sich vor, Sie wüssten dies alles. Die meisten Menschen haben doch an den Problemen ihres jetzigen Lebens wirklich genug zu tragen. Ich glaube, wer sein Leben aufmerksam wahrnimmt, hat ein gutes Instrument zur Hand. Er kann schwierige Situationen bewältigen, wenn er sie zunächst akzeptiert und Schritt für Schritt in Ordnung bringt. Daraus können sehr oft sinnvolle Lebensaufgaben entstehen. Im eigentlichen Erleben des gegenwärtigen Augenblickes liegt die ganze Kraft der Veränderung und könnte zu einem liebevolleren Umgang mit Menschen führen, zu einem verantwortungsvolleren Handeln in vielen Situationen.

F: Sie haben einmal in einem Teisho das Karma als das eigentliche Grundgesetz des Universums bezeichnet.

W: Ja. Ich glaube, Liebe oder Hass sind sehr dynamische Kräfte. Sie wirken sich so aus, dass ihr Gleichgewicht, die Harmonie, wieder hergestellt wird. Dieses sich gegenseitige Durchdringen ist für mich ein fundamentales Prinzip des Universums.

F: Ich möchte noch einmal auf dieses Grundgesetz des Universums zurückkommen. Wer oder was wendet dieses Gesetz an?

W: Karma ist für mich zwar ein Gesetz, aber es hat keinen Gesetzgeber. Die Dynamik, die diesem Gesetz innewohnt, ist nicht das Resultat blinder Kräfte, sondern ein Strom von Veränderungen. Der Ursprung von Karma liegt in unseren Gedanken, Emotionen und Taten. Wir selbst sind es, die unser Schiff in vernünftiger oder unvernünftiger Weise durch den Strom unseres Lebens lenken. Karma plant nichts und schafft nichts. Es ist der Mensch, der plant und die Ursachen selbst erzeugt. Das karmische Gesetz gleicht nur die Wirkungen aus.

F: Könnte man in diesem Zusammenhang beispielsweise eine Krankheit als einen Prozess der Reinigung verstehen, der unser inneres Wachstum fördert?

W: Ja. Krankheit kann uns lehren, nach innen zu schauen. Sie kann unseren Egoismus heilen und uns so zu wichtigen Einsichten über uns führen.

F: Glauben Sie, dass die Vergangenheit allein über unsere zukünftige Ereignisse entscheidet?

W: Nein, ich kann doch in jedem Augenblick meinem Leben eine neue Richtung geben! Karma, so sehe ich es, dient lediglich dazu, dass wir uns weiterentwickeln und den Weg für diese Entwicklung frei machen. Wir selbst sind es letztlich, die unser Schicksal bestimmen, indem wir aus den verschiedenen Alternativen wählen, die uns das Leben bietet. Die Wirkung von Karma ist immer nur darauf ausgerichtet, die Harmonie wieder herzustellen. Jede Disharmonie sucht sich ihren Weg nach außen und damit an die Oberfläche. Wir könnten uns in jedem Augenblick weiterentwickeln und daran wachsen. Wenn wir das akzeptieren würden, was sich ereignet, könnten wir unserem Leben eine neue Wendung geben. Wenn ein Mensch zu der Erkenntnis gelangt ist, dass er Rückschläge nur sich selbst zuzuschreiben hat, hört alles Selbstmitleid auf und Mut, Entschlossenheit und Ausdauer treten an seine Stelle. Je mehr wir also die Schwierigkeiten unserer menschlichen Natur verstehen, desto weniger werden wir uns selbst und andere verurteilen.

F: Erben wir nicht dennoch in erster Linie unsere individuellen Charaktereigenschaften von unseren eigenen Eltern?

W: Nein. Wir beerben unsere eigene Vergangenheit. Wenn Sie mehr als ein Kind haben, wird Ihnen sicher schon aufgefallen sein, wie unterschiedlich ihre Charaktere sind. Jeder wird in die Familie hineingeboren, die diejenigen Eigenschaften besitzt, die zu seinem Karma passen. Es gibt keinen Zufall im Universum.

F: Warum glauben Sie, ist die Lehre von Karma bei uns im Westen in Vergessenheit geraten und im Osten nicht?

W: Im Westen wurde uns gelehrt, ausschließlich an einen persönlichen Gott außerhalb von uns selbst zu glauben. Im Religionsunterricht haben wir gelernt, dass wir in Sünde geboren sind. Die Folgen für unser Verhalten sind entsprechend Himmel oder Hölle. In den ersten Jahrhunderten des Christentums war Karma und die damit verbundene Reinkarnation selbstverständliches Allgemeingut. Aus machtpolitischen Gründen jedoch verbannte man die Wiedergeburtslehre und damit auch das Karma. Das war auf dem 2. Konzil von Konstantinopel 553 nach Christus.

F: Natürlich hat man mehr Macht über Menschen, wenn ihnen gesagt wird, dass sie nur einmal leben und am Ende alles per Gericht entschieden wird.

W: Über den Missbrauch, der mit der Vergebung der Sünden in Form von gekauften Ablässen getrieben wurde, möchte ich mich nicht weiter auslassen. Ich betrachte Gott nicht als Richter, der Buch führt über unsere guten und bösen Taten. Wir können uns den Himmel nicht verdienen. Wenn das so einfach wäre!

F: In den vergangenen Jahren wurden viele Bücher über Karma geschrieben.

W: Ja, ich weiß. Doch die meisten Autoren glauben, dieses Thema ließe sich abstrakt und theoretisch abhandeln.

F: Was ist Ihre Meinung dazu?

W: Karma ist keine Theorie, Karma ist unser Leben. Aber wie alles, was wir verstandesmäßig betrachten, hat auch Karma zwei Seiten.

F: Wie meinen Sie das?

W: Auf der einen Seite existiert das Karma, auf der anderen Seite existiert es nicht. Karma kann nur in unserem Jedermann-Bewusstsein vorkommen. Habe ich dieses Bewusstsein jedoch überschritten, hört auch seine Wirkung auf.

F: Das verstehe ich nicht.

W: Nun, lassen sie mich von vorne beginnen. Das Wort „Karma" stammt aus dem Sanskrit und bedeutet soviel wie „Tat". Karma ist also das Gesetz von Ursache und Wirkung. Wenn Ursache und Wirkung verschwunden sind, ist auch das Karma verschwunden. Ich möchte es so verdeutlichen: In unserem Jedermann-Bewusstsein führen wir bestimmte Ereignisse herbei. Dadurch pflanzen wir Samen entsprechend der Tat, die entweder in ihrem Ergebnis positiv oder negativ sein kann.

F: Stammt die Lehre vom Karma eigentlich von Buddha?

W: Nein, sie stammt aus den Veden. Die Veden sind alte indische Schriften. Es gab in Indien im Wesentlichen zwei Versionen. Die einen waren der Meinung, das Karma sei Schicksal und daran lasse sich eh nichts ändern. Die anderen meinten, es sei egal, was man mache, es habe sowieso keine Folgen für dieses Leben.

F: Sie sagten, Karma sei unser Leben. Können Sie mir mehr darüber sagen?

W: Karma ist etwas, das in jedem Augenblick unseres Lebens wirksam ist. Das, was wir mit Absicht tun, denken oder aussprechen, hat auch eine entsprechende Wirkung.

F: Die Bibel sagt: „Wer Wind sät, wird Sturm ernten." (Hos 8,7)

W: Das bedeutet, dass wir das Echo unserer Taten doppelt und dreifach so stark empfinden. Das kommt daher, weil es uns plötzlich selbst betrifft und wehtut. Wären wir uns der Auswirkungen unserer Handlungen bewusst, würden wir oft achtsamer mit den Mitmenschen und Dingen umgehen. Auf der anderen Seite hat das Karma aber nichts zu tun mit einem totalen Ausgeliefertsein. Jeder Mensch hat einen freien Willen. Entscheidend ist die Motivation, die hinter unserem Handeln steht.

F: Könnte man sagen: Mein Karma hat mich an diesen Punkt meines Lebens gebracht, an dem ich mich jetzt befinde?

W: So könnte man sagen. Wir entschließen uns vielleicht, unserem Leben eine neue Richtung zu geben. Das war das gute Karma, das uns zu diesem Schritt veranlasst hat. Wir haben eine gute Wahl getroffen. Wir könnten uns aber auch vor den Fernseher setzen und das Leben an uns vorbeiplätschern lassen.

F: Das Karma ist also nichts Vorherbestimmtes, sondern etwas, das wir durch unsere freie Entscheidung jederzeit beeinflussen können?

W: Ja. Und trotzdem haben wir die freie Wahl nur innerhalb der Grenzen unseres vorhergehenden Karmas. Nehmen Sie ein Theaterstück: Ein Akt entwickelt sich aus dem anderen. Keine Handlung ist unbedeutend für das Ganze. Alles wirkt sich entsprechend aus. Wir ernten, was wir säen. Treffen wir eine gute Wahl, öffnen sich für uns neue Türen und damit größere Entwicklungsmöglichkeiten. So findet z. B. jeder Schüler seinen Lehrer, wenn die Zeit dafür reif ist. Auf der anderen Seite kann man machen, was man will, alle Türen bleiben zu. Warum sich manche Menschen so leicht tun und andere so schwer, all dies hat mit dem persönlichen Karma zu tun. Deshalb sollten wir in jedem Augenblick achtsam sein, nicht nur, wenn große Entscheidungen zu treffen sind. Bei kleinen Dingen bekommt man die Folgen oft sofort zu spüren.

F: Ich kenne das als Sprichwort: „Kleine Sünden bestraft der liebe Gott sofort."

W: Großes braucht oft sehr lange, ähnlich einem kleinen Samenkorn, das zu einem großen Baum heranwächst.

F: Aber sind wir dem denn nicht hilflos ausgeliefert?

W: Nein. Wir können jeden Augenblick dieses Leben verändern, wenn wir wollen. Aber wir sollten uns bewusst sein, was wir tun. Am Anfang steht immer der Gedanke, bevor es zur Umsetzung kommt. Auf die Gedanken müssen wir also am meisten achten. In diesem Zusammenhang ist die Gewohnheit unser schlimmster Feind, denn das, was wir gewohnheitsmäßig denken, sprechen oder tun, verdichtet sich allmählich zu unserem Charakter, d. h., wir sind festgefahren in unserem gewohnheitsmäßigen Denken und Tun.

F: Wenn ich es richtig verstanden habe, führt also die Tat zur Gewohnheit, die Gewohnheit ergibt den Charakter und der Charakter ist verantwortlich für unser Schicksal. Damit wären wir selbst die Schöpfer unserer eigenen Biographie?

W: So ist es. Jede Tat und jeder Gedanke verändern unseren Charakter. Nichts bleibt auch nur für einen Augenblick gleich. Jeder Augenblick kann daher auch als ein neuer Anfang betrachtet werden.

F: Das hat etwas Tröstliches an sich.

W: Unser meditatives Sitzen ist es, das uns helfen kann, aus dieser festgefahrenen Spur herauszukommen. Wir werden uns unseres Denkens bewusst und des damit verbundenen Kreislaufes.

F: Wie soll ich Ihrer Meinung nach beim Sitzen mit diesem Denken umgehen?

W: Auf keinen Fall sollten wir unser Denken gewaltsam unterdrücken oder es festhalten. Das Gegenteil würde passieren. Wir würden von Gedanken überrollt werden. Es genügt vollkommen, sich ihrer bewusst zu werden, sie fallen zu lassen und sich wieder der Übung zuzuwenden. Dieser Vorgang wiederholt sich immer wieder: bewusst werden, fallen lassen, sich der Übung aufs Neue zuwenden. Ich glaube, wir sollten nicht vergessen, dass das, was wir unser Leben nennen, aus Millionen einzelner Augenblicke besteht. Auf sie müssen wir am meisten achten, denn sie sind das Erbe, das wir antreten.

F: Was sagen eigentlich die alten Zen-Meister zu diesem Thema?

W: Bankei[8] setzt Karma in Beziehung zu Wiedergeburt. Er sagt, wir sollten uns von unserem schlechten Karma befreien, sonst würden wir in endlosen Kalpas wiedergeboren. So spricht er beispielsweise von einem Dieb, der seine Neigung beschönigt und vorgibt, er könne nicht anders. Bankei bestreitet dies vehement. Er ist der Ansicht, man stiehlt nicht wegen seines Karmas: Das Stehlen selbst ist Karma und der Dieb könnte diesem sofort ein Ende machen. Auch Zen-Meister Ummon spricht davon, dass schlechte Handlungen schlechtes Karma hervorrufen, und empfiehlt, nicht einfach in den Tag hinein zu leben.

F: Und wie steht es mit anderen Zen-Meistern?

W: Bodhidharma[9] ist, was Karma anbelangt, sehr radikal. Er fordert uns auf, die eigene Natur zu erkennen. Solange man diese nicht sieht, ist alles Gerede über gutes Karma Unsinn. Er meint damit: Unser wirklicher Körper ist rein und unberührt, aber wegen unserer Verblendung und unseren falschen Anschauungen durchleiden wir Karma umsonst. Deswegen sollten wir uns unseres ursprünglichen Körpers und Geistes bewusst werden. Bodhidharma ist weiterhin der Ansicht: Wenn wir dem Zustand des gewöhnlichen Lebewesens ein Ende setzen wollen, müssen wir dem Einfluss von Karma ein Ende setzen. Wer aber seinem Karma ein Ende gesetzt hat und dieses Bewusstsein pflegt, wird von allen weiteren Bedingungen frei sein. Bodhidharma spricht auch davon, wie schwer es ist, dieses anzunehmen. Er vergleicht die Menschen mit Blinden, die es einfach nicht glauben können, dass es so etwas wie Licht gibt. Selbst wenn man sie fragt, sagen sie, sie wären glücklich. Durch dieses Nicht-Verstehen schaffen sie immer wieder neues Karma und durchlaufen Tod und Geburt immer und immer wieder.

F: Unser Jederman-Bewusstsein ist es also, das Karma in diesem Leben erzeugt?

W: Ja. Bodhidharma sagt, dass diesem Prozess keiner entkommen kann. Die Erzeugung von Karma führt zur Wiedergeburt, zusammen mit diesem Karma. Nur wenn der gegenwärtige Geisteszustand nichts mehr erzeugt, reift auch nichts für den nächsten Augenblick.

F: Setzt Erleuchtung dem Karma ein Ende?

W: Wir werden uns dessen, wenn es so weit ist, vollkommen bewusst sein, vorausgesetzt, es handelt sich um eine wirklich tiefe Erfahrung.

6. Kapitel
Wiedergeburt

F: Sie sprachen im Zusammenhang von Karma immer auch von der Wiedergeburt?

W: Ja. Karma und Wiedergeburt sind sehr eng miteinander verbunden. Mein Lehrer hat es manchmal mit einer Billardkugel verglichen. Stößt eine Billardkugel die andere an, bleibt diese liegen. Aber eine Kraft wirkt weiter auf die nächste. Diese Kraft überträgt sich, und die Kugel läuft entsprechend dieser Kraft und gibt ihr die Richtung. Wir sollten also nicht ständig dem Echo nachlaufen, sondern die Quelle des Klanges finden. Unsere Aufgabe ist es, die Quelle unseres Seins zu finden.

F: Das verstehe ich nicht.

W: Ich meine, wir sollten aufhören zu analysieren, warum ich so oder so bin. Wir sollten uns vielmehr hinsetzen und herausfinden, wer wir wirklich sind. Dann lösen sich alle Probleme von selbst.

F: Aber wie verhält es sich zur Wiedergeburt, wenn ich in diesem Leben ein gutes Karma schaffe?

W: Das Karma, selbst wenn es gut ist, führt zur Wiedergeburt und verlängert den ewigen Kreislauf einer vermeintlichen Person automatisch. Die eigentliche Frage ist doch: Was ist dann, wenn sich das gute Karma ausgewirkt hat, wenn es sich erschöpft hat? Dann stehen wir wieder am Anfang und sind genau so weit vom Verständnis unseres wahren Seins entfernt wie vorher.

F: Die Frage nach der menschlichen Bestimmung ist wahrscheinlich die schwierigste Frage, die man stellen kann?

W: Wenn wir ein mögliches Weiterleben nach dem Tod nicht grundsätzlich ablehnten, würden wir uns in diesem Leben sicher oft anders verhalten und überlegen, welchen Wegen wir folgen.

F: Welche möglichen Ansichten gibt es Ihrer Meinung nach, die wir in Bezug auf die menschliche Bestimmung einnehmen können?

W: Der erste Standpunkt, den man einnehmen kann, ist sicher der materialistische Standpunkt. Er besagt, dass es kein Weiterleben nach dem Tod gibt. Solche Menschen sind der Ansicht, dass der menschliche Körper nur aus Materie besteht und der Geist nur ein Beiprodukt der Materie ist. Mit dem Tod ist ihrer Meinung nach alles Bewusstsein am Ende. Das Leben ist vollkommen erloschen, und nichts bleibt übrig außer der toten Materie ihres Körpers. Die zweite Sichtweise hat ihre Vertreter in den westlichen theistischen Religionen, also im Christentum, im Judentum und im Islam. Diese Religionen vertreten die Ansicht, dass es ein ewiges Leben nach dem Tod gibt. Hier haben wir nur ein einziges Leben auf der Welt, und nach dem Tod gehen wir in einen Zustand ewiger Existenz ein. Durch unseren jetzigen Glauben und unser Verhalten verdienen wir uns entweder ein ewig währendes Himmelreich oder eine ewig währende Hölle. Die dritte Sichtweise finden wir in den östlichen Religionen. Im Hinduismus spricht man von Seelenwanderung. Man geht von einer permanenten Seele aus, einer bewussten Wesenheit, die von einem Körper in den nächsten wandert. Seele und Gewohnheiten bewohnen diesen Körper, aber wenn das Leben in diesem Körper erloschen ist, verlässt auch die Seele diesen Körper und geht in einen neuen Körper ein. Die Bagavadghita vergleicht dies mit einem Mann, der den Anzug wechselt. Der Mensch bleibt derselbe, aber die Anzüge sind verschieden. So bleibt auch die Seele in jedem Leben dieselbe. Im Buddhismus wird gesagt, dass dieses Leben nur *ein* Glied in einer Kette zahlloser Leben ist, das weit zurück in die Vergangenheit reicht, aber weiter in die Zukunft geht. Diese Kette von Wiedergeburten wird Samsara genannt. Gemeint ist damit ein fortwährendes Weiterwandern. Es beschreibt den Kreislauf von Geburt, Wachstum, Alter und Tod, der sich ständig wiederholt. Buddhismus und Hinduismus teilen zwar die Auffassung einer Wiedergeburt, aber ihr Konzept unterscheidet sich grundlegend.

F: Die buddhistische Lehre ist also anders?

W. Ja. Der Buddhismus sieht die Wiedergeburt nicht als ein Weitergehen einer immerwährenden Seele an, sondern als das neue Entstehen eines Prozesses von Existenz zu Existenz. Es gibt eine Verbindung zwischen dem einen Leben und dem nächsten. Im Buddhismus gibt es keine Seele, die weitergeht von einem Leben in das nächste.

F: Das, was der Mensch ist, besteht aber doch aus grundlegenden Prozessen?

W: Ja. Zunächst ist da ein materieller Prozess, ein Fluss materieller Energie. Es gibt aber auch einen geistigen Prozess, einen Fluss geistiger Geschehnisse. Was wir als physischen Körper betrachten, ist keine wirkliche Einheit, sondern eine Kombination sehr vieler Elemente, die zusammenwirken. Unser Geist beinhaltet kein andauerndes Ich, sondern besteht aus einer Abfolge von geistig miteinander verbundenen Abläufen, Gefühlen, Wahrnehmungen, geistigen Aktivitäten und dem Bewusstsein selbst. Jeder dieser geistigen Prozesse ist ein individueller Akt unseres Geistes, ein Akt des Bewusstseins. Sein Kennzeichen ist: Er entsteht, bleibt für einen kurzen Augenblick und vergeht danach wieder. Wenn ein Augenblick vergangen ist, bleibt keine Spur zurück. Ebensowenig beinhaltet dieser Augenblick einen Kern oder irgendeine innere Essenz, die bleibt. Sobald ein Augenblick verschwindet, entsteht ein neuer Augenblick. Und so geht es immer weiter. Wir sehen also daraus, dass Geist nur eine Aufeinanderfolge von Augenblicken ist. Unser physischer Körper und der Strom geistiger Prozesse entstehen jedoch in enger Abhängigkeit. Ich will damit sagen, die geistigen Abläufe benutzen den Körper als ein Instrument. Wenn ein Mensch stirbt, kann zwar der Körper nicht mehr als Grundlage für das Bewusstsein selbst dienen, der Fluss bewusstseinsmäßiger Prozesse geht jedoch weiter und hört nicht auf. Es ist jetzt ein Bewusstsein ohne Ego-Aktivität, das in Erscheinung tritt, also ein reines Bewusstsein. Trotzdem sind alle Muster, die wir in diesem Leben eingeübt haben, noch vorhanden.

F: Ist es möglich, bereits vor dem Tod mit diesem reinen Bewusstsein in Kontakt zu kommen?

W: Ja. In Augenblicken tiefer Erfahrungen bekommen wir einen Geschmack davon.

F: Was geschieht eigentlich im Geist eines sterbenden Menschen?

W: Im Geist eines Menschen, der im Sterben liegt, wird ein „letzter“ Gedanke entstehen. Dieser letzte Gedankenmoment signalisiert zwar das Lebensende, doch dem Todesbewusstsein wird ein neuer Moment folgen, ein neuer Akt des Geistes. Das ist der erste Augenblick eines neuen Lebens ohne Ich-Bewusstsein. Der Strom des Bewusstseins hört demnach nicht auf zu fließen, sondern er geht weiter. Alle Eindrücke vergangener Erlebnisse, die im Bewusstseinsstrom vorhergehender Existenzen gemacht wurden, bleiben erhalten. Wenn ein Leben also zum Ende kommt, wird der Strom der Augenblicke zum nächsten Leben weiterführen und somit auch alle „gespeicherten" Eindrücke. Nichts geht verloren. Eine gewisse „Identität" wird zwar bewahrt, ohne jedoch eine eigenständige Identität zu besitzen, ähnlich einem Baum, der Früchte trägt und dessen Samen unter den entsprechenden Verhältnissen erneut zu keimen beginnen. Der alte Baum ist zwar im neuen Baum enthalten, trotzdem ist der neue Baum nicht identisch mit dem alten Baum. Eigentlich ist es nicht möglich, diesen Vorgang näher zu beschreiben, weil die Essenz des Bewusstseins, also das reine Bewusstsein, was unser alltägliches Bewusstsein erst möglich macht, nicht näher beschrieben werden kann. Vielleicht wird es Ihnen an Hand des Wasserkreislaufs deutlicher. Ist das Wasser, das irgendwo verdunstet, dasselbe, welches jetzt auf uns herabregnet?

F: Was ist denn dann verantwortlich für unsere Wiedergeburten?

W: Es sind die Gedanken und Vorstellungen eines Ich-Wesens, die unsere Wiedergeburten herbeiführen. Wiedergeboren wird im Grunde nur die Ich-Illusion, die durch unser Denken erzeugt wird. Der Gedanke ist ein schlechter Freund, er ist schuld an allem Übel, sagt Buddha. Auf der anderen Seite ist es das Absolute, das sich immer wieder selbst gebiert.

F: Welche Rolle spielt die Unwissenheit bei der Wiedergeburt?

W: Wegen unserer Unwissenheit nehmen wir die Dinge in verzerrter Weise wahr, d. h., die Dinge erscheinen uns als permanent, als attraktiv oder als leidvoll. Das kommt daher, weil wir annehmen, sie stünden in irgendeiner Beziehung zu uns und hätten ein eigenes Selbst. Durch diese Verzerrungen entstehen Verlangen und Begierde, nach Sinnlichkeit, Existenz, Form, Klängen, Gerüchen, körperlichen Berührungen und Ideen. Grundsätzlich aber hängt sich dieses Verlangen immer an angenehme Gefühle, und so sehnen wir uns nach einer Kontinuität dieser Gefühle, dieser Erfahrungen und deren Wiederholung in der Zukunft. Um aber angenehme Gefühle zu erzeugen, brauchen wir ein Objekt, also entsprechende Formen, Klänge, Gerüche usw. Um Freude zu erleben, müssen wir in Kontakt kommen mit den Objekten selbst. Wir brauchen den Kontakt und die Berührungen. Dazu sind Sinnesorgane erforderlich, die fähig sind, diese Sinneseindrücke überhaupt wahrzunehmen und zu empfangen. Die Sinnesorgane sind also die eigentlichen Instrumente für unsere Erfahrungen. Um in der Lage zu sein, Formen sehen zu können, benötigen wir unsere Augen; um riechen zu können, unsere Nase; um hören zu können, die Ohren. Dafür ist unser gesamter psychisch-physischer Organismus erforderlich, also der gesamte Geist-Körper-Komplex. Die Sinnesorgane funktionieren jedoch nicht in einem körperlosen Raum, sondern nur in einem Gesamtorganismus. Unser persönliches Verlangen ist es dann, das an diesem gegenwärtig existierenden Organismus festhält, solange wir leben. Warum? Um uns an den angenehmen Gefühlen erfreuen zu können, die durch die Sinneskontakte entstehen. Solange unser Leben dauert, halten wir an diesem psychisch-physischen Organismus fest. Erst wenn der Tod kommt, hat der Körper keine Grundlage mehr, wirkliche Freude durch die Sinne zu bekommen, denn die Sinne sind abhängig vom Rest des Körpers. Wenn unser Leben also zum Ende kommt, werden unsere Sinne funktionsunfähig, d. h. sie dienen nicht länger als Mittler zwischen Geist und Welt. Es sind demnach die Konditionierungen unseres Geistes, die sich festmachen an dieser Welt. Diese Konditionierungen wollen unbedingt an einer Welt der Formen, Klänge, Gerüche usw. festhalten. Um all das wirklich erleben zu können, bedarf es jedoch eines physischen Körpers. Der alte Körper kann das nicht mehr tun!

F: Sie meinen, solange noch Begierde und Verlangen vorhanden sind, wird es weitere Existenzen geben?

W: Ja. Die Begierden bringen den Geistesstrom dazu, neu zu entstehen und sich dort einzunisten, wo seine Bedingungen und Muster am besten ausgelebt werden können. Auf diese Weise sucht sich unser „Speicher“ einen neuen psychisch-physischen Organismus. Das ist auch der Grund, warum Buddha die Begierden und das Verlangen als Faden bezeichnet. So wie ein Faden die verschiedenen Stoffteile zusammenfügt, verbindet das Verlangen auch das eine Leben mit dem nächsten. So gleicht unser Leben einem Wandern in einem endlosen Daseinskreislauf. Dieser Prozess geht immer weiter. Der Tod selbst ist kein Hindernis mehr für diese Kontinuität. Das Verlangen ist so mächtig, dass es fähig ist, sich ein neues Haus zu bauen, das Haus einer neuen sinnlichen Existenz, immer und immer wieder.

F: Wie steht die christliche Religion zum Thema Wiedergeburt?

W: Alle Religionen, einschließlich der christlichen, bieten uns Hoffnungsbilder an. Eine bessere Wiedergeburt, Nirwana, das reine Land, die Auferstehung oder die ewige Seligkeit. Alle Religionen leben von diesen Bildern. Würde man ihnen diese Hoffnungsbilder wegnehmen, was würde am Ende davon übrig sein? Wir sollten allerdings nicht so naiv sein, das eine durch das andere zu ersetzen. Auf diese Weise würde die Angst vor einem strafenden Gott und der Hölle nur wieder durch eine schlechte Wiedergeburt ersetzt werden. Das eigentliche Problem ist unser Ich, das sich hinter all diesen Bildern versteckt. Es möchte sein Überleben sichern. „Die Verdrängung des Ich-Todes ist die Verdrängung Gottes“, hat mein Lehrer gesagt. Man könnte auch sagen, mit unserem Ich verdunkeln wir unsere wahre Natur, wir setzen uns vor Gott. Dieses Ich ist sehr stark, wie wir wissen; es ist auf keinen Fall bereit zu sterben, um sich in das große Geschehen einzuordnen oder seine persönliche Vernichtung zu erleiden. Was uns also eigentlich hindert, die Erfahrung unseres tiefsten Wesens zu machen, ist die Angst vor der Auflösung des Ichs. Wir Menschen können nicht annehmen, dass dieses Leben, das wir führen, kein individuelles Leben ist, sondern das Leben des Universums selbst. Die Erfahrung der Ersten Wirklichkeit ist im Grunde nichts anderes als das Sprengen unseres personalen Gefüges und das Erkennen des unpersönlichen Ganzen. Wir kleben fest an dieser Form, obwohl uns dies manchmal ziemlich lästig ist, zumal wenn wir feststellen, dass die Haare grau werden, die Haut sich verändert und wir in vielen Dingen nicht mehr mithalten können. Hinzu kommen dann noch die Sorge und die Angst vor der Ungewissheit der Zukunft. Ein weiteres Problem ist schließlich, dass es kaum Menschen gibt, mit denen man sich darüber unterhalten könnte! Deswegen flüchten wir uns in vielerlei Aktivitäten, um das tatsächliche Problem, das im Hintergrund lauert, zu verdrängen. Doch das hält meist nicht lange an, und wir werden wieder konfrontiert mit der

Tatsache unserer eigenen Sterblichkeit. Warum diese Jahre, die in Wirklichkeit oft nur Kampf sind?, so fragen sich viele, Was ist denn überhaupt der Sinn des Ganzen, des Lebens?

F: Wie würden Sie den Sinn des Lebens beschreiben?

W: Ich glaube, der Sinn dieses Lebens ist das Leben selbst. Der Sinn des Gehens liegt einfach im Gehen. Meiner Meinung nach geht es nur darum, dieses Leben neu zu entdecken mit all seinem Potenzial, die Schatzkiste, auf der jeder von uns sitzt.

F: Und wenn jemand tatsächlich diese Schatzkiste entdeckt hat?

W: Dann wird er die Schätze gebrauchen. Er wird sich nicht mehr an das Leben klammern, denn dieses Leben ist für ihn zu einem Nicht-Leben geworden und der Tod zu einem Nicht-Tod. Solchen Menschen ist klar geworden, dass der Himmel unter ihren Füßen liegt, wie es Teresa von Avila einmal formuliert hat. Solche Menschen sind absolut frei, frei von Leben und Tod. Sie erleben den Himmel in jedem Augenblick ihres Lebens, im Gehen, im Sitzen, im Essen, selbst in der Krankheit und im Schmerz. Sie erleben den Himmel im Werden wie im Vergehen, und aus tiefstem Mitleid heraus werden sie auch anderen Menschen behilflich sein, in diese Erfahrung zu kommen. Aber ein solcher Mensch kann nur behilflich sein. Tun muss es ein jeder selbst. Jeder muss sich selbst so disponieren, dass diese Erfahrung möglich wird. Zen ist dabei eine Möglichkeit von vielen.

F: Warum sind Sie den Weg des Zen gegangen und nicht einen anderen Weg?

W: Weil mir dieser Weg als der klarste erschien. Schauen Sie, ich habe in meinem Leben schon viele Dinge ausprobiert. Dazu gehören beispielsweise Yoga und autogenes Training. Bei letzterem habe ich viele wunderbare Erfahrungen gemacht, bis hin zum Heilen von Menschen. Aber es hat mich nie wirklich befriedigt. Ich kam damals sehr schnell in den Ruf eines Wunderheilers, doch das wollte ich überhaupt nicht. Zudem entdeckte ich mit der Zeit, wie sich mein Ego aufblähte. Ich war sehr stolz auf meine Erfolge. Ich habe Stotterer in acht bis zehn Wochen geheilt. – Ein Arzt schickte seine schweren Fälle immer zu mir. Menschen mit Tinnitus hatten plötzlich keinen Ton mehr im Ohr.

Ich habe Menschen ihre migräneartigen Kopfschmerzen in zwei bis drei Minuten genommen und vieles mehr. Dennoch wusste ich, das konnte doch nicht alles sein. Yoga habe ich nur als Gymnastik erlebt und vermittelt bekommen, gemischt mit autogenen Elementen. Aber im Nachhinein gesehen, waren diese Umwege natürlich erforderlich, um meinen eigenen Weg zu finden. Ich bin nicht traurig über diese Umwege, sie waren absolut notwendig in meiner Entwicklung. Man kann den Zen-Weg nicht als den einzig richtigen Weg betrachten, das wäre völlig falsch. Aus meiner heutigen Sicht kann ich sagen, dass es viele Wege und Möglichkeiten gibt, und jeder Mensch, wo immer er auch stehen mag, befindet sich genau an der richtigen Stelle. Allerdings wird uns diese Tatsache erst nach vielen Jahren bewusst. Wir entwickeln uns schrittweise und können keine Stufe überspringen.

F: Eigentlich schade.

W: Ja. Ich glaube, das Wichtigste in unserem Leben ist, Erfahrungen zu machen, seien sie positiv oder negativ. Meistens sind es jedoch die negativen Erfahrungen, die uns weiterbringen und uns beginnen lassen, über uns nachzudenken. Sie sehen also, wie wichtig es ist, dass wir unser Denken so weit entwickelt haben, dass wir in der Lage sind, über uns selbst nachzudenken. Denken an sich ist nichts Negatives, das möchte ich wirklich betonen. Nur die ausschließliche Art und Weise, wie wir es einsetzen, genau darin liegt die eigentliche Problematik.

7. Kapitel
Religion

F: Ich möchte noch einmal auf die Religion zurückkommen. Sie sind doch Christ?

W: Ja, aber ich könnte genauso gut Buddhist, Hindu oder Moslem sein.

F: Wie meinen Sie das?

W: Was Religion anbelangt, fühle ich mich absolut frei. Ich bewege mich sozusagen in einem Niemandsland. Auch Jesus und Buddha haben ihre herkömmliche Religion überschritten, mussten sie überschreiten. Das ist sehr wichtig. Wir vergessen oft, dass Jesus nicht katholisch und Buddha kein Buddhist war. Wir Menschen haben Religionen daraus gemacht, wir haben ihre Lehre in Strukturen gefasst wie einen Edelstein, den wir in eine Fassung aus Gold stecken und bewundern. Aber mir geht es um das Wesentliche.

F: Im Zen wird oft vom Finger gesprochen, der zum Mond zeigt, zum Wesentlichen.

W: Ja. Die größte Gefahr ist, dass wir den Finger verabsolutieren und das Wesentliche aus den Augen verlieren. Jesus und Buddha ging es einzig und allein um die Erfahrung des Eins-Seins, und nur aus dieser Erfahrung heraus konnten sie so sprechen, wie sie es taten. Ohne diese Erfahrung wären sie in ihren Denkstrukturen genauso gefangen gewesen wie alle anderen. Jesus war Jude, er hat das Judentum überschritten, und aus diesem Grunde entstanden seine Probleme mit der Institution selbst.

F: Ich weiß, dass Religionen sehr stark dazu neigen, alles in Lehrsätze zu fassen.

W: Ja, aber dadurch geht die Lebendigkeit verloren, die ganze Dynamik und die Schönheit des Lebens. Wie gemeißelte Marmorstatuen überragen die Dogmen die Religionen, starr und bewegungslos. Den gleichen Effekt können wir übrigens auch im Buddhismus erkennen. Auch hier gab es Konzile, die die Wahrheiten eines Buddha in starre Formen gegossen haben. Wir Menschen neigen einfach dazu, uns an irgendetwas festhalten zu wollen, weil uns selbst der innere Halt fehlt. Vollkommene Freiheit schließt jedoch Religion nicht aus. Religionen sollten sich aber auch nicht das Recht absprechen lassen, sich zu verändern, von innen her zu verändern. Wenn Religion jedoch an den wesentlichen Bedürfnissen der Menschen vorbeigeht, hat sie ihren Sinn verfehlt.

F: Dieser Meinung sind auch viele Priester, die ich kenne, aber die meisten sagen es nicht laut. Möglicherweise haben sie davor Angst, den Ast, auf dem sie sitzen, abzusägen.

W: Ich bin der Meinung, dass auch ihnen der Bewusstseinswandel und innere Aufbruch vieler Menschen bewusst wird. Dieses dritte Jahrtausend hält sicher noch viele Überraschungen für uns bereit.

F: Das Wort „Religion“ kommt doch aus dem lateinischen „religio“, was, wenn ich mich recht erinnere, soviel bedeutet wie „Rückverbindung“?

W: Ja, Religion sollte eine Rückverbindung sein mit dem Wesentlichen, dem Numinosen, dem nicht mehr in Worte Fassbaren. Ist diese Verbindung gelungen, benötige ich die Religion im Grunde genommen nicht mehr. Ich weiß, das mag wohl ketzerisch klingen; eigentlich geht es auch nicht gegen die Religion. Aber wenn der Fisch gefangen ist, darf ich doch die Angel vergessen. Diese Erfahrung machten früher auch viele Mystiker, trotzdem durften sie es nicht laut kundtun, die Inquisition hätte ihrem Leben ein Ende gemacht.

F: Wird es irgendwann einmal keine Religion mehr geben?

W: Doch. Religionen wird es immer geben, aber sie werden anders sein. Sie werden ein Bereich sein, in dem nur noch gedankt wird für das, was ich bin, was ich erfahren habe, und für die Menschen, die mir dabei geholfen haben.

F: Diese Vision hat etwas sehr Schönes und Tröstliches für mich.

W: Ja, aber ich glaube, bis dahin ist es noch ein weiter Weg. Solange behauptet wird, nur *mein* Finger sei der einzig richtige, der zum Mond zeigt, so lange werden sich Religionen bekämpfen, werden Kriege geführt werden im Namen Gottes, und daraus wird sehr viel Leid entstehen. Dabei glaube ich gar nicht, dass dies aus böser Absicht heraus geschieht. Viele sind einfach der Meinung, das Ihre wäre das Beste und somit auch das Beste für die anderen Menschen. Man könnte es einfach als heiligen Eifer betrachten. Solange wir nur einseitige Deutungsmuster im Kopf haben, statt die Entwicklungsfähigkeit des Menschen in den Vordergrund zu stellen, so lange wird die Religion ein Hemmschuh auf unserem persönlichen inneren Weg sein. Den Splitter im Auge des anderen zu sehen ist natürlich viel einfacher, als den eigenen Splitter zu bemerken. Unser gemeinsames Sitzen ist im Grunde nichts anderes als ein Durchsichtigwerden dieses Splitter-Erkennungsprozesses. Auf diese Weise verlieren wir unsere Vorurteile und vorschnellen Bewertungen. Wir werfen Ballast ab.

F: Könnte man das, was in der Bibel mit der Verklärung Jesu ausgedrückt wird, mit dem östlichen Begriff der „großen Erleuchtung" gleichsetzen?

W: Verklärung meint ein absolutes Klarsein, ein Durchsichtigsein, ein Freisein von Verzerrungen und irreführenden Gewichtungen. Um es auf einen Nenner zu bringen: Das Göttliche wird in allem sichtbar. Nikolaus von Kues[10] bezeichnet Gott als das Absolute, in dem alle Gegensätze zusammenfallen.

F: Worin besteht Ihrer Meinung nach die Botschaft Jesu?

W: Lasst euch verwandeln zu dem, was ihr wirklich seid, lasst euch befreien von falschen Gottesbildern und Ideologien, die euch versklaven, ihr seid frei. In der Apostelgeschichte lesen wir: „In Gott leben wir, in Gott bewegen wir uns und sind wir." (Apg 17,28) Wir können aus dem Absoluten nicht herausfallen. Ganz Mensch und ganz Gott, das ist unsere wahre Identität. Wenn dieses Bewusstsein in uns Menschen aufbricht, gibt es keine Trennung mehr.

F: Das klingt für mich sehr radikal.

W: Das stimmt. Aber ich glaube, wir sind keine Mittelwesen zwischen Gott und dem, wofür wir uns halten. „Ihr seid Götter“ (Joh. 10,34) lesen wir in der Bibel. Unsere Aufgabe in diesem Leben ist es, zu erfahren, dass wir Gott gleichförmig sind, Gott und Mensch zugleich. Wir sollten uns unserer wahren Identität bewusst werden. Jesus hat dies erfahren, als er sagte: „Wer mich sieht, sieht den Vater.“ (Joh 12,45) Unsere Berufung schlechthin ist die Vereinigung mit Gott. Wir müssen nicht Söhne oder Töchter Gottes *werden*, wir *sind* es bereits. Im Alten Testament lesen wir: „Fürchte dich nicht, denn ich habe dich erlöst. Ich habe dich bei deinem Namen gerufen. Du bist mein.“ (Jesaja 43,1). Wir sind bereits das, was wir suchen. Jack Kornfield hat einmal gesagt, dass die Welt nicht mehr Buddhisten braucht, sie braucht mehr *Buddhas*. Sie braucht nicht mehr Christen, sie braucht mehr *Christusse*. Das geht aber nur mit einem Quantensprung des Bewusstseins, einer Explosion des Bewusstseins, um dieses Sein vollkommen uninterpretiert zu sehen und die allen Dingen innewohnende Realität in ihrem Sosein zu erfahren.

F: Das übersteigt aber doch alle Denkbarkeit.

W: Ja. Deswegen heißt es auch im Neuen Testament: „Denn die Weisheit dieser Welt ist Torheit vor Gott.“ (1. Kor 3,19) Aus diesem Grund brauchen wir Erfahrungswege, die uns öffnen für die spirituelle Dimension unseres Seins. Diese spirituelle Dimension aber ist das ganz Gewöhnliche. Teresa von Avila sagte einmal zu einer Mitschwester: „Wenn du Gott nicht in der Bratpfanne findest, dann findest du ihn auch nicht im Gebet“[11]. Diese Welt ist nicht verschieden von Gott, sie ist die Spur Gottes, ein Fenster zu Gott. „Der Ort, wo du stehst, ist heiliger Boden“ (Exodus 3,5) wird Mose offenbart. „Das Niedrigste in der Welt und das Verachtete hat Gott erwählt: Das, was nichts ist, um das, was etwas ist, zu vernichten, damit kein Mensch sich rühmen kann vor Gott.“ (1. Kor 1, 28 ff.)

F: Und was bedeutet Ihrer Meinung nach der Satz: „...damit kein Mensch sich rühmen kann vor Gott“?

W: Wir müssen zu einem Nichts werden. Das wird in der Mystik als Egotod beschrieben. Bei Matthäus lesen wir: „Wer sein Leben retten will, der wird es verlieren, wer aber sein Leben verliert, um meinetwillen, der wird es finden." (Mt 16,25) Das bedeutet, nur wenn wir dieses illusorische Leben verlieren, finden wir unser wahres Leben.

F: Das klingt für mich sehr stark nach Glaubensverlust.

W: Glaube ist meiner Meinung nach im Wesentlichen nichts anderes als ein Festhalten an überlieferten Traditionen. Buddha hat einmal gesagt: Glaubt nichts von dem, was ich euch erzähle, bevor ihr es nicht selbst erfahren habt. Worte sind wie ein dichtes Dornengestrüpp, die jeder Mensch anders interpretiert. Auch Johannes vom Kreuz hat gesagt, dass wir allem absterben müssen, sofern es die innerliche Auferstehung des Geistes behindert. Ich frage Sie, warum haben die Theologen ihre Mystiker nicht gelesen? Menschen, die bis zur Quelle vorgedrungen sind und aus ihr schöpfen? Warum kennen Laien sie besser als sie selbst?

F: Vielleicht ist es die Angst vor Glaubensverlust?

W: Das ist durchaus möglich. Ich meine, wir sollten lernen, den Dingen ins Herz zu sehen, nicht morgen oder übermorgen, sondern *heute*. „*Jetzt* ist die Zeit der Gnade, *jetzt* ist der Tag der Rettung" (2. Kor 6,2) steht im Korintherbrief, nicht gestern, morgen oder übermorgen. Wir sollten zurückkehren zum Wesentlichen. Das ist der Schlüssel, der uns neue Antworten erschließen kann.

F: Im Buddhismus wird Gott oft als unpersönlich interpretiert, im Christentum jedoch personal. Wie stehen Sie dazu?

W: Diesen Sachverhalt auszudrücken ist sehr schwer. Das Göttliche an sich ist unpersönlich. Das Unpersönliche drückt sich jedoch im Personalen als Form aus. So schließt sich der Kreis. Probleme entstehen immer nur dann, wenn ich mich auf den einen oder anderen Standpunkt stelle. Standpunkte *können* immer nur einseitig sein und intellektuell. Es gibt für mich kein Wissen über Gott. Das Göttliche verbirgt sich da, wo weder der Verstand noch die Person ist.

F: Sie erwähnen auch manchmal das Wort Spiritualität. Was genau meinen Sie damit?

W: Spiritualität hat von der Wortbedeutung im weitesten Sinne etwas zu tun mit Geist, Begeisterung und Inspiration. In der heutigen

Zeit jedoch ist Spiritualität zu einem verschwommenen Modewort geworden. Biblisch gesehen meint Spiritualität immer den ganzen Menschen mit Leib und Seele, meint eine Einheit von Geist und Gott, Gott und Welt. Spiritualität, wie ich sie sehe, ist nicht nur eine innere Einstellung und Emotion, sie äußert sich auch leibhaftig in diesem Körper. Jede Einseitigkeit würde zu einem Verlust der Ganzheit führen.

F: Letztlich ist doch auch der Prozess des Zazen immer verbunden mit einem Körpergefühl.

W: Ja. Wir sollten den Körper beim Meditieren nie vergessen. Meditation ist für mich eine Art Wandlungsprozess, der kein Ende nimmt. Ich meine damit ein Verwandeln in das hinein, was wir wirklich sind. Nelson Mandela hat einmal gesagt, dass wir uns weniger vor dem Schattenbereich unserer Seele ängstigen, sondern dass wir viel mehr Angst haben vor unserer eigenen Größe, vor unserem eigenen Licht, davor, uns als Kinder Gottes zu erkennen.

F: Meditieren bedeutet: sich selbst zu vergessen. Welche Parallelen gibt es dazu im Christentum und im Zen?

W: Meiner Meinung nach ist das Symbol des Kreuzes ein Zusammenfallen der Gegensätze von senkrecht und waagrecht in einen Punkt, in diesen Schnittpunkt, in diesen Augenblick, wo jeder Dualismus aufgehört hat. Im Christentum findet sich im Zusammenhang mit der Kreuzesnachfolge die Aufforderung Jesu zur Selbstverleugnung. Den Aufstieg zu Gott könnte man vergleichen als einen absteigenden Weg zur Selbstentäußerung. „Wer sich selbst erhöht…“, wir kennen das. Im Zen heißt es: Den Buddhaweg lernen heißt, das eigene Selbst erkennen. Das eigene Selbst erkennen heißt, das eigene Selbst vergessen. Das Vergessen des eigenen Selbst hat als Folge das Realisieren von Erleuchtung. Romano Guardini hat in seinem Buch „Der Herr“[12] geschrieben, dass Buddhas Nirwana, dieses letzte Erwachen, christlich wohl noch keiner verstanden und beurteilt hat. Und er meint weiter, dass einer, der dies wollte, in der Liebe Christi vollkommen frei geworden sein müsste, zugleich aber jenem Geheimnisvollen im 6. Jahrhundert vor Christus in tiefer Erfurcht verbunden sein müsste.

F: Kennen Sie solche Menschen?

W: Ja, ich bin ihnen begegnet. Es waren Menschen, die mich tief beeindruckt haben, menschlich wie religiös.

F: Glauben Sie, dass wir aus der Geschichte des Christentums lernen könnten?

W: Ja, wir sollten uns wieder unserer eigenen Schätze bewusst werden. Schon die Wüstenväter kannten das meditative Schweigen im Sinne eines Lauschens auf die Gegenwart, also auf das bezogen, was präsent ist. Wir sollten unser Musterdenken aufbrechen, denn unser Gehirn lässt nichts so, wie es sich unseren Sinnen darbietet. Unser Denkmechanismus reichert die aufgenommenen Erscheinungen so lange mit uns bekannten Eigenschaften, Relationen und Bedeutungen an, bis wir mit dem Wahrgenommenen auf gewohnte Weise umgehen können. Auch die Bibel stellt fest: „Ich preise dich, Vater des Himmels und der Erde, weil du all das den Weisen und Klugen verborgen, den Unmündigen aber offenbart hast" (Mt 11,25–27), und weiter heißt es – und das könnte ein Koan sein –: „Niemand kennt den Sohn, nur der Vater, und niemand kennt den Vater, nur der Sohn und der, dem es der Sohn offenbaren will." (Mt 11,25–27)

F: Spirituelle Praxis spricht auch oft von Selbstvergessen.

W: Ja. Wir sollten uns selbst vergessen. Nur so können wir erfahren, wer wir wirklich sind. Es gibt da eine Geschichte, die mag dies ein wenig verdeutlichen. Ein Bauer findet eines Tages ein aus dem Nest gefallenes Adlerküken. Er nimmt es und zieht es in seinem Hühnerstall auf. Langsam wächst das Adlerküken heran und wird ein ausgewachsener Adler. Aber weil es nur die Hühner kennt, scharrt und kratzt es wie ein Huhn. Eines Tages fliegt ein Adler über den Hühnerhof. Er ruft dem jungen Adler zu: „Komm, du bist ein Adler, du kannst fliegen. Benutze deine Flügel!" Der junge Adler hört die Stimme, er macht einige Flugversuche, scheitert jedoch kläglich. Aber seit er die Worte „du bist ein Adler" gehört hat, kann er es nicht lassen und versucht immer wieder zu fliegen. Andererseits denkt er: „Das ist nichts für mich, das schaffe ich nie", bis er es eines Morgens auf den Hühnerzaun schafft. Als die Sonne aufgeht, wagt er es noch einmal. Er breitet seine Flügel aus und fliegt ihr entgegen.

8. Kapitel
Geist-Bewusstsein

F: Im Zen hört man häufig das Wort „Bewusstsein". Können Sie etwas darüber sagen?

W: Unser Bewusstsein kann eine Vielfalt von Dingen aufnehmen, ebenso wie unser Auge viele Details zugleich sehen kann. Dennoch ist unser Bewusstsein selbst ganz einfach. Wir müssen nichts dazutun und nichts verändern. Es ist anspruchslos und bescheiden. Das Bewusstsein ist nichts, was wir durch dieses oder jenes beeinflussen können. Wir können unserem Bewusstsein tatsächlich nichts vortäuschen. Es ist ganz klar und einfach. Auf unserem Übungsweg geht es darum, genau dieses einfache Bewusstsein zu entdecken! Es näher zu beschreiben ist sehr schwierig. Vor allem dann, wenn es um *das* Bewusstsein geht, das alle Bewusstseinsebenen enthält. Die meisten Menschen stellen sich vor, dass Bewusstsein nur etwas Geistiges ist und nichts wirklich mit der menschlichen Form, mit der wir herumlaufen, zu tun hat. Aber so einseitig darf man es nicht betrachten. Es ist vielmehr ein Zusammenspiel innerer und äußerer Faktoren. Hinzu kommt noch ein weiterer unbekannter Faktor, über den absolut nichts ausgesagt werden kann.

F: Was ist dann dieses Bewusstsein?

W: Das kann ich leider nicht in Worten ausdrücken. Hier betreten wir einen Grenzbereich. Vielleicht könnte man es aber auf die folgende Weise ein wenig näher beschreiben. Sie hören auf der Straße ein Auto vorbeifahren. Ihr Bewusstsein wird dessen gewahr, während sie es hören. Es bedient sich also ihrer Sinnenorgane, um in Erscheinung zu treten. Das Bewusstsein könnte man demnach mit einem Gewahrwerden bestimmter äußerer Objekte, äußerer Erscheinungsformen oder auch innerer Zustände grob umschreiben. Die im Außen liegenden Objekte und ihr Bewusstsein bilden demnach eine Einheit, sind also nicht voneinander zu trennen. Das eine ohne das andere ist nicht möglich. Unser Bewusstsein benötigt also ein weiteres Objekt, um sich seiner selbst bewusst zu werden! Ohne eine Spiegelung wird sich der Spiegel seiner Existenz also nicht bewusst. Objekte und unsere Sinne bilden demnach eine Einheit und sind nicht voneinander zu trennen. Über den Spiegel selbst kann nichts Näheres ausgesagt werden. Leerheit, Bewusstsein und Objekte sind nicht drei, sie sind vielmehr eins. Sie sind unbenennbar, nicht fassbar und nicht begreifbar.

F: Das ist nicht ganz einfach zu verstehen. Was ist dann der Geist? Spielt der Geist in diesem Zusammenhang ebenfalls eine Rolle, und wenn ja, welche?

W: Ich definiere Begriffe nicht gerne, denn dies führt unweigerlich zu Missverständnissen. Wenn es jedoch sein muss, bezeichne ich den Geist als das, was reagiert, also die natürliche und spontane Reaktion. Nehmen wir ein Beispiel. Sie gehen in einem Kaufhaus an einem Glasschrank vorbei und berühren ein Glas. Das Glas fällt herunter. Sie drehen sich blitzschnell um und fangen es gerade noch auf. Das meine ich, wenn ich von einer natürlichen Reaktion spreche. Das Denken setzt erst danach ein: „Glück gehabt! Noch einmal gut gegangen!“ Der einfache Geist hat nichts Geheimnisvolles an sich. In einem einfachen Geist ist nur Gewahrsein da. Er ist offen und durchlässig, es ist nichts Kompliziertes daran. Je mehr wir in Berührung mit einer solch schlichten Geisteshaltung kommen, desto mehr spüren wir, dass alles nur wir selber sind. Aus diesem Grund fühlen wir uns auch für alles verantwortlich. Wenn wir unsere Vernetztheit wahrnehmen, müssen wir ganz einfach anders handeln. Wenn wir in dieser einfachen Geisteshaltung sitzen können, ahnen wir, dass die Gegenwart absolut ist und dass das ganze Universum in diesem Augenblick neu beginnt. Die Heilung unseres Lebens selbst geschieht in der Sekunde des einfachen Gewahrseins.

F: Und welche Rolle spielt das Denken in diesem Zusammenhang?

W: Denken und Benennen setzen immer erst nach dem Geschehen ein. Wir stülpen Worte über den Augenblick und verschmutzen unser natürliches Sein. Wir färben unseren Geist ein. Dadurch entstehen häufig falsche Ansichten.

F: Wo sehen Sie den Unterschied zwischen Bewusstsein und Geist?

W: Bewusstsein und Geist gehören zusammen. Sie sind eine Einheit.

F: Was bedeutet das im Hinblick auf Zazen?

W: Wir sollten begreifen, dass das Äußere, unsere Sinne und unser Bewusstsein nicht voneinander zu trennen sind. Das ist die Grundlage für unser Sitzen.

F: Welche Möglichkeiten gibt es in diesem Zusammenhang, etwas falsch zu machen?

W: Es gibt da zwei grundsätzliche Probleme. Einer der gravierendsten Fehler ist, wenn wir beim Zazen versuchen würden, unsere Sinneswahrnehmungen auszuschalten. Solche Menschen verkriechen sich in ihren eigenen Geist, sie vergraben sich in einer Art Niemandsland und glauben, diese geistige Dunkelheit, in die sie immer wieder zurückkehren, wäre die Wirklichkeit ihres Geistes. Diese Menschen schotten sich von allen äußeren Einflüssen ab. Sie halten mit Absicht alle Sinneswahrnehmungen von sich fern und erschaffen in sich eine künstliche Ruhe. Die selbst herbeigeführte Ruhe bezeichnet man im Zen als „totes Zen". Auf diese Art kann man Millionen Jahre üben und wird doch keinen einzigen Schritt weiterkommen.

F: Welches ist der zweite Fehler?

W: Wenn wir uns nur auf das Äußere konzentrieren, aber seine Wirkung auf uns außer Acht lassen. Dabei klammere ich mich sozusagen aus, ich klinke mich aus dem Geschehen aus.

F: Was empfehlen Sie?

W: Wir sollten lernen, alle Sinne offen zu halten und keinen Unterschied zu machen zwischen den äußeren Objekten, dem Bewusstsein und den Sinneswahrnehmungen. Alles spielt, wenn ich es ungezwungen betrachte, perfekt zusammen. Es genügt, dieses Zusammenspiel zu beobachten, Zeuge zu sein dessen, was da geschieht. Klammere ich aber nur eines davon aus, ist es, als würde ich versuchen, ohne Räder Auto zu fahren! Zeuge zu sein ist jedoch nur ein Übergangsstadium des Übens, denn da sind immer noch zwei: Subjektiv und Objekt,

Wahrnehmender und Wahrgenommenes, Dualität also. Mit der Zeit wird jedoch der Zeuge in uns sterben und einem reinen Bewusstwerden weichen.

F: Ich habe vorhin nach dem Denken gefragt, aber Sie haben es bisher noch nicht erwähnt.

W: Das ist richtig. Ich wollte es nicht noch komplizierter machen, als es schon ist. Natürlich legt sich das Denken im Alltagsbewusstsein über alle Wahrnehmungen, es überschattet alles. Jeder einzelne Moment wird beurteilt, d. h., jetzt werden die Momente angenehm oder unangenehm. Das geschieht in unserem gewohnheitsmäßigen Denken. Dennoch ist die Wirklichkeit einfach so, wie sie in diesem Moment geschieht. Schaltet sich unser Denkmechanismus ein, der einige Dinge gern hat und andere ablehnt, wird unser Sitzen schmerzhaft und unnatürlich, denn wir sind ständig damit beschäftigt, etwas loszuwerden und durch etwas anderes zu ersetzen. Ich will die Schmerzen in den Beinen nicht, ich will diese Wirklichkeit nicht, also gehe ich ganz bewusst weg davon und konzentriere mich auf den Atem. Wir können nicht begreifen, dass in diesem Augenblick einfach nur die Schmerzen dran sind und nicht der Atem. Wir sollten lernen, unser Bewusstsein nicht einzusperren, sondern es frei wie einen Vogel fliegen zu lassen und einfach nur zu beobachten, wo es sich niederlässt. Hat es dann seinen Ort gefunden, sollten wir kommentarlos, d.h. wortlos zuschauen, Moment für Moment, Augenblick für Augenblick, mit offenen Sinnen.

F: Was soll ich tun, wenn ich bemerke, dass mein innerer Kommentator zu plappern beginnt?

W: Die meisten Menschen machen sich in diesem Fall die schlimmsten Vorwürfe. Sie sagen sich, „Warum gelingt es mir bloß nicht, wenigstens fünf Minuten zu schauen?“ Sie gehen, ohne es zu bemerken, in die nächste Falle und ersetzen den ersten Kommentator durch einen zweiten, der anklagt und Vorwürfe macht. Das meint der Zen-Meister Bankei[13], wenn er sagt, dass die Menschen versuchen, Blut mit Blut abzuwaschen. Sie ersetzen das eine mit etwas anderem, ohne sich dessen bewusst zu sein. Wir könnten aber auch nur froh sein, dass wir unser Denken, also unseren Kommentator, überhaupt bemerkt haben. „Jetzt bin ich wieder da!“ Schließlich geht es doch nur um dieses ständige Erkennen innerer und äußerer Gegebenheiten. Fallen sämtliche Benennungen weg, fällt auch das Innen und Außen weg und gleichzeitig jeglicher Dualismus. Erst dann wird die Welt gesehen, wie sie tatsächlich ist, es gibt keinen Unterschied mehr zwischen der Welt und mir, die Probleme hören auf zu existieren. Jetzt hat das Eine Platz, in mich einzuströmen und mich ganz zu erfassen. In diesem Zustand bin ich völlig frei, ohne mir dessen bewusst zu sein. Ich bin leer und erlebe doch die Fülle des Augenblicks ganz deutlich und klar. Ich bin nicht mehr und bin doch, eine existenzlose Existenz, bewusstloses Bewusstsein.

9. Kapitel
Dualismus – Wirklichkeit

F: Häufig sprechen Sie in Ihren Teishos von Dualismus oder vom dualistischen Denken. Können Sie mir darüber etwas erzählen?

W: Mit etwa zwanzig Jahren wurde mir bewusst, dass mein ganzes Leben von Gegensätzen bestimmt ist. Als ich das autogene Training erlernte, sprach mein Lehrer ständig über das positive Denken. Ich widersprach ihm oft, weil ich spürte, dass da die andere Seite fehlte. Ich konnte mir einfach nicht vorstellen, dass nur eine Seite die richtige wäre. Schließlich bewirkt doch oft auch das Negative Positives, auch wenn einem das erst nach vielen Jahren bewusst wird. Später, als ich mich schon längst den östlichen Philosophen zugewandt hatte, wurde ich mit dem gleichen Phänomen konfrontiert. Nur klang das jetzt wesentlich besser. Ich las über Yin und Yang. Eine ganze Zeit lang war ich überwältigt, bis ich dahinter kam, dass dies im Wesentlichen das Gleiche ist. Ich experimentierte viel mit dem I-Ging und war sehr beeindruckt. Eine wichtige Erfahrung für mich war jedoch, dass da eine Bewegung zwischen den beiden Seiten stattfindet, und je nach der Bewegung schlägt das Pendel mehr in die eine oder in die andere Richtung aus. Das Wesentliche ist also die Bewegung, die Dynamik, die zwischen beiden Seiten herrscht, und das anschließende Gleichgewicht.

F: Was ist Ihrer Meinung nach falsch an einer dualistischen Sichtweise?

W: Schauen Sie, die meisten Menschen bevorzugen einen Standpunkt. Das ist der Standpunkt, der ihnen intellektuell, gefühlsmäßig, religiös oder wissenschaftlich am meisten zusagt. Daraus ergeben sich dann viele verschiedene Sichtweisen. Vor einigen Jahren gab es im Fernsehen eine Sendung, in der Menschen mit ganz konträren Ansichten aufeinander gehetzt wurden. Es war wie bei einem Hahnenkampf.

Der Sieger war meistens der, der am lautesten schrie und den anderen am eindrucksvollsten niedermachte.

F: Geteilte Ansichten werden von den Medien sehr häufig benutzt, um die Einschaltquoten zu erhöhen.

W: Ja. Viele Menschen haben einfach Freude daran, wenn es richtig heiß hergeht. Aber wir entfernen uns vom eigentlichen Thema.

F: Sie sagten, die meisten Menschen bevorzugen nur einen Standpunkt, je nachdem, welche Erfahrungen sie damit gemacht haben.

W: Ja, ich glaube, die persönlichen Erfahrungen sind das Wesentlichste. Sie veranlassen uns dazu, diesen oder jenen Standpunkt einzunehmen. Der Wissenschaftler beispielsweise wird oft nur den wissenschaftlichen Standpunkt gelten lassen und alles, was darüber hinausgeht, in den Bereich der Spekulation verweisen.

F: Wir begegnen in unserem Leben oft Menschen, die einen sehr verknöcherten Eindruck auf uns machen. So ist es, so war es, so ist es richtig, sagen sie. Und sie lassen nichts daneben gelten.

W: Solche Menschen haben sich geistig zugemauert. Sie entwickeln sich nicht weiter. Sie sind wie lebendige Tote, wie Zombies. Mit solchen Menschen auszukommen ist oft sehr schwierig und endet oftmals in einem Desaster, einem totalen Bruch. Sie können nicht verstehen, dass sich das Leben weiterentwickelt, dass sich auch Meinungen im Laufe des Lebens verändern können.

F: Menschen, die keine feste Meinung haben, werden in unserer Gesellschaft argwöhnisch betrachtet. Schließlich, so sagt man, braucht doch jeder Mensch einen Standpunkt. Ist es also schlecht, wenn ich auf einem bestimmten Standpunkt stehe und diesen auch vertrete?

W: Nein, aber wir sollten uns darüber im Klaren sein, dass es eben nur ein einseitiger Standpunkt ist, eine eingeengte Sichtweise. In Beziehungsproblemen ist dies oft ganz gravierend zu beobachten. Der eine betrachtet die Situation ganz rational, während der andere sich nur vom Gefühl leiten lässt. Hier prallen Welten aufeinander. Jeder wird seinen Standpunkt verteidigen und Argumente finden, seinen Standpunkt zu untermauern.

F: Das Problem ist: Wie viel können wir vom anderen annehmen, ohne den eigenen Standpunkt, das eigene Gesicht zu verlieren?

W: Das ist eine Frage der inneren Freiheit und Toleranz. Einige Menschen bewegen sich, auch wenn es ihnen schwer fällt, auf den anderen zu; oft aber nur, wenn Teile des eigenen Standpunktes vom anderen akzeptiert werden. Man nennt das Kompromiss. Oft geht dies aber nicht gut, man fällt wieder in seine eigene Verabsolutierung des Standpunktes zurück. Dieses Prinzip können Sie im Kleinen wie im Großen beobachten, zwischen Menschen oder zwischen Staaten.

F: Die meisten Kriege entstehen auf diese Weise.

W: Ja, und es sind meist Religionskriege. Gerade die Religion ist für viele Menschen eine sehr sensible Angelegenheit, denn da scheint es noch etwas Höheres zu geben, was die eigene Anschauung scheinbar unterstützt und rechtfertigt. Es ist ein vielschichtiges Phänomen. Dahinter steht im Wesentlichen ein Machtbedürfnis, eine eingeengte Sichtweise, ein einziger Standpunkt, unser Ego.

F: Können wir dieses Ego überwinden?

W: Das kann ich klar bejahen. Wir leben nur in einem scheinbaren Widerspruch zwischen Natur und Mensch. Mit unserem mentalen Denken allein sind wir einfach nicht in der Lage, diese Grenze zu sprengen. Das mentale Bewusstsein ist eben ein Bewusstsein, das sich überwiegend nur im Kopf, in unserer Vorstellung abspielt, getrennt vom lebendigen Dasein. Dabei stellen wir uns vor, dass es so und so sein müsste, damit die Welt wieder in Ordnung kommt, aber wir vergessen, dass andere Menschen andere Vorstellungen haben, was wiederum nur zu Konflikten führen kann. Obwohl wir uns in den letzten Zehntausenden von Jahren verstandesmäßig so weit entwickelt haben, ist es uns immer noch nicht möglich, dieses Denken wirklich sinnvoll einzusetzen.

F: Sinnvoll für den Einzelnen vielleicht, aber nicht für das Ganze.

W: Genau das ist der springende Punkt. Weil wir nur fixiert sind auf das Eigene, ist es uns nicht mehr möglich, einen Blick für das Ganze zu haben. Die Ganzheit ist uns verloren gegangen.

F: Wie lässt sich diese Ganzheit erreichen?

W: Wenn zwei Sichtweisen vereinigt werden, entsteht Ein-Sicht. Nehmen Sie diese Erde als Planet. Jeder Mensch sieht sich getrennt von den anderen Ländern dieser Welt. Wir haben die Grenzen im Kopf. Wir sagen: Hier ist die Grenze, dort beginnt etwas Neues. Aus dem Weltall betrachtet sind keinerlei Grenzen auszumachen, so genau wir auch hinsehen. Wir stellen fest, dies ist *ein* Planet, *eine* Erde, etwas Ganzes, etwas Unteilbares. Und wenn es hier zu einer Katastrophe kommt, hat das Auswirkungen auf das Ganze. Plötzlich können wir nicht mehr sagen: „Was geht das mich an? Das ist das Problem des anderen Landes, ich habe nichts damit zu tun". Unsere verengte Sichtweise würde sich sofort ändern, wenn wir wie im Weltall einen raumlosen und zeitlosen Nicht-Standpunkt einnehmen würden.

F: Der Vergleich gefällt mir.

W: Aber es trifft die Sache wiederum nur zu einem Teil. Ich habe nur des besseren Verständnisses wegen dieses Problem von außen beleuchtet. Doch dieser Standpunkt ist ebenfalls einseitig, weil hier nichts vom inneren Standpunkt ausgesagt wird.

F: Können wir überhaupt von einem inneren Standpunkt sprechen?

W: Ja und nein. Ich habe nur diese Worte, und Worte sind nur Begriffe für etwas, was die Wirklichkeit umschreibt, aber nicht die Wirklichkeit selbst *ist*. Worte sind nur Hülsen, leere Hülsen. Deswegen habe ich auch eines meiner Bücher „Leere Worte" genannt. Worte erzeugen innere Bilder, Vorstellungen oder Emotionen. Sie können uns abstoßen, zum Nachdenken anregen oder uns innerlich berühren, je nachdem, in welch geistiger Verfassung ich mich gerade befinde. Es geht immer nur darum, ob ich aufnahmebereit bin oder voller Ablehnung, ob ich Neues zulasse oder nicht. Vor vielen Jahren habe ich einmal eine junge Frau erlebt, die zu mir kam, um das autogene Training zu erlernen. Als ich mit ihr sprach, musste ich feststellen, dass diese Frau eine Egomauer um sich aufgebaut hatte und nicht mehr in der Lage war, darüber hinaus zu schauen. Es kam einfach nichts mehr bei ihr an, und mir war es nicht möglich, ihr meine Hilfe anzubieten, obwohl ich es versuchte. – Sie war gefangen in ihren eigenen Mauern. Einige Zeit später hat sie sich in eine Nervenklinik begeben. Ihren ersten Spaziergang durch den Park benützte sie, sich am nächsten Baum aufzuhängen. Unser Ego besitzt nun einmal sehr viel Zündstoff zur Selbstvernichtung. Ich glaube, es ist an der Zeit, einen Weg zu finden, der uns aus dieser Sackgasse herausführt, aus dieser eingeengten Sichtweise.

F: Das klingt für mich sehr missionarisch.

W: Wenn dem so ist, haben Sie mich missverstanden. Man kann keinen Menschen zwingen, sich auf einen inneren Weg zu begeben. Jeder muss selbst dazu reifen. Einen Reifungsprozess kann man nicht beschleunigen. Der Apfel braucht einfach seine Zeit, bis er reif ist und vom Baum fällt. Oft wird dieser Reifungsprozess, der vom Außen zum Innen führt, durch Krankheit oder Tod naher Angehöriger eingeleitet. Ich erlebe dies oft in meinen Kursen. Der Mensch fühlt sich in Frage gestellt: „Kann das alles sein, was dieses Leben zu bieten hat? Wozu die ganze Qual, der ganze Stress, und was kommt danach?" Diese Fragen werden sehr häufig gestellt.

F: Was sagen Sie solchen Menschen?

W: Ich sage: „Finde deinen Weg". Wir sind nicht auf dieser Welt, um zu leiden. Wir sind auf dieser Welt, um herauszufinden, wer wir wirklich sind. Das ist unsere große Chance.

F: Wenn ich reif bin, mich auf einen inneren Weg einzulassen, ihn beharrlich gehe und in die Erfahrung dessen komme, wer ich wirklich bin, was dann?

W: Diesen Zustand bezeichne ich als den zweiten Standpunkt. Vom Außen zum Innen. Ich werde nicht mehr so sehr von äußeren Umständen beeinflusst. Ich habe eine scheinbar neue Basis gefunden für mein Leben. Aber auch diese Basis ist keine wirkliche Grundlage, sondern nur die zweite Seite der Medaille. Beides, Innen wie Außen, gilt es jetzt zu transzendieren und zu überschreiten. Vielleicht kann ich es mit einem Bild besser verdeutlichen: Wir leben in einem Tal, wo wir wenig Überblick haben und nur das Nähere für möglich halten. Durch leidvolle Umstände, vielleicht, um diesem Tal der Tränen zu entkommen, machen wir uns schließlich auf, den Berg zu besteigen. Wir kommen an vielen Hindernissen vorbei, bis wir endlich den Gipfel erreicht haben. Wir lassen uns dort nieder und genießen den Ausblick. Alle existenziellen Fragen sind gelöst, es gibt keine offenen Fragen mehr. Doch der Gipfel ist nicht das Ziel. Jetzt geht es darum, den Berg wieder hinabzusteigen und zurückzukehren auf den Marktplatz, wie Zen sagt, in die Familie, in den Beruf, in das alltägliche Leben. Und hier beginnt ein neuer Prozess, der Prozess, beide Ebenen zu integrieren, Innen und Außen. Die größte Gefahr ist immer stehenzubleiben, weil man der Ansicht ist, es gäbe nichts mehr zu erfahren. Das Wichtigste ist, den Weg weiterzugehen, den Anfängergeist wieder in sich zu wecken, alle zurückliegenden Erfahrungen hinter sich zu lassen und wieder einzutauchen in den gegenwärtigen Augenblick, in diese lebendige Dynamik des Augenblicks.

F: Was meinen Sie mit lebendiger Dynamik?

W: Leben, das ist Bewegung, innen wie außen. Darauf weisen alle Koans hin. Wir können Leben nicht erklären, wir können es nur erleben. Das hat mit mir selbst zu tun und nichts mit irgendwelchen Theorien. Der Weg hat kein Ende, die Dynamik hat kein Ende, das Leben hat kein Ende.

F: Wie meinen Sie das?

W: Ich meine: Leben kann nicht analysiert werden, es kann nicht beschrieben werden, es kann nur gelebt werden. Jesus hat gesagt: „Ich bin die Wahrheit und das Leben." (Joh. 14,6). Dieser Satz kann nicht verstandesmäßig erfasst werden, er kann nur erfahren werden, leibhaftig und hautnah erfahren werden. Die Wahrheit ist das Leben und das Leben ist die Wahrheit. Da ist kein Unterschied mehr zwischen mir, dem Leben in seiner Dynamik und seiner absoluten Wahrheit. Wahrheit in diesem Sinn könnte man vielleicht mit dem buddhistischen Wort Dharma gleichsetzen, einer neuen Wirklichkeit. Darüber kann nichts mehr ausgesagt werden. Sie entzieht sich jedem Wort und jeder Beschreibung.

F: Können Sie es trotzdem versuchen?

W: (greift schweigend zur Teetasse und trinkt)

F: Gut. Probieren wir es anders. Wie würden Sie die gewöhnliche Wirklichkeit beschreiben?

W: Die gewöhnliche Wirklichkeit besteht aus Farben, Gerüchen, Geräuschen usw. Nehmen Sie als Beispiel die Tomate. Sie ist rot. Wo ist das Problem, werden Sie sagen? Nun, eigentlich ist die Tomate nicht rot, die rote Farbe entsteht nur als Schwingung auf der Netzhaut unserer Augen. Genauso ist es mit den Geräuschen. Geräusche sind Schallwellen, die unser Trommelfell in Schwingungen versetzen und ein Geräusch im Gehirn erzeugen. Was am Geräusch oder der Farbe ist also wirklich, könnte man sich fragen? Wir erleben diese Welt mit unseren fünf Sinnen, sie erscheint uns als Farbe, Geräusch usw. Würden wir allein mit unserem Bewusstsein und unseren fünf Sinnen, aber ohne Interpretation diese ungefilterte Wirklichkeit erleben, erschiene sie uns farblos, geräuschlos, geruchlos und leer. Es ist nicht so, dass wir blind oder taub wären. Wir sehen und hören alles, aber es ist keiner mehr da, der es benennt. Auf diese Weise würde unser Sehen zu einem Nicht-Sehen und unser Hören zu einem Nicht-Hören werden.

F: Nehmen wir einmal an, wir leben in einer illusorischen Welt. Was kann ich dagegen tun?

W: Nichts. Wir leben in dieser illusorischen Welt, in der die Tomate rot erscheint und der Himmel blau. Wir sind nicht imstande, diese Farben abzuweisen. Aber wir sollten akzeptieren, dass es nur Erscheinungsformen sind, die nichts mit der wahren Wirklichkeit zu tun haben. In Wahrheit gibt es keinen Unterschied zwischen einer illusorischen Welt und der wirklichen Welt. Zucker schmeckt einfach süß und Salz salzig. Dieser Geschmack kommt von der Zunge, außen ist nichts. Im Außen gibt es nichts, was süß wäre.

F: Was ist dann aber im Außen wirklich?

W: Die Wirklichkeit erscheint nur *in* uns, das will ich damit klar machen. Die Außenwelt hat keine reale Existenz, obwohl sie da ist, sie ist nur Erscheinung.

F: Dann muss ich mir ja über nichts Sorgen machen.

W: Jetzt haben Sie es verstanden. Wir nehmen nur mit unserem verstandesmäßigen Bewusstsein die Projektionen wahr, die auf diesen inneren Spiegel treffen. Süß oder sauer nehme ich nur wahr, wenn ich den Geschmack beurteile und katalogisiere. In Wirklichkeit ist da nur:

„Mmmm!“ Die äußere Welt existiert nur in unseren Sinnesorganen, gepaart mit verstandesmäßigem Denken. Fällt dieses Denken weg, sind wir mit nichts mehr verbunden, und wenn wir mit nichts mehr verbunden sind, sind wir vereint mit allem.

F: Das verstehe ich nicht.

W: Ich auch nicht. Es gibt im Zen ein Koan, dessen wesentliche Aussage darin besteht, dass uns das Nicht-Wissen am nächsten steht[14]. Wir können über diese Welt nichts wissen. Tatsächlich können wir auch darüber, wer wir wirklich sind, nichts wissen. Alles Wissen hierüber wäre eine Überdeckung dieser Wirklichkeit, eine bloße Vorstellung. Wir können diese Wirklichkeit nicht anders beschreiben, als dass wir tatsächlich zu ihr *werden*. Wir können buchstäblich nichts anderes tun, als dass wir gehen, essen, atmen und arbeiten. Viele tun das unbewusst, nur wenige sind sich dessen überhaupt bewusst. Es ist einfach so, wie es ist.

F: Was ist unser eigentliches Problem dabei?

W: Viele wollen die Früchte ihres Sitzens früher ernten, als sie reif sind. Die Äpfel hängen zu hoch. Aus diesem Grund drehen viele den Baum um. Die Äpfel liegen jetzt zwar am Boden, aber die Wurzeln hängen in der Luft. Deswegen werden die Äpfel vertrocknen und verfaulen. Unser Problem ist, dass wir uns mit uns selbst identifizieren; mit unseren Gedanken, Vorstellungen und mit diesem Körper. Anders ausgedrückt: Wir identifizieren uns mit dem Film, der auf der Leinwand unseres Bewusstseins abläuft. Waren Sie schon einmal im Kino?

F: Ja, natürlich.

W: Haben Sie schon einmal im Kino geweint?

F: Ja.

W: Haben Sie Ihre Tränen versteckt, weil es Ihnen peinlich war?

F: Ja.

W: Sehen Sie, das ist es. Tief drinnen in sich wussten Sie, dass es eigentlich nur ein Film ist. Die Tränen konnten nur dadurch entstehen, weil Sie sich mit dem Hauptdarsteller identifiziert haben. Sie haben sich vielleicht gedacht: „Warum muss er so leiden, warum sind die anderen so gemein zu ihm? Wie lange lässt er sich das noch gefallen? Wann schlägt er endlich zurück?“ Wenn wir uns mit dem Hauptdarsteller identifizieren, erleben wir die ganze Palette unserer Gefühlswelt.

F: Aber was soll ich dagegen tun?

W: Wir müssen uns darüber bewusst werden, dass Kino einfach nur Kino ist. In Wirklichkeit sind da ja nur bewegte Bilder, die auf eine leere Leinwand projiziert werden. Wir halten diese Bilder jedoch für real und wirklich. Dadurch entsteht unser ganzes Lebensdrama, das Dilemma, in dem wir uns gerade befinden. Wir sollten uns darüber im Klaren sein, dass wir nicht der Hauptdarsteller in dem Film unseres Lebens sind, auch wenn wir uns so fühlen. Tatsächlich sind da nur eine leere Leinwand und gewisse Projektionen. Nur durch das Zusammenspiel beider Seiten und die gefühlsmäßigen Verknüpfungen entsteht unser persönliches Leid.

F: Was ist, wenn ich mir über dieses Zusammenspiel klar geworden bin?

W: Es geht dabei nicht um einen intellektuellen Erkennungsprozess, sondern um ein intuitives Erfahren dessen, was ist. Wenn wir wirklich erfahren, sind wir einen guten Schritt weiter gekommen. Der Fehler, der dann gemacht wird, ist entweder der, dass ich mich nur noch auf die leere Leinwand konzentriere oder auf die projizierten Bilder. Wir müssen allerdings beide Ebenen bewusst zurücklassen, um zur wahren Erkenntnis zu kommen.

F: Manchmal habe ich den Eindruck, dass ich mir selbst zuschaue bei dem, was ich mache. Was halten Sie davon?

W: Bleiben wir beim Beispiel des Films. Der gewöhnliche Mensch – und das ist nicht abwertend gemeint – spielt seine Rolle. Er ist ein perfekter Schauspieler geworden. Er spielt den perfekten Ehemann, den perfekten Liebhaber, den perfekten Chef. In jeder Rolle verhält er sich anders. Ein solcher Mensch ist gespalten in viele Teilpersönlichkeiten, die sich oft widersprechen. Er kann nicht liebender Familienvater auf der einen Seite und gleichzeitig Chef sein. Jedenfalls glaubt er das. Wenn Sie den Eindruck haben, sich selbst zu beobachten, wie

Sie dieses oder jenes tun, ist es so, als ob Sie einen kleinen Schritt aus der Leinwand herausgetreten sind und Ihrem imaginären Spiel zuschauen. Dieses Erlebnis ist für viele zunächst befremdlich, aber man gewöhnt sich im Laufe der Zeit daran. Nicht *wir* tun etwas, sondern ES tut etwas mit uns. Nicht *wir* sind es, die handeln, ES handelt. Wenn wir in diesen Bereich eingedrungen sind, wird unser Handeln zu einem Nicht-Handeln. Da ist niemand mehr, der etwas macht. ES macht Alles von ganz allein. Menschen, die diese Erfahrung gemacht haben, sagen mir oft: „Ich habe den Eindruck, dass ich funktioniere, ja sogar perfekt funktioniere.“ Hinter diesem Handeln steht kein Ego mehr, kein „Ich will“ oder „Ich will nicht“, sondern nur noch diese Dynamik, über die ich vorhin gesprochen habe. Um es religiös auszudrücken: „Nicht mein Wille geschehe, sondern deiner.“ Dahinter ist keine Absicht mehr. Jedes Tun ist jetzt ein absichtsloses Tun.

F: Aber ist das nicht gefährlich, wenn ich keinerlei Kontrolle mehr über mich habe?

W: Hatten Sie je in Ihrem Leben die absolute Kontrolle über sich? Ist nicht unsere Erfahrung gerade die, dass wir viele Dinge tun, die wir überhaupt nicht wollen? Suggeriert uns nicht unser Ich diese scheinbare Kontrolle, und in Wirklichkeit geraten wir ständig aus den Fugen? Wir stoßen uns ständig den Kopf an und tun meistens den Schritt, der nicht dran ist. Unser Verstand rückt immer die Dinge zurecht, und wir geraten ständig mit unserer Gefühlswelt in Konflikt. Auf diese Weise sind wir ununterbrochen hin- und hergerissen zwischen Gefühl und Verstand.

F: Wird unser Leben dadurch nicht sehr kompliziert?

W: Doktor Faustus sagt: „Zwei Seelen wohnen ach in meiner Brust.“ Ein Zen-Meister hat einmal gesagt, Meditieren sei das Zurückkehren in den Schoß Gottes. Für diesen Menschen sind alle Grenzen weggefallen. Er erhebt sich frei und ungehindert wie ein Adler in die Lüfte. Da ist nichts mehr von Einengung zu spüren, auch nichts von einem Eingeengtsein in seiner buddhistischen Tradition. Die Wirklichkeit, die tatsächlich nicht mehr in Worte zu fassen ist, ist etwas Großes und Erhabenes. Sie umfasst das ganze Universum und geht weit darüber hinaus.

F: Würden Sie sagen, Sokei-an lebt in einer anderen Welt?

W: Nein. Seine und Ihre Welt ist absolut identisch. Aber seine Sichtweise ist eine andere geworden und sein Verhältnis zu den Dingen, mit denen er umgeht. Das Wirken eines Zen-Meisters ist absolut identisch mit dieser ersten Wirklichkeit. Auf den ersten Blick mag das zwar täuschen, denn ein solcher Mensch tut viele Dinge, die sich unserem gewöhnlichen Verständnis entziehen. Aber Sie dürfen mir glauben, er ist eins mit dem Weg, er ist eins mit der Liebe, er ist eins mit der Wahrheit. Er verkörpert gleichsam diese drei in sich und ist lebendiger Ausdruck dessen, wofür wir keine Worte haben.

10. Kapitel
Schweigen

F: Am ersten Tag eines jeden Sesshins wird ein kurzer Vers rezitiert. Er beginnt mit den Worten: „Schwerwiegend ist die Frage nach Leben und Tod." Gibt es Ihrer Meinung nach eine individuelle Seele, die nach dem Tod weiterlebt?

W: Diese Frage ist sehr alt. Viele Kulturen und Religionen haben sich damit auseinandergesetzt und versucht, Antworten darauf zu finden. Das Problem ist: Sage ich ja, kommt als nächstes die Frage, wo diese Seele weiterlebt. Sage ich nein, würde ich mich nur auf einen anderen Standpunkt stellen. Wirkliche Erfahrung überschreitet beide Ebenen, und führt in einen Bereich jenseits von Ja und Nein. Wir Menschen stehen auf beiden Beinen. Nur auf einem zu stehen, ist sehr anstrengend. Deshalb kann die richtige Antwort auf diese Frage nur eine Antwort jenseits von Ja und Nein sein.

F: Und wie heißt diese Antwort?

W: (schweigt)

F: Ist das nicht ein Ausdruck von Schwachheit?

W: Nein. Versuchen Sie einmal wirklich zu schweigen. Sie werden sofort begreifen, dass das nicht sehr einfach ist. Unser Verstand ist sehr hinterlistig. Er springt auf jede Frage an, die mit einem „warum" beginnt. Wer mit Koans arbeitet, hat das sicher schon oft festgestellt. Das Denken schleicht sich ein wie ein Dieb, und im Nu ist man von seinem Denken gefesselt, im wahrsten Sinne des Wortes. Ihre Frage lässt sich nur mit dem eigenen Sosein beantworten. Schweigen bedeutet *vor* allem Anfang und *nach* jedem Ende zu stehen.

F: Im Christentum wird diese Frage mit Himmel und Hölle beantwortet. Was ist Ihre Meinung dazu?

W: Man kann nicht sagen „im Christentum“. Es gibt sicher einige, die das tun, aber einige sind nicht alle. Es gibt immer einige, die *ja* sagen, und andere, die *nein* sagen. Die Frage nach Leben und Tod ist ein großes Geheimnis, ein Geheimnis, das sich selbst beschützt. Wer *ja* sagt, hat einen Standpunkt, wer *nein* sagt, einen anderen. Wer sagt Ihnen, dass es nur zwei Standpunkte gibt? Warum kann es einen Standpunkt, der *ja* und *nein* überschreitet, nicht geben? Nur weil das über unseren Verstand hinausgeht? Warum wollen wir unser Leben nur schwarz-weiß haben und lassen dabei alle anderen Farben aus dem Spiel? In Wirklichkeit ist eine solche Frage eine Falle, die man einem anderen stellen möchte, um ihn auf seiner Seite zu wissen, oder aber pure Neugier. Eine entsprechende Antwort impliziert immer nur neue dualistische Sichtweisen. Im Falle von *ja* sind die weiteren Folgen Himmel und Hölle. Die Folge, die sich daraus ergibt, sind tausend weitere Fragen. Auch Buddha wurde diese Frage nach dem Tod gestellt. Er hat diese Frage nicht beantwortet. Die Mönche waren damals sicher genauso enttäuscht wie die Menschen heute, die darauf keine Antwort ihres Zen-Meisters bekommen. Man warf Buddha vor, keine Selbsterkenntnis zu besitzen, weil er einfach nur schwieg. *Ja* oder *nein* zu sagen würde bedeuten, seinem Körper eine Wirklichkeit zuzuerkennen. Trotzdem stimme ich zu: Die Frage nach Leben und Tod ist eine schwerwiegende Frage.

F: Kann diese Frage je gelöst werden?

W: Hier kann ich jetzt vollkommen zustimmen. Diese Frage muss sogar gelöst werden, denn ohne eine Lösung sind wir für immer gefangen in diesem Körper. „Tod, wo ist dein Stachel?“ (1. Kor 15,15) lesen wir in der Bibel. Die Frage nach Leben und Tod wurde immer schon gelöst, nicht nur früher, auch heute.

F: Warum spricht aber niemand darüber?

W: Weil ein Sprechen darüber nur der Beweis dafür wäre, diese Frage nicht gelöst zu haben. „Wer weiß, der redet nicht. Wer redet, weiß nicht“, hat Laotse gesagt. In unserer Übung geht es darum, in den Bereich des Nicht-Wissens einzudringen, denn nur in diesem Bereich kann diese Frage endgültig und ein für allemal gelöst werden. Die Antwort werden wir nur im Bereich des absoluten Soseins entdecken. Aber es wird uns gehen wie dem Stummen, der einen Traum erzählen möchte. Es geht nicht. Der Bereich des Soseins ist ein Bereich, der Existenz und Nicht-Existenz übersteigt. Er ist ohne Anfang und ohne Ende. Zen-Meister Bankei spricht in diesem Zusammenhang vom Ungeborenen. Was nicht geboren ist, kann auch nicht sterben. Was keinen Anfang hat, hat auch kein Ende, ist überhaupt nicht vorhanden. Und doch ist dieses DAS ein Sein, welches in seinem Sosein existiert. Es ist vollkommen unnötig, dieses Sein zu bejahen oder zu verneinen, weil es sich selbst ständig beweist, Augenblick für Augenblick. Wir sehen es nur nicht, weil wir blind dafür sind. Aufgabe der Zen-Meister war und ist es immer, solche „Blindgeborenen" zu heilen. Das, was wir nicht in Worte fassen können, war vor allem Anfang und bleibt auch nach einem Ende. Würden wir versuchen, es gedanklich zu erfassen, würden wir unsere Grundlage verlieren und damit unser wahres Sein. Überlassen wir diese Spekulationen getrost den Philosophen und Theologen. Zen sagt kein Wort darüber. Schweigen wir also über dieses Thema.

F: Trotzdem muss ich noch eine Frage loswerden. Sie sagen öfter im Sesshin, dass unser Sitzen ein Einüben in das Sterben ist. Ist das nicht ein Widerspruch zu dem, was Sie vorhin sagten?

W: Sterben ist wie das Leben eine Abfolge von Augenblicken. Das Beobachten von Augenblicken ist das Beobachten eines ständigen Kommens und Gehens, von Geborenwerden und Sterben. Was wir beobachten, ist das Gewahrwerden von Dynamik, die jeder Augenblick enthält. Dieses Gewahrsein ist auch beim Sterben äußerst wichtig, ja entscheidend.

F: Warum?

W: Ich habe schon darüber gesprochen, dass wir in jedem Augenblick unserem Leben eine neue Richtung geben können, ähnlich der Billardkugel, die eine andere anstößt. Jochen Niemuth, ein Zen-Lehrer unserer Tage hat einmal gesagt: „Wir brauchen keine Angst zu haben, auch dann nicht, wenn wir eines Tages auf diesen großen Felsen zusteuern, an dem wir einfach nicht vorbeikommen: den Tod. Wenn wir üben, voller Vertrauen und Achtsamkeit, wird sich dieser Fels in dem Augenblick, in dem wir ihn berühren, öffnen, und unsere Reise wird weitergehen, in einer ganz neuen Dimension." (Jochen Niemuth: Das

Auge der Erleuchtung, S. 27) Der Tod hat sehr viel Ähnlichkeit mit unserem Sitzen im Zendo. Da gibt es die Makyos, diese sinnlichen Wahrnehmungen, die während des Sitzens auftreten, die uns beunruhigen und uns manchmal Angst machen.

F: Können Sie mir Näheres darüber erzählen?

W: Makyos bezeichnen Bilder und Eindrücke, die aus der Tiefe unseres Unterbewusstseins auftauchen. Sie können im Prinzip alle unsere Sinne ansprechen. So ist es möglich, Stimmen zu hören, die nicht da sind. Manchmal haben wir den Eindruck, durch Dinge hindurchzusehen, oder jemand berührt uns. All diese Wahrnehmungen besitzen einen äußerst realistischen Charakter. Ebenso können visionäre Dinge auftreten, Erscheinungen in allen Facetten, von himmlischen Wesen bis hin zu Teufelsfratzen. Vor einigen Jahrhunderten hat man dies als Teufelswerk abgetan, doch heute weiß man aus der Tiefenpsychologie, dass solche Phänomene möglich sind. Wahrscheinlich war auch die Versuchung des Teufels in der Wüste bei Jesus ein solches Phänomen. Aber darüber will ich nicht spekulieren.

F: Was ist die Ursache für solche Makyos?

W: Die Ursache liegt darin, dass wir während des Sitzens in immer tiefere Schichten unseres Bewusstseins eintauchen. C. G. Jung hat von archetypischen Bildern gesprochen, die in allen Menschen vorhanden sind.

F: Wie soll ich mich verhalten, wenn solche Erscheinungen auftreten?

W: Auf keinen Fall sollte man sich darauf einlassen. Bei schrecklichen Bildern ist diese Vorsicht sicher nicht gegeben, außer dass man erschrickt und sie loswerden will. Aber es gibt ja auch die angenehme Seite. Hier wird es problematisch, vor allem dann, wenn einem kein Lehrer zur Seite steht. Ich habe einmal mit einer Frau gesprochen, die sich monatelang mit einem alten, weisen Mann unterhalten hat. Sie fand diese Vision sehr angenehm und interessant. Ich empfahl ihr, sofort damit aufzuhören. Sie hat es nicht getan. Die Folge war, dass sie einige Monate später eine Nervenheilanstalt aufsuchen musste. Solche Dinge zehren sehr stark an der eigenen Energie. Auf der anderen Seite sollte man sich bewusst sein, dass solche Erscheinungsformen Ausdruck dafür sind, auf dem Weg ein gutes Stück weiter gekommen zu sein. Makyos sind also ein Zeichen inneren Fortschritts. Am besten ist es, darüber informiert zu sein, um sie, wenn sie auftreten, ganz gelassen anschauen zu können, bis sie sich von alleine wieder auflösen. Auch Johannes vom Kreuz hat davor gewarnt, sich darauf einzulassen.

F: Was hat das aber mit unserem persönlichen Tod zu tun?

W: Beim Prozess des Sterbens treten solche Erscheinungen ebenfalls auf. Wenn wir zu Lebzeiten gelernt haben, richtig damit umzugehen, werden wir dies auch während des Sterbeprozesses können und uns davon nicht beeindrucken lassen. Es werden sehr wichtige Augenblicke sein, die allem Weiteren eine entscheidende Richtung geben. Die inneren Bilder müssen losgelassen werden, selbst die frommen Bilder. Sie sind im Grunde nichts weiter als Erscheinungen auf der Oberfläche unserer Psyche. Das ist es, was wir beim Sitzen lernen. Deshalb ist die richtige Praxis so wichtig. Wer die Kontrolle über sich behalten will, wird sie verlieren. Wer die Ruhe beim Sitzen sucht, wird nur die Unruhe finden. Wer die Ordnung sucht, wird nur das Chaos finden. Wir sollten beim Sitzen völlig außer Kontrolle sein. Schauen Sie, in unserem täglichen Leben sind wir ständig bemüht, das Leben zu kontrollieren. Nichts ist schrecklicher, als den Verstand zu verlieren. Im Zen geht es gerade darum, alles zu verlieren, sogar den Verstand. Natürlich dürfen wir den Verstand benutzen, wenn wir ihn benötigen, aber die meiste Zeit im Leben brauchen wir ihn nicht. Da geht es einfach nur darum, die Dinge zu tun, die getan werden müssen. Waschen, anziehen, essen, arbeiten usw. Es geht im Zen darum, die Dynamik des Lebens zu entdecken. Ich meine damit, aufmerksam auf die Bewegung zu achten und sich seiner wahren Natur bewusst zu werden. Genau um diese allumfassende Aktivität geht es im Zen. Dabei meine ich nicht eine egogesteuerte Aktivität, die im Wesentlichen nur darauf aus ist, Vorteile zu haben. Ich meine eine Aktivität, die aus sich selbst heraus aktiv ist, ohne jemanden im Hintergrund zu wissen, der ständig in diese Aktivität eingreift, diese bewusst oder unbewusst steuert.

F: Suzuki hat in seinem berühmten Buch vom „Anfängergeist“[15] das Ich als eine Drehtür bezeichnet.

W: Das ist ein schönes Bild. Wir schauen, was hereinkommt, und schon hat es sich wieder verabschiedet. Betrachtet man es genau, nehmen wir nur das Kommen wahr. Ist der Augenblick vorbei, nehmen wir ihn nicht mehr wahr. Dann ist alles leer. Eigentlich ist uns nur das bewusst, was sich gerade innerhalb der Drehtür befindet. In diesem Bild wird auch die Dynamik sichtbar, von der ich so oft spreche. Alles ist in ständiger Bewegung. Nichts bleibt, wie es ist. Alles verändert sich ständig. Genau dies zu beobachten ist lebendiges Zen.

F: Wenn ich sitze, erfahre ich meinen Körper in einer ständigen Alarmbereitschaft.

W: Das kommt daher, dass Sie sich auf etwas Besonderes einstellen. Es ist wie eine feindliche Armee, die darauf wartet, dass plötzlich etwas Besonderes passiert, um schnell darauf reagieren zu können.

F: Wie soll ich mich verhalten?

W: Erwarten Sie nichts. Seien Sie sich einzig und allein der inneren Bewegung bewusst. Die allumfassende Aktivität ist unser Alltagsgeist und unterscheidet sich in nichts von unserem allumfassenden Bewusstsein. Dieser Punkt ist für viele nicht verständlich. Wir haben nur diesen einen Geist. Wir haben keine verschiedenen Geister. Wir müssen uns also auf nichts Besonderes einstellen. Das, was ist, ist es bereits! Essen ist es, Arbeiten ist es, Sitzen ist es. Aus diesem Grund sagt auch Dogen Zenji: Sitzen *ist* Erleuchtung. Wir müssen nichts dazu tun. Aber weil wir dies nicht für möglich halten, glauben wir immer, es besonders gut machen zu müssen. In Wirklichkeit haben wir unsere wahre Natur überdeckt mit unserer Anstrengung, anders sein zu müssen. Wir glauben, unser Denken unterdrücken zu müssen, weil wir uns von ihm gestört fühlen, weil wir der Ansicht sind, es dürfte beim Sitzen nicht sein. Die wirkliche Übung bedeutet jedoch, sich nicht einzuschränken. Wenn wir in der Lage sind, alles zuzulassen, sind wir wir selbst geworden und sehen die Dinge so, wie sie tatsächlich sind. Wenn wir dagegen versuchen, ständig etwas zu erreichen, verschwenden wir unsere Zeit auf dem Kissen.

F: Dann habe ich schon viel Zeit verschwendet.

W: Ich auch. Sehen Sie, wir machen alle die gleichen Fehler. Im Zen geht es darum, für uns daraus zu lernen. Kenne ich die eine Seite nicht, kann ich auch nicht die andere Seite kennenlernen. Beides gehört zusammen. Ansonsten gleichen wir Gespenstern, die auf dieser Welt herumspuken.

F: Wollen Sie damit sagen, dass dem Alltagsmenschen nicht mehr Bedeutung zukommt als einem unwirklichen Gespenst?

W: Ja. Ich weiß, das klingt schockierend. Aber im Wesentlichen ist es richtig. Der Mensch, der nicht weiß, wer er ist, gleicht wirklich einem Gespenst und hängt an diesem gespenstergleichen Körper fest. Er macht viel Wind und bewegt doch nichts wirklich.

11. Kapitel
Seele

F: Was bedeutet Seele?

W: Der Begriff „Seele“ hat eine lange Geschichte. Am ausführlichsten befasst sich vielleicht Platon damit. Nach Platon gibt es eine strenge Trennung zwischen Leib und Seele. Er ist der Meinung, dass die Seele im Körper gefangen ist und erst mit dem Tod frei wird. Daher der Ausspruch: „Der Körper ist ein Grab.“ Platon meint, dass vollkommene Erkenntnis erst nach dem Tod erreicht werden kann.

F: Daraus könnte man folgern, dass man nach dem Tod streben sollte.

W: Das könnte man daraus schließen. Sokrates jedoch hat den Selbstmord aus ethischen Gründen immer abgelehnt. Es gibt da einen berühmten Dialog von Sokrates mit seinen Schülern über die Seele. In diesem Gespräch will Sokrates seine verzweifelten Schüler beruhigen und stellt vier Beweise auf, um die Unsterblichkeit der Seele zu beweisen. Er meint, die Seele sei unsterblich aufgrund ihrer Substantialität, Spiritualität, Einfachheit und Beharrlichkeit. Platon hat diese Ansichten von seinem Lehrer übernommen.

F: Können Sie das genauer erklären?

W: Auch Platon hat schon bemerkt, dass die Welt aus Gegensatzpaaren besteht. Nehmen Sie zum Beispiel Wachen und Schlafen. Verliert eines der beiden seine Dominanz, geht es in das andere über. Dieses Beispiel lässt sich auch auf Leben und Tod übertragen. Auch sie bilden einen Kreislauf, der diese Gegensätzlichkeit enthält. Die Substanz aber, so meint Sokrates, was beide verbindet, die Seele nämlich, bleibt erhalten.

F: Und was meint Platon mit Spiritualität?

W: Platon meint damit, dass wir die ungeheuere Vielfalt der Welt und ihrer Erscheinungen, also die ganzen Dinge um uns herum, überhaupt nicht begreifen können. Er meint, dass dieses Chaos, das dem Ganzen erst einen Sinn gibt, nicht begreifbar und dem Menschen nicht direkt zugänglich ist.

F: Das erinnert mich sehr stark an Zen.

W: Ja, aber Platon folgert daraus, dass die Seele schon vorher da gewesen sein muss. Er meint, dass sich unsere Seelen vor unserer Geburt in einem Zustand der reinen Schau befunden haben müssen. Dieses Vorher beinhaltet aber auch ein Nachher. Das eine ohne das andere erscheint ihm unlogisch.

F: Das beinhaltet doch aber auch die Reinkarnation.

W: Streng genommen ja. Aber ich möchte zunächst noch zum dritten Punkt kommen, der Einfachheit. Mit Einfachheit ist gemeint, dass die Seele nicht geteilt werden kann, sie ist ein Ganzes. Aus seiner Erfahrung kommt er zu dem Schluss: Einfache Dinge, die nicht mehr geteilt werden können, sind unzerstörbar.

F: Das vierte Argument ist die Beharrlichkeit.

W: Dieses Argument hängt sehr eng mit der Einfachheit zusammen. Es könnte die Frage aufkommen, ob die Seele nicht durch den Verlauf der Zeit zerstörbar sein könnte. Doch für Platon verändert sich die Seele nicht, auch nicht über einen langen Zeitraum. Daher schreibt er ihr das Attribut der Beharrlichkeit zu und folgert schlussendlich: Die Seele ist unsterblich, sie beherrscht den Leib und ist folglich etwas Besseres als dieser Leib.

F: Das könnte die Leibfeindlichkeit erklären, die im Christentum lange Zeit vorherrschte.

W: Ja, deswegen haben viele ihren Körper gezüchtigt. So kam man zur Askese, weil man der Ansicht war, der Körper stünde im Weg. Aber es kommt noch ein Zweites hinzu. Platon war der Ansicht, dass die sichtbare Welt die Abbildung einer ideellen Welt ist.

F: Sagt Zen nicht das gleiche? Das Äußere ist ein Spiegelbild für das Innere?

W: Platon meint aber etwas anderes damit. Mit dieser individuellen Welt der Begriffe meint er die Prinzipien und Vorstellungen. Und er glaubt, dass diese unsichtbaren Dinge nur durch das Denken zu erfassen wären. Man muss weg von den sinnlichen Wahrnehmungen, die bestenfalls nur Illusionen sein können, um dann folgerichtig zu einem reinen Denken zu gelangen. Nur wenn sich der Mensch von den sinnlichen Wahrnehmungen gelöst hat, kann er sich der eigentlichen Erkenntnis der Wirklichkeit nähern. Er bezeichnet dieses Streben nach Vollkommenheit als „Eros", wörtlich übersetzt mit „Liebe". Sie sehen also, ein Streben nach Vollkommenheit gab es schon immer.

F: Aber die Wege dahin sind sehr verschieden. Könnte es sein, dass der Versuch, das Ganze durch ein reines Denken zu erfassen, die christliche Meditation beeinflusst hat?

W: Das ist durchaus möglich. Meditation bedeutet ja im christlichen Sinne, über die Texte der Bibel nachzudenken, um in ihre Bedeutung einzudringen. Die Kontemplation aber steht eine Stufe höher. Sie befasst sich nicht mehr mit dem Verstand, sie ist ein aufmerksames Schauen, dem Shikantaza im Zen sehr ähnlich.

F: Und wie geht die Geschichte der Philosophie zum Thema Seele weiter? Kommt es zu wesentlichen Veränderungen in der Sichtweise von Seele und Körper?

W: Ja. Aristoteles, ein Schüler von Platon, versucht, diesen platonischen Dualismus von Leib und Seele aufzulösen. Er ist der Meinung, dass Körper und Seele einander bedingen. Er meint, dass der Körper nur der Stoff ist, der durch die Seele vollendet wird. Aus diesem Grund teilt er die Seele in Schichten ein und sagt: Je höher das beseelte Lebewesen, desto vielschichtiger ist auch seine Seele.

F: Und wie umschreibt Aristoteles diese Seele?

W: Für ihn ist es so, dass die Seele durch den Körper bewegt werden kann, sie kann auch den Körper bewegen, ist aber selbst nicht in Bewegung. Er nimmt als Beispiel das Bild eines Schiffers auf einem Boot. Dieser wird nur zusammen mit dem Boot bewegt. Das Boot bewegt sich, während sich der Schiffer nicht bewegt.

F: Das klingt ganz anders als bei Platon.

W: Ja. Bei Aristoteles beruht Wahrnehmung auf Erfahrung. Trotzdem, eines haben beide gemeinsam, sie betrachten Körper und Seele als eine Einheit.

F: Descartes hat gesagt: „Cogito, ergo sum", ich denke, also bin ich. Ist das nicht ein Rückschritt?

W: Descartes war ein echter Rationalist. Er kommt zu dem Schluss, dass letztlich nur das Denken und die damit verbundenen Erkenntnisse gesichert sind. Für ihn als denkendes Wesen ist es nicht geklärt, ob die Wahrnehmung der Umwelt aus ihm selbst kommt oder von außen. Descartes definiert seinen Körper als einen raumfüllenden, materiellen Gliederkasten. Er ist der Ansicht, dass die Prozesse, die materiell ablaufen wie z. B. Gehen, Essen usw. vom denkenden Geist gesteuert werden.

F: Das klingt für mich sehr einseitig. Hat er denn keine anderen Erkenntnisse gehabt?

W: Doch. Er ist der Ansicht, dass sein Wesen aus einem immateriellen Ich besteht, das unteilbar ist. Und er sagt, dass ein Verlust von Gliedmaßen dieses Wesen nicht beeinträchtigt. Descartes betrachtet den Körper nur als Transportmittel des Wesens, das auch ohne ihn existieren könne.

F: Wenn ich das richtig verstanden habe, vertritt auch Descartes ein dualistisches System, in dem der Körper als materiell und der Geist als immateriell angesehen wird.

W: Das ist richtig.

F: Wird diese Zweiteilung in der Philosophie denn nie überwunden?

W. Doch. Spinoza vertritt im Gegensatz zu Descartes einen völlig anderen Standpunkt, ja, er kritisiert sogar seine Lehre. Spinoza ist der Auffassung, dass es nur eine einzige unendliche Substanz gibt, die sich in Natur *und* Gott zum Ausdruck bringt. Dies bezeichnet man als Pantheismus. Gott ist der Baum, Gott ist der Stein, Gott ist der Mensch usw.

F: Ist das nicht auch im Zen so?

W: Nein. Es ist ein wesentlicher Unterschied, ob ich sage: „Auch im Stein drückt sich das Göttliche aus, im Stein offenbart sich das Göttliche“, oder ob ich wie im Pantheismus sage: „Gott *ist* der Stein“. Die Grenze zwischen beiden Aussagen kann nur im Sitzen erfahren werden.

F: Wie stellt sich aus Ihrer Erfahrung heraus das Leib-Seele-Problem dar?

W: Was soll ich Ihnen sagen? Leib und Seele sind eine Einheit? Leib und Seele sind keine Einheit? Gibt es überhaupt einen Leib? Ich glaube, die ganze Problematik entsteht nur in unserer Vorstellung, in unserem Denken. Fällt aber dieses Körper-Geist-Bewusstsein weg, gibt es keine Zweifel mehr und keine Fragen.

F: Und wo ist dann die Seele, wenn dieses Körper-Geist-Bewusstsein weggefallen ist?

W: Das müssen Sie die Seele fragen. Ich kann es nicht sagen. Es ist nicht mit Worten beschreibbar. Sie müssen es selbst erleben und erfahren. Sie müssen selber den Tee trinken, wenn Sie den Geschmack des Tees nicht kennen. Ich kann nur so viel sagen: Alle Problematik liegt im Dualismus, in einer einseitigen, intellektuellen Betrachtungsweise. Ich glaube, die Philosophie hat sich selbst ad absurdum geführt. Alles kann nur eine Spekulation sein und muss sich daher widersprechen. Das, was wir Abendländer als Gott bezeichnen, lässt sich einfach nicht in Worten ausdrücken und noch weniger erklären. Das mag zwar dem verstandesmäßig orientierten Menschen nicht einleuchten und vielleicht sogar als Ausrede erscheinen, aber das kann ich nicht ändern. Es ist nun einmal so. Entweder hat jemand die Erfahrung gemacht oder er hat sie nicht gemacht. Und damit endet jede Diskussion.

F: Wie würden Sie die richtige Sichtweise beschreiben?

W: Form und Erscheinung sind untrennbar miteinander verbunden. Wenn das für einen Menschen nicht so ist, sollte er einmal die drei Zeiten betrachten. Die Vergangenheit und alle darin enthaltenen Momente sind vorbei. Wir können in ihr keine wirkliche Existenz finden. Auch in der Zukunft kann nichts Reales gefunden werden, denn sie ist noch nicht in Erscheinung getreten.

F: Wenn ich aber in der Gegenwart lebe?

W: Selbst wenn wir unseren Geist in der Gegenwart betrachten, können wir nichts Gleichbleibendes finden, nichts Dauerhaftes. Wie wir wissen, ändert sich alles jeden Augenblick. Deshalb kann auch nichts wirklich Gegenwärtiges, nichts Dauerhaftes in diesem Bewusstseinsstrom gefunden werden. Daraus können Sie schließen, dass auch Ihr Geist ohne Essenz, ohne Substanz und unwirklich ist. Bewusstsein, sein Entstehen, seine Funktion, ist leer und besitzt keine Eigennatur. Die Aktivität des Bewusstseins und die Leerheit sind jedoch nicht zwei getrennte Dinge, sie sind untrennbar miteinander verbunden.

F: Könnte man also sagen: Bewusstsein ist nichts anderes als Leerheit und diese Leerheit wiederum Bewusstsein?

W: Ja. Auf die gleiche Art und Weise sind auch alle Phänomene leer. Kein Phänomen ist davon ausgeschlossen. Alle Phänomene besitzen keine wirklichen Merkmale. Wenn dies durchschaut bzw. erfahren wird, gibt es kein wirklich existierendes Geschehen.

F: Ist davon ist auch der Tod betroffen?

W: Ja.

F: Wenn es denn keinen Tod gibt, wenn der Tod also keine wirkliche Realität besitzt, kann es doch auch keine tatsächliche Geburt geben, denn der Tod existiert doch nur, wenn es zugleich eine Geburt gibt?

W: Was nicht geboren wird, kann demnach nicht sterben. Wenn man die Geburt von den Gesichtspunkten der drei Zeiten aus betrachtet, wird einem klar, dass sie weder stattgefunden hat, noch eine wirkliche Existenz besitzt.

F: Könnte man sagen, Geburt und Tod sind nur Vorstellungen, die in unserem Geist auftauchen? Dennoch kann ich mir einfach nicht vorstellen, dass beides nur Empfindungen unseres Geistes sind.

W: Genau diese Vorstellung ist es, die uns daran hindert, in die unmittelbare Erfahrung zu kommen.

F: Nun gut, es fällt mir zwar sehr schwer, das zu glauben, aber ich akzeptiere es. Auf der einen Seite kann ich verstehen, dass Gefühle irgendwie leer sind, aber ich kann nicht verstehen, dass Leerheit auch Gefühl sein soll.

W: Man könnte es vielleicht so ausdrücken. Leerheit ist nicht irgendetwas, das getrennt ist vom Gefühl. Einheit bedeutet, dass Gefühl gleichzeitig auch Leerheit ist.

F: Was bedeutet es dann, wenn ich bei meinem Sitzen Gefühle erlebe?

W: In Wirklichkeit erlebe ich das Wirken der Leerheit. Würde ich die Gefühle beim Sitzen unterdrücken, würde ich in Wirklichkeit damit den Erfahrungsprozess unterdrücken. Nehmen Sie einmal an, Sie bemerken beim Sitzen die Schmerzen in ihren Beinen. Es wird so sein, dass dieses Spüren ein unangenehmes Gefühl in ihrem Geist entstehen lässt. Die Essenz dieses Gefühls ist eine absolute Leerheit. Das bedeutet jedoch nicht, dass da nichts wäre. Sie spüren den Schmerz genau, aber in sich ist der Schmerz vollkommen leer. Es macht also wirklich keinen Sinn, Leerheit irgendwo anders zu suchen, als eben in diesem Augenblick des Schmerzes. Beides, Leerheit und Schmerz, kann nur gemeinsam auftreten.

F: Sie haben vorhin gesagt, dass Geburt und Tod gleichfalls leer sind. Wie verhält sich dies zu unserem Karma?

W: Die Beantwortung der Frage hängt davon ab, als was Sie sich selbst definieren. Man könnte die Frage vielleicht so beantworten. Karma ist ein geistiger Prozess, der in uns wirkt. Wenn wir durchschauen könnten, dass auch dieses Karma absolut leer ist, hätten wir das „Problem“ nicht mehr. Die grundlegende Ursache ist unsere Unwissenheit. Wir haben uns mit dieser Unwissenheit und allen damit verbundenen Dingen identifiziert; genau diese Identifikation ist verantwortlich für unser Leiden. Wir sind wie eine Spinne, die ihr eigenes Netz baut, letztlich selbst darin gefangen ist und umkommt. Mit unserem Verstand verwickeln wir uns immer mehr darin, sind gefesselt von diesem Verstand. So wie die Spinne sich in ihrem eigenen Netz verfängt, so werden wir immer nur Leid erfahren, wenn wir an unserem Denken festhalten. Wenn es also darum geht, frei zu werden, kann dies nur durch uns selbst geschehen. Wir müssen die Knoten lösen bzw. lösen lassen, die wir selbst geknüpft haben. Der Weg dahin kann nur in einer konzeptlosen und verstandeslosen Wahrnehmung geschehen. Diese Wahrnehmung ist sehr klar, fehlerfrei und ohne Täuschung. Dann ist es einfach so, wie es ist. Ohne etwas hinzuzutun oder wegzunehmen. Verstandesmäßige Wahrnehmung dagegen kann immer nur unklar und fehlerhaft sein, verschmutzt durch unser egogewohntes Denken. Dadurch, dass wir uns für reale Personen halten, sammeln wir Karma an. Sartre hat einmal gesagt, „Wir sind dazu verdammt, an das Ich zu glauben. Unser Gehirn ist wunderbar, aber mit ihm ist es uns einfach nicht möglich, uns selbst wirklich zu erfahren." Und Daniel Dennett hat einmal sinngemäß gesagt: Wir betreten unser Gehirn durch das Auge, gehen den Sehnerv entlang um die Großhirnrinde herum, schauen hinter jede Nervenzelle, tauchen dann unversehens im Tageslicht wieder auf, kratzen uns am Kopf und fragen uns, wo unser Ich geblieben ist.

F: Wie würden Sie nun dieses Ich beschreiben?

W: Ich zu sein bedeutet, einen imaginären Standpunkt einzunehmen, eine anscheinend stabile Warte, von der aus wir wahrnehmen, denken und entsprechend handeln. Alle Handlungen werden in unserem Bewusstsein in Form von Tendenzen und Mustern, also Gewohnheiten, gespeichert. Dies färbt unseren Geist auf die eine oder andere Weise, je nach Art der Handlung. Man könnte auch sagen, wir färben unseren Bewusstseinsstrom mit geistigen Mustern ein. In diesen Mustern erscheint eine Welt, die sich ausdehnt, und so entstehen Kontakte mit den einzelnen Objekten. Dieses wiederum führt zu den verschiedenen Arten von Gefühlen. Indem wir so oder so auf das Wahrgenommene reagieren, entsteht Wollen oder Nichtwollen. Man will das, was man wahrnimmt, oder man will es loswerden. Diese ichgesteuerten Impulse führen uns in die nächste Existenz. So entsteht Geburt. Sie führt zu Alter, Krankheit und Tod. In der Leerheit dagegen gibt es weder Geburt noch Alter, weder Krankheit noch Tod. Auch Leerheit existiert in der Leerheit nicht mehr. Das Ich zu überschreiten bedeutet in der Praxis des Zen, seinen Geist in seinem wahren Zustand ruhen zu lassen.

F: Das klingt so, wie wenn ich mich völlig aufgelöst hätte.

W: Das stimmt nur zum Teil. Die Form ist da, aber sie wird als vollkommen leer erfahren.

F: Und die Gefühle?

W: Auch sie sind da, sie werden in der gleichen Weise erfahren. Sie sind jetzt einfach das, was sie sind, Gefühle, losgelöst von einer Person, losgelöst von einem Ich. Gefühle sind wie der Regen. Ich spüre ihn, aber ich bin nicht der Regen. In dieser Leerheit existiert keine Unwissenheit, kein Ende von Unwissenheit, weder Alter noch Tod, noch ein Ende von Alter und Tod. In dieser Wirklichkeit ist selbst die Wahrheit ohne Essenz. Alles Leiden hat buchstäblich aufgehört zu sein, gleichzeitig hat aber auch der Weg aufgehört, der zu diesem Aufhören des Leidens führte.

F: Wenn aber nichts mehr existiert, wie kann man dann selbst existieren?

W: Dieses existenzlose Dasein ist ein großes und unaussprechliches Geheimnis. Es ist ein angstfreies, friedvolles und endloses Verweilen in dieser bedingten Welt, die sich durch nichts von der anderen Welt unterscheidet. Im Zen heißt es, Samsara ist Nirvana, und Nirvana ist Samsara. In diesem Zustand lässt sich auch die Wiedergeburt nicht mehr erklären, denn wo kein Ich existiert, wie sollte da eine Wiedergeburt existieren?

12. Kapitel
Skandhas

F: Im Herz-Sutra werden die fünf Skandhas angesprochen. Können Sie mir etwas darüber sagen?

W: Mit den fünf Skandhas ist all das gemeint, was unsere Persönlichkeit ausmacht. Sie werden in fünf Kategorien eingeteilt, in die Form, das Gefühl, die Wahrnehmung, in den Willen und das Bewusstsein. Diese fünf Skandhas sind keine Teilstücke dieser Welt, sondern die Struktur der Welt und des eigenen Ichs. Sie sind gleichsam ihre innerste Natur und Manifestierung.

F: Ist damit all das gemeint, was mich menschlich macht?

W: Ja. Unser Körper mit seinen Wahrnehmungen, Gefühlen, Antrieben und seinem Bewusstsein erscheint uns als ein eingegrenzter Ort in dieser Welt. Doch die äußere Welt unterscheidet sich nicht von der inneren Welt, den fünf Skandhas. Die Welt und die Skandhas sind eins.

F: Wie meinen Sie das?

W: Buddha hat einmal gesagt, dass in diesem Körper, der mit der Wahrnehmung und dem Bewusstsein versehen ist, die ganze Welt enthalten ist.

F: Dann gibt es also keine eigentliche innere und äußere Welt?

W: Ja und nein. Es scheint nur so. Das, was wir als real erleben, ist in uns. Die Weltsicht des Alltagsmenschen aber, also die Wahrnehmung der Welt, ist in vielfacher Hinsicht naiv.

F: Wie meinen Sie das?

W: Ich will versuchen, es Ihnen anhand der fünf Skandhas klarzumachen. Das erste Skandha ist die Form. Wenn Sie aufmerksam den Alltag beobachten, bemerken Sie eine Vielzahl von Formen, von Objekten und Gegenständen. Wir fühlen uns gleichsam eingebettet in diese Vielzahl von Formen, und wir betrachten in dieser Vielzahl sogar unseren eigenen Körper als eine dieser Formen. Die Formen und Dinge erscheinen uns als Realität. Auf die gleiche Weise betrachten wir auch unseren Körper, der von all den anderen Formen abgegrenzt zu sein scheint. Formen können Sehobjekte oder Hörobjekte sein und umfassen alles, was wir wahrnehmen und als real interpretieren. Das erste Skandha, die Form, kann fest oder flüssig sein, kann sich erwärmen oder abkühlen. Auf jeden Fall aber ist sie beweglich und daher vergänglich. Nehmen Sie als Beispiel Farben, Düfte oder den Geschmack.

F: Formen, die ich wahrnehme, sind aber auch verbunden mit Gefühlen oder Empfindungen im Körper.

W: Ja. Und obwohl wir die Gefühle, die uns ständig begleiten, nicht andauernd bewusst wahrnehmen, sind sie doch immer vorhanden. Erst durch die Stimmung in uns wird das, was wir als real wahrnehmen, zur Wirklichkeit. Erst durch das Gefühl, das zweite Skandha, wird die Form zu etwas, was wirklich da zu sein scheint. Oder anders gesagt: Das, was ich als mein Gefühl betrachte, erscheint nie ohne eine dazugehörende Form.

F: Sie meinen, Gefühl und Form treten immer gemeinsam auf?

W: Ja. Erst durch dieses gemeinsame Auftreten entsteht in mir das, was ich als Realität interpretiere.

F: Könnte man Gefühle auch als eine Art Kraft bezeichnen, die Formen voneinander trennen?

W: Ja. Gefühle haben etwas sehr Dynamisches an sich. Manchmal sieht es so aus, als ob die Form das Gefühl erschafft, aber in Wirklichkeit bleibt das Gefühl immer getrennt von der Form. Das kann man auch daran erkennen, dass nicht jede Form in verschiedenen Situationen das gleiche Gefühl in uns erzeugt.

F: Ich habe beim Sitzen manchmal den Eindruck, dass Gefühle und Formen das Ganze einer Situation sezieren und zerteilen.

W: Und genau aus diesem Verschmelzungsprozess von Form und Gefühl entsteht unsere Wahrnehmung. Dieses Sezieren, wie Sie es ausdrückten, bringt gleichsam unsere Wahrnehmungen in Schubladen unter, die sowohl unserem Denken als auch unserem Körper entsprechen. Buddha selbst spricht nie von Subjekt und Objekt der Wahrnehmung. Ein Ding zu sehen und es in einer bestimmten Weise zu fühlen, betrachtet Buddha als einen Wahrnehmungsprozess, den ich selber verkörpere.

F: Könnte man sagen, Formen, Gefühle und Wahrnehmungen sind ein fließender Prozess, der sich durch Trennung und Teilung auszeichnet?

W: Ja. Jede Form ist nur deshalb Form, weil ich sie von anderen Formen unterscheide. Diese Unterscheidung manifestiert sich in mir als ein fließendes Geschehen von Gefühl und Wahrnehmung, ich erlebe diesen Prozess bewusst oder unbewusst, aber eines ist dabei entscheidend und trägt latent die Struktur des Willens in sich: „Ich mag dies" oder „Ich mag dies nicht". Formen, Gefühle und Wahrnehmungen münden also in eine Art Zielstrebigkeit oder Zweckmäßigkeit. Der Wille kann dabei ein bewusster oder unbewusster Lenker sein. Dieser Lenker spürt Panik vor der eigenen Leerheit, und wird so stets zu neuen Begierden getrieben, was unweigerlich zum Leid führt. Die Beobachtungen beim Sitzen zeigen deutlich, dass die fünf Skandhas nicht isoliert betrachtet werden können, dass sie vielmehr zusammenspielen. Es sind also nicht Erscheinungen einzelner Prozessabläufe, die auf ein einzelnes Bewusstsein bezogen sind.

F: Aber trotzdem münden doch die fünf Sinne in unser Bewusstsein?

W: Das ist richtig. Bewusstsein hat einen inneren und einen äußeren Aspekt. So spreche ich z. B. von „meinem" Gefühl, wenn ich etwas wahrnehme, das entsprechend auf mich wirkt. Auf der anderen Seite kann ich mir aber äußere Formen vorstellen, ohne sie sinnlich wahrgenommen zu haben. Das sind unsere Fantasien und Tagträume. Auf diese Weise löst sich mein Bewusstsein aus der Gegenwart. Es konstruiert Bilder und Vorstellungen, die in einer erhofften oder befürchteten Zukunft liegen, oder es bewegt sich in Vorstellungen einer interpretierten Vergangenheit.

F: Das, was Sie ansprechen, ist eigentlich all das, was mir beim Sitzen Schwierigkeiten bereitet, woran ich ständig hängen bleibe. Den Grund für dieses Hängenbleiben sehe ich in meinem Wollen und Nichtwollen, das sich ständig zwischen die Wahrnehmungen schiebt.

W: Ja. Das Hingeneigtsein oder Abgeneigtsein ist der wirkliche Grund des Festklebens. Die fünf Skandhas selbst sind kein Festkleben. Nur dieses Hin- oder Abgeneigtsein bringt den Prozess von Welt und Ego selbst in Gang. Es erzeugt die Illusion einer Ego-Welt sowie alle Phänomene und Erscheinungen. Buddha hat gesagt, woran man hängt, dadurch tritt man in Erscheinung, woran man nicht hängt, dadurch tritt man nicht in Erscheinung[16].

F: Stimmt es, dass dies alles meine Vorstellungen über das Ich ausmacht?

W: Ja. Was wir als Welt, als Objekt oder als Person bezeichnen, ist in Wirklichkeit nichts Festes, nichts Permanentes, sondern ein fließender Prozess von Formen, Gefühlen, Wahrnehmungen usw. Dieser Prozess ist es, der die Welt erzeugt, jedes Ding und damit auch jede Dualität. Es ist der gleiche Prozess, der meine eigene Vergänglichkeit erzeugt. Festhalten kann nie gelingen – das wird uns auf unserem Kissen klar –, es entgleitet uns immer wieder. Daher ist die Enttäuschung ein notwendiges Element des Ich-Prozesses und verursacht Leid. Das Ich kann nur in der Zeit stattfinden und sucht immer das Gegenteil von Vergänglichkeit. Es will Ruhe finden, indem es versucht, seine Bedürfnisse zu befriedigen. Unser Ich will eine sichere Unterkunft finden, indem es versucht, an diesem oder jenem festzuhalten, doch es entgleitet uns immer wieder. So ist der Wille zum Leben die eigentliche Ursache für unser Leiden. Das Ich ist in Wirklichkeit nur der Tarnname für einen Tyrannen, um den sich die Welt dreht, der sich jedoch nie wirklich zeigt.

F: Können wir durch unser Sitzen der Besonderheit des Ichs auf die Schliche kommen?

W: Ja, aber es bedarf einer ständigen und langjährigen Übung.

F: Wie würden Sie das Ich beschreiben?

W: Ich ist etwas, das die Wünsche, mit denen es verhaftet ist, in mir reflektiert. Das Ich selbst hat keinen Körper und auch kein Kennzeichen. Nur weil wir die Welt und unseren Geist als real betrachten, und weil wir daran hängen, entsteht unser gesamtes psychisches System. Das Ich, das sich tausendmal „ich bin dies" oder „das gehört mir" vorsagt, ist ein privater Ausdruck menschlichen Handelns. Dieses Handeln führt in seinem Resultat dazu, unsere Begierden zu befriedigen. Handeln ist also zu 99 Prozent ein Prozess unseres intellektuellen Erkennens. Seine äußere Struktur ist in Wirklichkeit nichts anderes als die innere Struktur unseres Ichs.

F: Sie sagten, dass unser Handeln zu 99 Prozent ein Prozess unseres Intellekts ist. Aber es gibt doch auch ein unbewusstes Handeln.

W: Das ist richtig, aber eigentlich sehr selten. Wir Menschen überlegen im Grunde genommen immer, *wie* wir etwas tun, *bevor* wir etwas tun. Dieses *Wie* ist ein inneres Mit-Sich-Selbst-Unterhalten. Das ständige Sprechen des inneren Kommentators übt eine gewaltige Herrschaft auf alle Skandhas aus. Durch dieses ständige „Wie" oder „Warum" in mir entsteht ein Zugeneigtsein oder ein Abgeneigtsein. Wir können das beim Sitzen sehr genau beobachten. Eine ganze Kettenreaktion von neuen Kommentatoren ist das Ergebnis. Erst an unserem Widerstand entzündet sich unser Bewusstsein beim Sitzen so richtig. Es ist, wie wenn ich Benzin ins Feuer gieße und damit die eigentlich reine Quelle mit schmutzigem Wasser überflute.

F: Was kann ich beim Sitzen dagegen tun?

W: Nichts, außer es zunächst einmal zu erkennen, für mich selbst zu erkennen. Das Lesen darüber hat nur einen sehr geringen Wert. Wir müssen diese Widerstände wirklich selbst in uns wahrnehmen. Das Denken kann nur durch sich selbst beseitigt werden. Aus diesem Grund dürfen wir es nicht unterdrücken. Das Unterdrücken wäre selbst nur wieder neues Denken. Wir müssen am eigenen Leib erfahren, dass Denken überhaupt nicht unterdrückt werden kann, weil das Unterdrücken selbst nur wieder neues Denken ist.

F: Ist unser Ich mit unserem Denken identisch?

W: Auf den ersten Blick mag das so aussehen, denn die meisten Menschen kennen sich nur denkend und nehmen sich denkend wahr. Sie denken über sich selbst nach. Aber das Denken ist nicht unser Ich.

Denken ist lediglich ein Bewusstseinsvorgang, den wir mit Sätzen und Worten in uns wahrnehmen.

F: Das verstehe ich nicht ganz.

W: Jeder kann das für sich selbst ausprobieren. Wenn Sie beispielsweise ein Wort langsam und mit Pausen dazwischen ständig wiederholen, werden Sie bemerken, dass mit diesem Wort Bilder und Erinnerungen auftauchen. Auf diese Weise aktivieren Sie ihr inneres Plappern und irren wie ein Blinder in den damit verbundenen Gefühlen und Wahrnehmungsfetzen herum. Das ist der alltägliche Zustand des Menschen.

F: Wie würden Sie Gedanken beschreiben?

W: Sie können Gedanken, wenn Sie sie genau beobachten, weder innen noch außen tatsächlich erfassen. Sie tauchen urplötzlich auf und verschwinden auf die gleiche Weise wieder, wie sie gekommen sind. Niemand fragt, ob uns das recht ist. Sie kommen ungerufen und verschwinden wieder, ohne sich zu verabschieden. Sie sind wie ein Zauber, dem wir erliegen. Auf der anderen Seite sind die meisten Gedanken, die wir den Tag über denken, negativ. Das beginnt schon mit dem Aufstehen. „Warum muss ich zur Arbeit gehen? Warum muss ich ständig aufräumen? Warum kann ich nichts dagegen tun?“ Nur durch Gedanken und ein Vorstellen dessen, was eigentlich unwirklich ist, ergeben sich die Wiedergeburten. Wiedergeboren wird immer nur die Ich-Illusion, die durch das Denken erzeugt wird. Aber das ist ein anderes Thema.

F : Aber wir haben doch manchmal auch gute Einfälle?

W: Buddha spricht nie von Einfällen, also von etwas, das in uns hineinfällt, sondern nur vom bewussten oder gewollten Denken. Sie kennen das doch: Plötzlich fällt Ihnen ein, den oder den Freund anzurufen oder einzuladen. Diese Einladung, diese ganz spontane Einladung, hat oft etwas sehr Schönes an sich, und Sie denken sich danach: „Wenn ich alles lange vorher geplant hätte, wäre es bestimmt nicht so schön gewesen.“ Es geht im Zen um eine ungewollte Kontrolle des Denkens, leider wird das oft falsch interpretiert.

F: Wie kann man sein Denken kontrollieren? Gibt es eine Möglichkeit?

W: Wenn ich eine Möglichkeit gefunden hätte, würde ich es Ihnen sofort sagen. Das Kontrollieren des Denkens, was wir ja ständig auf unserem Kissen versuchen, ist eine Illusion. Gedanken können Gedanken nicht betrachten. Zazen ist nicht ein Abschalten von Gedanken oder ein „Mittel" zur Erleuchtung. Zazen *ist* bereits Erleuchtung. Wenn wir bewusst an etwas denken, erschaffen wir eine Wesenheit in uns. Wenn wir absichtsvoll an nichts denken, erschaffen wir eine andere Wesenheit. Das Denken bewusst beenden zu wollen ist selbst nur wieder ein neues Denken, ein neuer Ego-Tanz. Dieser Ego-Tanz ist ein Tanz des Anhaftens und Haben-Wollens, den wir auf uns und auf andere Menschen projizieren. Dadurch erzeugen wir eine Blutspur des Leidens für uns und für andere Menschen. Sie brauchen sich nur die Nachrichten anzusehen. Diesen Tanz nicht zu durchschauen ist Unwissenheit. Dass es bei unserem Sitzen nicht mit intellektueller Einsicht getan ist, macht den Weg steinig und steil. Aber wer den Weg des Zazen einmal betreten hat, ahnt, dass die Aufhebung des Leidens kein leeres Versprechen ist. Der eigentliche Weg dahin ist die Erfahrung der Leerheit.

F: Glauben Sie, dass es eine wechselseitige Abhängigkeit von Form und Leere gibt?

W: Ausatmen ist nicht ohne Einatmen möglich. Ohne die Hand zu öffnen, können Sie nichts bekommen. Weibliches existiert nur in Bezug zum Männlichen. Gäbe es nur das Weibliche, hätte es keine Bedeutung mehr. Auf die gleiche Weise existieren die Phänomene nur in Bezug zur Leerheit. Wäre der Winter dem Winter verhaftet, würde also der Winter am Winter festkleben, gäbe es keinen Frühling. Die Praxis des Sitzens lehrt uns zu verstehen, dass jede Situation nur in Beziehung zur anderen bestehen kann.

F: Das ist mir klar. Aus diesem Grund vergleichen wir ja auch Situationen miteinander. Gäbe es nur eine einzige Situation, hätten wir keine Vergleiche, ja es gäbe die Situation eigentlich gar nicht mehr. Ist das nicht ungeheuerlich?

W: Das ist es. Wer Leerheit wirklich verstehen will, muss die Phänomene, also die Dinge, die uns umgeben, verstehen und umgekehrt. Dabei geht es natürlich nicht um ein intellektuelles Verständnis. Wer das versteht, braucht die Dinge dieser Welt nicht zurückzuweisen. Auch ist es nicht erforderlich, Illusionen zurückzuweisen, um Erleuchtung zu erlangen. Wenn wir sehen könnten, dass unsere Illusionen absolut leer sind, wäre es uns gar nicht mehr möglich, an ihnen zu hängen. Im Zen geht es nur darum, wirklich zu sehen und sich nicht einfach nur vorzustellen, dass man sieht. Das Absolute ist nicht von unseren Sinnesorganen getrennt. Viele Zen-Meister sind durch Berührung mit den Dingen dieser Welt erwacht. Kyogen, als er den Klang eines Kieselsteins hörte, der auf den Bambus schlug, Buddha, als er den Morgenstern sah; Gensha, als er sich seinen Zeh an einem Stein anstieß, und Dogen, als er den Klang des Kyusaku hörte. Die Liste hat kein Ende. Nur die Illusion kann die große Erleuchtung suchen. Außerhalb der Illusion können wir niemals Erleuchtung finden.

F: Gibt es verschiedene Sichtweisen in Bezug auf die absolute Wirklichkeit?

W: Es gibt natürlich Unterschiede entsprechend der Sichtweise. Nehmen Sie einmal einen Berg. Aus der Ferne betrachtet gleicht er vielleicht einer dunstigen Wolke. Kommen Sie aber ein bisschen näher heran, sehen Sie grüne Erhebungen mit deutlichen Umrissen. Wenn Sie den Berg jedoch ganz hinaufsteigen, erkennen Sie ihn, wie er tatsächlich ist. Sie sehen jeden Grashalm, jeden Baum, jeden Stein, jede Unebenheit des Weges. Trotzdem, die absolute Wirklichkeit ist immer da, ob wir darum wissen oder nicht. Stellen Sie sich einen kranken Menschen vor. Er isst, trinkt und schläft wie der Gesunde. Aber all sein Tun ist leidvoll. Wenn der Kranke nun hört, dass auch der Gesunde isst, trinkt und schläft, glaubt er, es wäre genauso leidvoll. Es ist also nur der Zustand des Kranken, der sich vom Gesunden unterscheidet.

F: Sie meinen, nur auf Grund falscher Vorstellungen erfahren wir diese absolute Wirklichkeit nicht?

W: Ja. Wenn wir verstehen bzw. erfahren könnten, dass wir nicht dieser Körper sind, wären wir sofort frei von unseren falschen Vorstellungen. Schauen Sie, ich befinde mich jetzt in diesem Körper eines 55-

jährigen Mannes. Das war nicht immer so. Vor 30 Jahren war ich noch nicht dieser Körper. Wir verwandeln uns und bleiben scheinbar doch der gleiche, abgesehen davon, dass sich meine Meinungen und Ansichten ändern. Deshalb bin ich nicht dieser Körper. Ich existierte im Körper eines Säuglings, ich existierte im Körper eines Kindes, ich existierte im Körper eines Jugendlichen. Ich habe viele Körper gewechselt und bin doch immer dieselbe Person. So scheint es jedenfalls. Ich bin also nicht dieser Körper. Sie tragen jetzt ein graues Kleid, morgen vielleicht ein blaues. Aber Sie sind nicht dieses Kleid, Sie wechseln es nur. Wir müssen verstehen, dass wir mit diesem Körper nicht identisch sind und dass das, was wir sind, sich nur in diesem Körper ausdrückt und als dieser Körper erscheint. Solange wir nicht erfahren haben, dass wir nicht dieser Körper sind, werden wir in Angst vor dem Tod leben. Wer aber erfahren hat, dass er nicht dieser Körper ist, hat auch keine Angst mehr vor dem Tod, weil er weiß, dass er nicht sterben kann. Damit Leid entsteht, muss ein Lebewesen geboren werden und sich in einer gewissen Zeitspanne eingeschlossen sehen.

F: Könnte man sagen, ich bin das, was diesen Körper aktiviert?

W: Ja, das trifft es genauer. Ich bewohne diesen Körper nur so, wie ich ein Zimmer bewohne und es mit Leben erfülle. Wenn wir aber unser Interesse nur allein auf das Zimmer richten, begehen wir einen großen Fehler. Wir sind nicht dieser Körper, wir sind spirituelle Wesen. Wir sind das aktive Prinzip, das diesen Körper lebendig macht und vollkommen durchdringt. Im Zazen wird erfahrbar, dass dieser Körper nur durch mein Bewusstsein ausgefüllt wird, d. h. gefühlt, gesehen oder benannt wird.

F: Form und Leere gehören also zusammen, das eine ist ohne das andere nicht möglich?

W: Ja, und die beidseitige Umarmung von Form und Leere, wie es im Koan von Sejo und ihrer Seele zum Ausdruck kommt, die Verschränkung und gegenseitige Durchdringung lässt die ganze Schöpfung aus sich hervorgehen. Nehmen Sie als Beispiel ein Huhn. Es gibt mit seinem Hinterteil Eier und frisst mit dem Schnabel. Der Bauer überlegt nun: Der obere Teil kostet mich viel, weil ich ihn füttern muss. Ich schneide ihn besser ab. Wenn aber der Kopf fehlt, gibt es keine Eier mehr.

13. Kapitel
Shikantaza

F: Ich würde heute gerne einmal auf die Wahrnehmung im Zusammenhang mit Shikantaza zu sprechen kommen.

W: Sehr gerne.

F: Wie unterscheidet sich Ihrer Meinung nach die Wahrnehmung des Alltagsmenschen von der Wahrnehmung eines Menschen, der schon jahrelang meditiert?

W: Grob gesagt läuft das Wahrnehmen in drei Stufen ab. Die erste Stufe ist ein unbewusstes Wahrnehmen, sie führt dann weiter zu einem bewussten Wahrnehmen und endet schließlich wieder in einem unbewussten Wahrnehmen, das sich allerdings von der ersten Stufe grundlegend unterscheidet. Ein Zen-Meister hat es einmal so ausgedrückt: Am Anfang sind die Berge Berge und die Flüsse Flüsse. Dann sind die Berge nicht mehr Berge und die Flüsse nicht mehr Flüsse. Am Ende aber sind die Berge wieder Berge und die Flüsse wieder Flüsse. Wir können keine dieser drei Stufen überspringen.

F: Das verstehe ich nicht.

W: Ich habe diese drei Stufen in neun Teile unterteilt. Auf der ersten Stufe steht der Alltagsmensch, der den ganzen Tag über denkt, sich aber dieses ständigen Denkvorgangs nicht bewusst ist. Er merkt es deshalb nicht, weil er sich vollständig mit diesem Denken identifiziert. Es ist vielleicht vergleichbar mit einem Kinofilm, in dem ein Mensch die Hauptrolle spielt, sich dessen aber nicht bewusst ist. Er weiß nicht, dass es nur ein Film ist.

F: „Du kannst nicht einmal richtig logisch denken" ist eine der größten Beleidigungen, die ein Mensch einem anderen an den Kopf werfen kann.

W: Das heißt, du bist es nicht wert, dass ich mich mit dir unterhalte, du bist mir zu dumm. In dieser Anfangsphase drehen wir die Argumente hin und her, betrachten sie von allen Seiten, nur um am Ende möglichst gut dazustehen. Wir diskutieren in diesem Stadium gerne und freuen uns, wenn wir aus diesen Rededuellen schließlich siegreich hervorgehen. Durch irgendwelche Umstände lernt dieser Mensch jedoch die Meditation kennen. Der „Neuling auf dem Weg" ist die zweite Stufe. Er wird sich beim Sitzen dieses ständigen Denkens bewusst und versucht, es zu unterdrücken oder gar loszuwerden.

F: Daran kann ich mich gut erinnern. Allerdings dauert es eine ganze Zeit, bis man merkt, dass es so nicht funktioniert.

W: Ja, genau das Gegenteil passiert. Man wird von den Gedanken geradezu überfallen. Aber wir müssen es wirklich erfahren! Selbst wenn es einem gesagt wird, hilft es nichts. Ich erinnere mich gut an Worte wie: „Betrachte deine Gedanken wie die Wolken am Himmel, und lass sie einfach vorüberziehen." Das klingt wirklich gut, tatsächlich hilft es auf dieser zweiten Stufe nur wenig. Immerhin kennt man schließlich die Richtung.

F: Hinzu kommen Sätze aus dem Sutra Shinjin-mei, wo es heißt: „Schneide Worte und Gedanken ab und ES durchdringt alles"[17].

W: Also sind wir der Meinung, Gedanken dürfen nicht sein. Ich muss sie abschneiden. Wenn ich aber mitten in einem Gedanken bin, ist dies gar nicht möglich, denn ich identifiziere mich ja vollkommen damit. Es ist vergleichbar mit einem Traum, den ich gerade träume. Während des Traumes bin ich mir des Traumes überhaupt nicht bewusst. Ich kann den Traum nicht willentlich beenden.

F: Und wie komme ich aus diesem Dilemma heraus?

W: Indem wir einen Lehrer finden. Die dritte Stufe wird eingeleitet durch die Anweisung des Lehrers, sich auf den Atem zu konzentrieren.

F: Aber dieses Üben mit dem Atem hat auch seine Tücken. Auf der einen Seite wird ständig gesagt, das Ego zurückzunehmen, auf der anderen Seite bemerke ich, je mehr ich mich auf meinen Atem konzentriere, desto klarer wird mir, dass ich im Grunde genommen meinen Atem ständig manipuliere. Ich verlängere oder verkürze ihn.

W: Das geschieht besonders beim Endpunkt oder Anfangspunkt des Atmens. Es wird uns bewusst, dass wir den Atem nicht einfach so lassen können, wie er wirklich ist. Die Anweisung, dem Atem zuzuschauen, klingt gut und ist vollkommen richtig, aber auch sehr schwer. Dazu kommt, dass wir immer noch nicht frei von Gedanken sind. Sie ziehen uns ständig von der Atembeobachtung weg, und wir sind manchmal verzweifelt, weil es uns einfach nicht gelingt, auch nur für kurze Zeit beim Atem zu bleiben. Das Los-Werden-Wollen von Gedanken ist noch da, und es wird uns immer bewusster, dass uns die Gedanken und die damit verbundenen Gefühle hierhin und dorthin zerren. Wir empfinden uns als Sklaven unseres Denkens, und das ist gut so. Auch diese dritte Stufe können wir nicht überspringen.

F: Welches ist die vierte Stufe?

W: Auf der vierten Stufe ersetze ich für meine Schüler das Wort „Denken" durch das Wort „Kommentator". Damit tun sich viele leichter. Sie erkennen den Kommentator schneller, wenn ihnen klar wird, dass dieser Kommentator eine innere Stimme ist, dass ich aber auch ein inneres Gehör habe, diesen Kommentator zu erkennen. Wenn wir einen x-beliebigen Satz in uns einige Male wiederholen, können wir erkennen, wo dieser Kommentator sitzt und wie er sich anfühlt, wenn er auftaucht.

F: Aber es gibt doch auch Pausen, in denen der Kommentator schweigt?

W: Ja. Gerade diese Pausen sind sehr wertvoll. Hier kann ich einfach wahrnehmen, was tatsächlich ist. Diese vierte Stufe ist gekennzeichnet durch eine ständige Abwechslung von Kommentator und Ruhephasen. Von hier aus kann ich in die fünfte Stufe eintreten, die Wortlosigkeit.

F: Was meinen Sie damit?

W: Die fünfte Stufe ist nichts Gemachtes, vielmehr etwas Natürliches, d. h., der Kommentator wird schneller erkannt, und die Pausen werden länger. Dadurch ist ein längeres Verweilen im Augenblick selbst möglich. Ich nehme einfach das Gefühl in den Beinen wahr, die Stimmen der Vögel oder die Bewegung der Bauchdecke, aber es ist niemand da, der diese Dinge in mir benennt, z. B. „Bauch", „Beine", „Vögel." Die Pausen sind also wortlos. Dadurch wird unser Sitzen leichter.

F: Trotzdem taucht aber der Kommentator immer wieder auf?

W: Das ist richtig und auch wichtig. Eine künstlich geschaffene Ruhe wäre das größte Gift und wird als „totes Zen“ bezeichnet. Die sechste Stufe bezieht sich auf den Unterschied von Wahrnehmen und Erkennen.

F: Ist das nicht dasselbe?

W: Das könnte man meinen. Den Unterschied zwischen Erkennen und Wahrnehmen feststellen kann nur ein äußerst geschärftes Bewusstsein. Als Erkennen betrachte ich den Anfang des Augenblicks; als Wahrnehmen das Verweilen im Augenblick. Wenn ich sehr aufmerksam sitze, wenn ich mir sozusagen keinen Augenblick entgehen lasse, werde ich sehr schnell die einzelnen Augenblicke wahrnehmen, ohne sie zu benennen. Dieses Nicht-Benennen ist sehr wichtig. Wenn ich mein Bewusstsein freilasse und hinwenden lasse, wohin es sich wenden will, werde ich feststellen, dass das etwas sehr Befreiendes an sich hat. Ich kann an diesem Punkt bemerken, dass mein Bewusstsein mehr oder weniger lang in diesem Augenblick verweilt, dass dieser Augenblick aber etwas sehr Dynamisches in sich hat. Er ist Bewegung pur. Nehmen Sie beispielsweise das Hören. Da ist ein vorbeifahrendes Auto, ein Klang, der leise entsteht, an Lautstärke zunimmt und wieder leiser wird, bis nur noch der zwitschernde Vogel hörbar ist. Die Pausen in seinem Zwitschern werden gefüllt vom Husten meines Sitznachbarn oder der Bewegung der Bauchdecke. Eine Frau berichtete mir einmal während eines Sesshins, dass ihr fast schwindelig wurde von dem rasanten Tempo, in dem diese Augenblicke auftauchen. Ein intellektuelles Benennen wäre gar nicht mehr möglich.

F: Welche Stufe schließt sich daran an?

W: Die siebte Stufe zeichnet sich dadurch aus, dass die Kommentare immer kürzer werden. Das kommt daher, dass ich den Kommentator bereits am Anfang des Gedankens erkenne. Dieses Erkennen ist das Abschneiden des Gedankens, ich habe in diesem Augenblick die freie Wahl, ob ich den Gedanken weiterspinne, weil er mich fasziniert, oder ob ich ihn fallenlasse.

F: Liegt also im Erkennen des Gedankens bereits sein Ende?

W: Ja. Es geht im Zen letztlich nur um dieses Erkennen. Zen könnte man beschreiben als die Übung „Was ist jetzt“, ohne Benennung oder Bewertung, also ohne Worte, gleichsam ein Verweilen in Sprachlosigkeit. Daran schließt sich die achte Stufe an: Alles darf sein.

F: Bedeutet das, dass auch der Kommentator sein darf?

W: Ja. Alles darf sein, alles darf auftauchen, der Kommentator, Geräusche, Gefühle, Schmerzen oder Ängste. Es geht nur um das Erkennen und wortlose Wahrnehmen. Dieses wortlose Wahrnehmen beinhaltet die letzte und neunte Stufe, die Ichlosigkeit. Wo kein Benennen mehr stattfindet, ist auch kein Ich mehr anwesend. Da ist ein Gefühl im Bein, aber kein Bein mehr. Die Bewegung der Bauchdecke, aber kein Körper mehr. Da ist ein Geräusch, aber niemand mehr, der es wahrnimmt. Ich habe mich gleichsam in der Wahrnehmung verloren.

F: Wäre es Ihnen möglich, mich in diese Übung des Shikantaza praktisch einzuführen?

W: Gerne, wenn Sie es wollen. Nehmen Sie Ihr Kissen und setzen Sie sich auf den Boden. Schließen Sie die Augen. Setzen Sie sich aufrecht hin. Drücken Sie die Wirbelsäule ein wenig durch und lassen Sie den Kopf leicht nach unten sinken. Beide Schultern entspannen sich und fallen nach unten. Nehmen Sie jetzt die Spannung aus dem Bauchraum und beobachten Sie, wie sich Ihre Bauchdecke leicht nach vorne wölbt. Sie spüren jetzt das gleichmäßige Heben und Senken der Bauchdecke. Sie machen nichts mit dem Atem, lassen ihn, wie er ist, so tief oder so flach, wie er sein will. Wenden Sie jetzt Ihre Aufmerksamkeit in den Kopfraum und lernen Sie zunächst ihren Kommentator kennen. Nehmen Sie einen kurzen Satz, z. B. „der Himmel ist blau“, und lassen Sie diesen Satz den Kommentator in Ihnen einige Male sprechen. Auf diese Weise lernen Sie Ihr Denken kennen. Finden Sie heraus, in welchem Bereich es sich befindet. Sprechen Sie denselben Satz noch einige Male und beobachten Sie seinen inneren Klang. Wiederholen Sie denselben Satz noch einmal, aber lassen Sie jetzt Pausen dazwischen. Konzentriere Sie sich dabei auf die Leerräume, die in den Pausen entstehen. Sie können feststellen, dass dieser Leerraum nicht leer ist, sondern angefüllt mit Augenblicken der Wahrnehmung. Sie hören, aber es ist niemand da, der das Gehörte benennt. Wenden Sie Ihre Aufmerksamkeit immer wieder in den Bereich hinein, in dem Sie zuvor den Kommentator wahrgenommen haben. Ihr Bewusstsein ist jetzt in dem Zustand, in dem sich ein Baby befindet. Es hört auf die gleiche Weise wie Sie, aber es hat noch keine Worte dafür. Lassen Sie jetzt Ihr Bewusstsein wie einen dem Käfig entkommenen Vogel frei fliegen und schauen Sie zu, wohin es sich wendet, zum Ton, zum Geräusch, zum Gefühl in den Beinen oder zum Atem. Schauen Sie immer wieder nach, ob der Kommentator schweigt, und lassen Sie sich auf die einzelnen Augenblicke ganz ein. Sie können feststellen, dass die Zeiträume der reinen Beobachtung größer werden und der Kommentator, wenn er auftaucht, schneller erkannt wird. Lenken Sie jetzt Ihre Aufmerksamkeit noch einmal zu der Bewegung der Bauchdecke. Sie spüren das Heben und Senken – dieses kommentarlose Heben und Senken – die reine Bewegung, den reinen Augenblick ohne Benennung, ein kommentarloses Sein. Da ist nur dieses Gefühl, aber keiner mehr, der es benennt. Sie hören meine Stimme, aber sie hat keine Bedeutung mehr. Ohne dieses ständige Benennen durch den Kommentator fallen alle körperlichen Grenzen weg. Das Gefühl ist vergleichbar einem Spüren in einem grenzenlosen, weiten Raum. In Ihnen ist es ganz still, ganz ruhig geworden. Lassen Sie Ihr Bewusstsein sich hinwenden, wohin es will. Da ist ein Spüren ohne Gegenüber, ein Wahrnehmen ohne Objekt, eine Wahrnehmung ohne Wissen, ohne Betrachter. Die Grenzen des Körpers sind weggefallen, nur noch das Hören und Spüren in diesem raumlosen Raum. In diesem Prozess darf jetzt auch der Kommentator auftauchen, wenn er will. Im Erkennen liegt der Weg. In diesem Erkennen liegt bereits sein Ende, und Sie haben die freie Wahl, den Gedanken weiterzuspinnen oder ihn loszulassen. Alles darf sein, wie es ist. Grenzenlose Freiheit. Gefühle tauchen auf, Ihr Bewusstsein verweilt darin, solange es will, und ein neuer Augenblick entsteht. Sie sind ganz klar, da ist kein Dösen, nur volle Aufmerksamkeit. Dieser Raum ist ein Raum der namenlosen Augenblicke. Er ist zeitlos und ohne Begrenzung. Sie sind, ohne zu sein. Die Wahrnehmung nimmt sich selbst wahr. Bleiben Sie in diesem Zustand, auch wenn Sie jetzt die Augen öffnen. Denken Sie nicht darüber nach und beginnen Sie nicht, das Erlebte zu analysieren. Bleiben Sie in diesem Baby-Bewusstsein. Worte sind bedeutungslos. Die Welt, die Sie sehen, ist weder in Ihnen noch außerhalb von Ihnen. Alles geschieht von ganz alleine.

14. Kapitel
Die Entwicklung des Bewusstseins

F: Wir wissen heute, dass die Evolution mit dem sogenannten Urknall begonnen hat. Sie entwickelte sich von einfachen, gefühl- und leblosen Atomen hin zu pflanzlichem Leben, dann über die Vegetation hinaus zu einfachen tierischen Formen wie Amphibien und Reptilien und später zu höheren Formen, den Säugetieren. All dies zusammen bildete den Unterbau, auf den das menschliche Bewusstsein gebaut werden sollte.

W: So erklärt es die Wissenschaft. Für mich gibt es nur zwei Zustände, in denen ein Mensch vollkommen glücklich ist. Der eine Zustand ist der Schlaf im Unbewussten, der andere das Erwachtsein im Absoluten. Alles dazwischen ist Leiden in verschiedenen Graden.

F: Es steht also fest, dass jede Stufe der Evolution zwar über ihre Vorgänger hinausgeht, diese aber integrieren muss.

W: Mit anderen Worten, jede Stufe der Evolution übersteigt und integriert alle vorherigen. Dies nennt man transzendieren.

F: Transzendenz ist also ein Prozess des Darüber-hinaus-Gehens und gleichzeitigen Integrierens?

W: Ja. Pflanzen zum Beispiel gingen über leblose Materie und Mineralien hinaus, bewahrten sie aber in ihrer biologischen Zusammensetzung. Tiere gingen über einfache pflanzliche Lebensformen hinaus, schlossen deren Leben aber in ihren körperlichen Aufbau mit ein. Ebenso entwickelte sich der Mensch über das Animalische hinaus, behielt aber auch einige animalische Eigenschaften.

F: Der Mensch trägt also sämtliche frühen Stufen der Evolution in sich, hat sie jedoch alle überschritten?

W: Ja. Aber auch wenn der Mensch das Animalische überschritt, musste er es doch von Anfang an miteinbeziehen und hindurchwachsen.

F: Wie könnte das Bewusstsein der ersten Menschen beschrieben werden?

W: Der Mensch ging anfangs seinen Weg und war eingehüllt in die unbewussten Bereiche von Natur und Körper, von Pflanze und Tier. Diese Bewusstseinsebene wird auch archaisch genannt. Dies war die Zeit vor dem Dualismus, vor jedem intellektuellen Wissen und vor dem Ich-Bewusstsein. Der Mensch konnte sich in dieser Zeit nicht von der Welt unterscheiden. Das heißt, die Welt des archaischen Menschen war eine undifferenzierte Welt. Sein Bewusstsein war eine naturhafte Welt, und es fehlte ihm die klare Unterscheidung zwischen sich und der Natur. Er war nicht fähig zu echter gedanklicher Überlegung oder sprachlichem Ausdruck. Dieser Urmensch war ohne Ängste, ohne wirkliches Begreifen des Todes und ohne Existenzangst. Er war selbstbezogen, paradiesisch und reptilhaft.

F: Aus diesem Grunde war wohl auch das ursprüngliche Symbol eine Schlange?

W: Ja. Wir kennen dieses Symbol aus der Bibel. Der Mensch befand sich gleichsam in einem träumerischen Zustand, in dem er sich selbst noch nicht als von allem anderen getrennt erkannte. Er führte noch kein ich-bewusstes Leben. Viele Religionsanthropologen bezeichnen diesen Zustand mit Vorliebe als engelhaft, weil er vor dem Entstehen von Vernunft, Logik und Persönlichkeit bestand. Dieser archaische Zustand könnte zwar als selig betrachtet werden, gleichwohl war es eine Seligkeit der Unwissenheit und nicht der Transzendenz. Der Bewusstseins-Zustand dieser Menschen wurde nur von den einfachsten Wahrnehmungen, Empfindungen und Gefühlen beherrscht.

F: Was mag ein solcher Mensch in dieser Urzeit wohl erlebt haben, bevor er die Sprache und sein Selbstbewusstsein entwickelte?

W: Es war sicher eine unbewusst erlebte Harmonie und ein unreflektiertes Eingebettetsein in dem Ganzen. Sobald wir jedoch dieses verlorene Paradies hinter uns lassen, kommen wir zu jenen frühen Zeiten, die sich schon etwas genauer beschreiben lassen. Die ersten Menschen, die auf der Erde lebten, waren in erster Linie Jäger und Sammler, aber sie waren auch Magier. Diese Bewusstseinsebene wird deshalb auch magisches Bewusstsein genannt.

F: Was erlebten diese Menschen, als sie sich langsam aus dem archaischen Schlummer-Bewusstsein lösten?

W: Die Genesis berichtet uns, als der Mensch vom Baum der Erkenntnis aß, habe er seine Unschuld verloren und sei aus dem Paradies ausgestoßen worden, hinaus in Raum, Zeit und Persönlichkeit. Zunächst einmal begannen sich die Menschen ihrer eigenen, getrennten Existenz bewusst zu werden, mit allen darin liegenden Möglichkeiten und Gefahren. Sie begannen, ihren Mangel an Geist langsam zu erfassen und bewusst darunter zu leiden. Der Mensch war jetzt nicht mehr mit der naturhaften Welt verschmolzen, trotzdem fühlte er sich mit ihr immer noch verbunden.

F: Wie würden Sie das Verhalten eines solchen Menschen beschreiben?

W: Der Mensch auf dieser Ebene hatte sicher große Schwierigkeiten, zwischen Träumen und einer äußeren Wirklichkeit zu unterscheiden. Er hatte ja noch keine Sprache. Er neigte sicher dazu, wie ein Mensch es beim Träumen tut, die Psyche mit der äußeren Realität zu verwechseln. Was auch immer er erlebte, für ihn war es wahr, einfach weil er es erfahren hatte.

F: Als es dem Menschen gelang, diese Verschmelzung von Ich und Natur zu sprengen, schützte ihn nichts mehr vor seiner eigenen Sterblichkeit.

W: Ja. Der Mensch erwachte zu seiner Endlichkeit. Um in dieser schwierigen Situation leben zu können, musste er sein abgetrenntes Wesen gegen den Tod verteidigen und versuchen, es dauerhaft und unsterblich erscheinen zu lassen.

F: In diesem magischen Zeitalter dämmert dem Menschen also bereits das Wissen um den Tod?

W: Ja. Sobald der Mensch aus seinem archaischen Schlummer herausgetreten war, sah er sich existenziell bedroht. Ab jetzt war er mit dem Stigma des Todes behaftet.

F: Was hat der Mensch damals unternommen, als er dies erkannt hatte?

W: Der Mensch hatte zwei Möglichkeiten. Er konnte den Tod leugnen und verdrängen, oder er konnte ihn transzendieren. Solange er sich jedoch an sein separates Wesen klammerte, musste er Tod und Todesangst verdrängen. Er konnte überhaupt nichts tun, um diese Todesangst loszuwerden, denn er selbst war die Todesangst. Beide entstehen gemeinsam und können auch nur gemeinsam vergehen. Auf dieser magischen Ebene ist die Leugnung des Todes so primitiv, dass sie diese Bezeichnung kaum verdient.

F: Wie drückt sich dieses Verleugnen aus?

W: Es drückt sich in einem instinktiven Verlangen nach Nahrung aus. Der Mensch auf dieser Stufe leugnet den Tod, indem er Nahrung aufnimmt. Keine Nahrung bedeutet gleichsam Tod.

F: Für diesen Menschen bedeutete also ein voller Magen Unsterblichkeit?

W: Ja. Ein voller Magen kümmert sich nicht um morgen. In dieser frühen Zeit reichte das Essen aus, um den Tod zu verdrängen, der Mensch kümmerte sich noch nicht um die Zukunft. Tatsächlich hatte er auch noch nicht das Bedürfnis dazu, weil, praktisch gesehen, das nächste Jahr für ihn noch gar nicht existierte. Seine Unsterblichkeit lag einfach darin, zu leben. Sein Alltag bestand aus der Jagd, aber die tägliche Aufgabe, töten zu müssen, um leben zu können, schuf natürlich Situationen der Furcht. Man brauchte daher machtvolle Magie. Wer die Magie am besten beherrschte, bewies die größte Fähigkeit, den Tod abzuwenden. Die Magie wurde angewendet, um sich vor dem eigenen Tod zu schützen oder ihn anderen zuzufügen.

F: Würden Sie sagen, dass der Geist des Menschen bereits so weit entwickelt war, dass er sein Ich vom Körper differenzieren konnte?

W: Der Mensch hat erst sehr spät in seiner evolutionären Laufbahn gelernt, sein Ich vom Körper klar zu unterscheiden. Der magische Mensch war noch mit allen anderen Körpern aus der Natur verbunden, vom Vogel bis zum Bären oder Löwen. Es gab noch kein mentales Ego. Sein Ich war ein reines Körper-Ich und seine Welt mit magischen Kräften geladen. Das bedeutet, dass jede Person, jedes Ding mit jedem anderen austauschbar ist.

F: Die magischen Rituale kann man schließlich auch in der primitiven Kunst und in Höhlenmalereien erkennen.

W: Ja. Ein Mann zeichnet zum Beispiel einen Büffel am Abend in den Sand. Trifft dann der erste Sonnenstrahl die Zeichnung, schießt er einen Pfeil auf das gezeichnete Tier ab, womit er es tötet. Später erlegt er es wirklich.

F: Uns heutigen Menschen ist diese magische Atmosphäre durch den Voodoo-Zauber bekannt. Dabei stößt man Nadeln in die puppenförmige Nachbildung eines Menschen und versucht somit, eine Veränderung bei einer vorgestellten Person zu bewirken.

W: Sie können daran erkennen, dass dieses Bewusstsein immer noch in uns nachwirkt und vorhanden ist. Die primitiven Menschen konnten diese magische Ebene, die uns modernen Menschen eigentlich nur noch in Träumen erhalten ist, offensichtlich auch im Wachzustand erfahren. Folgen wir den Spuren der frühesten menschlichen Gemeinschaften weiter, dann treffen wir auf einen Aspekt, der alle anderen überragt.

F: Was meinen Sie damit?

W: Es handelt sich dabei um ein sehr außergewöhnliches Individuum, den Schamanen. Ich glaube, man kann heute mit absoluter Sicherheit sagen, dass der Schamane der erste Reisende ins Reich des Absoluten war. Kein Wunder also, dass sein klassisches Symbol der Vogel wurde.

F: In einer paläolithischen Höhle in Südfrankreich gibt es die Zeichnung eines Schamanen im Vogelgewand. Neben ihm sitzt ein Vogel.

W: In Indien gibt man einem Yogi-Meister den Ehrennamen „Paramahamsa", d. h. Wildganter, und in China stellt man die sogenannten Bergheiligen wie gefiederte Vögel dar. Das Symbol des Vogels wurde schon immer als ein Zeichen für spirituelle Macht verwendet. Schließlich sind die Engel nichts weiter als modifizierte Vögel, die als Übermittler spiritueller Botschaften angesehen werden.

F: Die schamanische Erfahrung ist also ein erster Durchbruch zu höheren Formen des Menschseins?

W: Ja. Sie beinhaltet nichts weniger als die Transzendenz des Ichs. Alles, wogegen sich das Ich zur Wehr setzt, akzeptiert der Schamane und geht durch das hindurch.

F: Sie sind der Meinung, dass der Mensch eigentlich von Anbeginn an nach der Einheit strebte, sich aber dennoch mit allen Mitteln wehrte, weil es gleichsam die Annahme von Tod bedeutet?

W: Ja. Gerade deshalb schafft er sich auch viele verschiedene Formen von Ersatz. Die Euros heute und die Tierhäute damals sind Ersatzformen, mit denen wir bis heute herumlaufen.

F: Gott sei Dank sind wir Menschen von heute dem magischen Zeitalter entstiegen…

W: … ihm aber noch nicht ganz entkommen. Es schlummert immer noch in jedem von uns.

F: Wie hat sich dann das menschliche Bewusstsein weiterentwickelt?

W: Ich habe vom archaischen Bewusstsein des Menschen gesprochen, einer Zeit vor dem Dualismus, vor dem intellektuellen Wissen, vor dem Ego-Bewusstsein. Der Mensch erfuhr sich anfänglich als ununterscheidbar von der Welt. Ihm fehlte die klare Unterscheidung zwischen sich und der Natur. Darauf folgte das magische Bewusstsein. Die Menschen begannen sich ihrer eigenen getrennten Existenz bewusst zu werden, sie fühlten sich jedoch immer noch mit der Natur auf magische Weise verbunden. Der Mensch begann zu seiner Endlichkeit zu erwachen. Ab jetzt war er mit dem Stigma des Todes behaftet. Es gibt verschiedene Wege, den Tod zu leugnen und zu verdrängen. Der eine Weg bedient sich der Zeit, der andere der Kultur. Offensichtlich hat etwas, das stirbt, keine Zukunft. Leugnet aber der Mensch den Tod, dann hat er eine Zukunft, dann hat er Zeit.

F: Den Tod leugnen heißt also eine Zukunft haben?

W: Ja. Dies ist die Geburt des Zeitempfindens. Der Mensch hat die Zeit entdeckt. Um den Tod zu vermeiden, stellt sich der Mensch vor, dass er in der Zeit voranschreitet. Er möchte sich ja auch morgen noch antreffen. So nimmt der Mensch den Kampf gegen den Tod auf, nämlich in Form einer Beschäftigung mit der Vergangenheit und der Zukunft.

F: Zeit ist für ihn also ein Ersatz für die Ewigkeit?

W: Ja. Sie erlaubt ihm die Illusion, weiter und immer weiter leben zu können. Seit es ein separates Ich gibt, gibt es auch die Zeit. Schließlich will sich der Mensch sicher sein, dass der Tod heute noch nicht anklopfen wird. Die Menschheit war im Begriff aufzuwachen, und zwar sehr schnell aufzuwachen. Da geschah etwas Bemerkenswertes, die Menschheit entdeckte den Ackerbau.

F: Nichts weiter?

W: Das scheint auf den ersten Blick ein unbedeutendes Ereignis zu sein. Und doch war der Ackerbau der Übergang vom magischen zum mythischen Bewusstsein. Das muss man sich erst einmal klar machen. Viele tausend Jahre lang wanderten die Menschen als Jäger und Sammler über unsere Erde, nur auf den Tagesbedarf eingestellt und ohne ihr Denken auf das Morgen zu richten.

F: Was ist denn in der Welt des Ackerbaus anders?

W: Es begann eine Zeit, in der man imstande war, Handlungen auf zukünftige Ziele auszurichten. Der Ackerbauer arbeitete nicht mehr für die Gegenwart, sondern für das Morgen. Das bedingte natürlich die Ausweitung seiner Gedanken und seiner Bewusstheit weit über die Gegenwart hinaus, sicherlich keine geringe Leistung. Dieses Ackerbaubewusstsein steckt auch im Gehaltsempfänger von heute mit seinen Gewinnbeteiligungen, seiner Krankenversicherung und seiner Rente.

F: Aber warum geben Menschen auf einmal freiwillig ihre instinktiven Befriedigungen zugunsten von etwas anderem auf? Warum geht es auf einmal um das Brot von morgen und nicht mehr um das Brot von heute?

W: Was den Anstoß gab, war das Aufkommen einer differenzierteren Sprache. Der Jäger besaß noch keine entwickelte Sprache. Er war weitgehend nur Körper-Ich mit magischen Bildvorstellungen. Seine Sprache bestand aus wenigen Worten. Jetzt aber erlaubte diese Erweiterung des Bewusstseins dem Menschen, sich die Zukunft vorzustellen und für sie zu planen. Gleichzeitig wurde ihm auch seine eigene Sterblichkeit bewusst, was ihn nun dazu zwang, sein Leben in die Zukunft zu projizieren, damit er sicher sein konnte, sich auch morgen noch anzutreffen. Ackerbau bedeutete also eine Art Lebensversicherung, sozusagen eine vorbeugende Maßnahme gegen den Tod. Auch Gräber wurden jetzt allgemein üblich. Dies bedeutete eine allgemeine Angst und Respekt vor dem Tod. Die Menschen wurden sich ihrer existenziellen Verwundbarkeit bewusst und nahmen wahr, dass sie auf dieser Erde nicht sicher sind.

F: Ist dies möglicherweise der Ursprung von Religion?

W: Vor dieser Periode der Gruppenzugehörigkeit verstanden die Menschen nicht, dass es *Einen* Urgrund oder *Eine* Gottheit gibt, die allem zugrunde liegt. Zu dieser Zeit gab es einen Gott des Feuers, eine Göttin der Winde, einen Gott der Vulkane. Dabei handelte es sich also um Personifizierungen von Naturkräften.

F: Gab es damals auch einen alles überragenden Gott?

W: Ja. Die alles überragende Gestalt in dieser mythischen Epoche ist zweifellos die Große Mutter. Sie wurde in den Dörfern der Neusteinzeit als mildtätige Göttin, Ernährerin und Empfängerin der Toten, aber auch als große Zerstörerin verehrt. Die mit der Großen Mutter verbundenen Vorstellungen ergaben sich aus einfachen biologischen Gründen. An erster Stelle ist die Verbindung zwischen dem Mond und dem Mutterschoß zu erwähnen, denn sowohl der Mond, wie der Menstruationszyklus haben einen 28-Tage-Rhythmus. Daraus ergaben sich für den damaligen Menschen zwei Konsequenzen. Am Ende des Mondzyklus verschwindet oder stirbt der Mond. Er verdunkelt sich und verschwindet. Doch nach drei Tagen wird der Mond wiedergeboren. Er ist auferstanden. Der Mond muss also sterben, bevor ein neuer Zyklus beginnen soll. Ein weiteres betrifft die Gleichsetzung von Blut und Leben. Das früheste Verständnis der Menschen hinsichtlich neuen Lebens war alles andere als zutreffend. Es gab eine Zeit, in der die Menschheit noch nicht wusste, dass Geschlechtsverkehr zur Schwangerschaft führt. Schließlich kann im Laufe eines Jahres sehr oft Geschlechtsverkehr stattfinden, ohne zu einer Schwangerschaft zu führen. Wenn also bei häufigem Geschlechtsverkehr nur gelegentlich ein

Kind entsteht, dann musste in den Augen primitiver Menschen etwas anderes dafür verantwortlich sein, und zwar etwas, was ausschließlich bei der Frau lag. Tatsächlich hat man noch bis in die allerjüngste Vergangenheit die Frau allein dafür verantwortlich gemacht, wenn eine Ehe keine Kinder hervorbrachte.

F: Damals herrschte also die Meinung, dass nicht der männliche Samen Schwangerschaft, Geburt und Leben verursachte?

W: Ja. Der Mann war eine sekundäre Gestalt. Deshalb wurde auch die Große Mutter immer als Jungfrau, als jungfräuliche Gottesmutter dargestellt, das heißt, sie gehörte keinem Mann. Das Vaterprinzip auf dieser Stufe der Evolution war völlig nebensächlich. Kein Wunder also, dass sich die Männer in Männerbünden zusammenschlossen, um der Vorherrschaft des weiblichen Prinzips zu entgehen.

F: Wenn also der männliche Samen für die Schwangerschaft als unwichtig angesehen wurde, was war dann für diese Menschen die Substanz des neuen Lebens?

W: Für den primitiven Menschen war es eindeutig. Das Menstruationsblut fließt periodisch, ausgenommen, wenn die Frau schwanger ist. Also konnte es nur dieses zurückgehaltene Menstruationsblut sein, das in neues Leben umgewandelt wird. Folglich war man der Meinung, die Große Mutter brauche Blut, um neues Leben hervorbringen zu können. Diese Gleichung wurde noch durch die Beobachtung verstärkt, dass Leben von Blut abhängig ist. Nimmt man das Blut weg, nimmt man das Leben weg. Die Schlussfolgerung war: So wie die Erde Regen braucht, um neue Früchte hervorzubringen, braucht die Große Mutter Blut, um neues Leben zu erschaffen. Was sie also von den Menschen forderte, waren Opfer, Menschenopfer.

F: Das ist ziemlich grausam.

W: Trotzdem bleibt die Große Mutter bei all diesen Vorgängen die Mutter und Braut eines toten und auferstandenen Gottes.

F: Genau diese Formel ist die von Maria und Jesus. Sie ist sowohl die Mutter des toten und auferstandenen Gottes als auch die jungfräuliche Braut.

W: Dennoch gab es bereits vor Maria und Jesus Tamuz und Ishtar, Osiris und Isis. Es ist eine alte, sehr alte Geschichte.

F: Während dieser ganzen Periode stand also die große Mehrheit der Menschen unter dem starken Einfluss der Großen Mutter?

W: Ja. Die Menschen waren noch nicht stark genug, um zu wirklich ich-bewussten Wesen zu werden, sie rangen darum, sich endgültig aus dem Unbewussten zu lösen. Da kristallisierte sich etwas völlig Neues heraus, nämlich die Große Göttin.

F: Welches ist der Unterschied zur Großen Mutter?

W: Die Große Göttin war das Gegenstück zur Großen Mutter, die mehr für die breite Masse, die exoterische Richtung Verwendung fand, während die Große Göttin den esoterischen Bereich symbolisierte.

F: Begegnen wir hier frühesten Einsichten in ein transzendentes Bewusstsein?

W: Ja. Die Große Mutter reflektiert mehr die körpernahe und instinkthafte Ebene. Die Große Göttin jedoch reflektiert eine metaphysische Wahrheit, dass alles Eins ist. Als später das Patriarchat aufkam, bezeichnete man diesen subtilen Bereich als „Ein Gott“, als „Einen Vater, der da ist im Himmel“. Der Opfertod war für den damaligen Menschen ein Ersatz für Transzendenz. Mord war Bewahrung des Ichs, also die Opferung des Lebens eines anderen Menschen, um das eigene Leben zu erhalten.

F: Die Logik, jemand anderen zu töten, um das eigene Leben zu bewahren, scheint mir ein Schlüssel zu sein für vieles, was uns an der Geschichte rätselhaft erscheint. Das beginnt beim Sündenbock und erstreckt sich bis hin zu den Kriegen in unseren Tagen.

W: Alle Menschen wissen intuitiv, dass der Tod auch bei ihnen anklopfen wird, und Krieg ist ein einfaches Mittel, dass es den anderen erwischt. Je mehr Feinde sterben, desto unsterblicher fühlt sich der Eroberer. Es steht fest, dass um das 3. Jahrtausend vor Christus die moderne massive Kriegsführung geboren wurde. Ich spreche hier von „Anfängen“, weil mit dem Entstehen der Ich-Struktur alles noch viel schlimmer wurde. Sie kennen vielleicht die Statistik. Für jeweils ein

Jahr des Friedens in der Menschheitsgeschichte gab es vierzehn Jahre Krieg.

F: Gab es auch schon Könige in dieser Zeit?

W: Wirkliches Königtum begann erst im 10. Jahrtausend v. Chr. Man sollte wissen, dass die Erfindung des Königtums beispiellose Auswirkungen hatte.

F: Welche?

W: Politisch gesehen brachte es wahrscheinlich den größten Wandel im Bewusstsein des Menschen. Die erschreckenden Auswirkungen spüren wir noch heute. Hier ist etwas in Gang gekommen, von dem wir uns niemals richtig erholt haben, etwas, das möglicherweise unser aller Ende ist.

F: Aber warum unterwarfen Männer und Frauen sich freiwillig einer solchen Herrschaft?

W: Weil der Mensch einen sichtbaren Gott brauchte, einen göttlichen König, dem er seine Opfer darbringen konnte. Dafür war er bereit, den Preis der eigenen Unterwerfung zu zahlen.

F: Sie meinen, eine Gottesgestalt ist notwendig, um Geschenke und Opfergaben entgegenzunehmen, die Führung zu übernehmen und den Wohlstand zu sichern?

W: Ja. Alle bewussten Wesen erahnen intuitiv ihre Vollkommenheit. Da ihnen diese Erfahrung aber nicht möglich zu sein scheint, übertragen sie ihre eigenen Ahnungen auf andere Menschen. Der Mensch weiß, dass irgendjemand Gott ist, und da er selbst nicht Gott sein kann, muss es jemand anders sein. Um diese Vorstellung lebendig zu erhalten, braucht der Mensch sichtbare Gottesgestalten. Und damit sind wir beim eigentlichen Anfang der Geschichte, der Entstehung des mentalen Ichs.

F: Wie entstand dieses frühe Ich?

W: Die frühe Ich-Periode war eine Zeit des Übergangs, dennoch sind alle wesentlichen Bestandteile jetzt vorhanden.

Das Ackerbaubewusstsein, Staat, Geld, Krieg, Königtum und der Kalender. Doch für jedes Wachsen des Bewusstseins muss natürlich auch ein Preis gezahlt werden. Und nirgendwo tritt dies deutlicher in Erscheinung als beim Aufkommen der Ich-Struktur. Es hat uns die Möglichkeit rationalen und logischen Denkens eröffnet.

F: Was war jetzt neu?

W: In der Zeit nach dem mythischen Bewusstsein begann der Körper zum Objekt zu werden. So wurde es möglich, seine Impulse zu verzögern und die Instinkte zu beherrschen. In dieser Ich-Periode wurde auch der Denkprozess zum Objekt der bewussten Wahrnehmung. Das Ich war jetzt endlich in der Lage, den Blick nach innen zu richten und sich selbst zu analysieren.

F: Ist dies nicht die höchste Bewusstseinsform, die wir erreichen können?

W: Nein. Vor uns liegen noch die Bereiche der Transzendenz. Im Vergleich dazu bedeutet unser heutiges armseliges Ich nur ein Tüpfelchen Nichts.

F: Und wie wirkte sich dieses Ich damals aus?

W: Das Ich konnte jetzt die Abhängigkeit von Natur und Körper leugnen und lehnte die frühen Stufen ab. Dies wird vielleicht am deutlichsten, wenn man sich die typische Struktur um die Große Mutter ins Gedächtnis ruft. Dort fand das Individuum gewöhnlich ein tragisches Ende, es wurde verstümmelt oder geopfert. Die Große Mutter war immer Sieger, das Ich triumphierte niemals über die Große Mutter. In dieser neuen Zeit stellt sich der Mensch jedoch über die Große Mutter und reißt sich von ihr los. Es entstand der Heldenmythos.

F: Aus diesem Grunde ist wahrscheinlich auch die Literatur Griechenlands und Roms angefüllt mit Geschichten über Siege von strahlenden Helden.

W: Es ist der Mythos des einzelnen Helden, der über die Große Mutter triumphiert. Der Held ist Symbol für die neue Ego-Struktur des Bewusstseins. Vor dieser Periode gab es keine Heldenmythen, weil es davor auch keine Egos gab. Das Ungeheuer symbolisiert immer die

Große Mutter, der Schatz ist die Ego-Struktur. Der Drache bewacht das Ich und der Held befreit es.

F: Kurz gesagt, der charakteristische Kern aller Heldenmythen ist das mit freiem Willen ausgestattete Ego.

W: Der Mensch ist sich seiner selbst und der Welt bewusst geworden. Das Ergebnis war, dass sich das Ich alle seine Handlungen innerlich vorstellen konnte.

F: Aber hat der Mensch nicht eine gewaltige Leistung vollbracht, als er sich von der Großen Mutter losriss?

W: Ja, doch das Ego hat die Große Mutter nicht verinnerlicht. Sie wurde verdrängt, was sich als verheerend erwies. Nicht mehr Harmonie, sondern Eroberung des Weltraums; nicht mehr Achtung vor der Natur, sondern Angriff auf die Natur wurde nun die Devise.

F: Diese Verdrängung hatte sicher tiefgreifende und ernste Auswirkungen?

W: Ja. Es begann mit einer Umgestaltung des Weiblichen in das Negative. Das ging schließlich so weit, dass die neuen patriarchalischen Religionen die Große Mutter nicht einmal mehr erwähnten. In der gesamten jüdisch-christlich-islamischen Religion sucht man vergeblich nach Spuren dieser subtilen Göttin.

F: Mit dem Betreten der Ego-Ebene war es dem Menschen folglich gelungen, sich von der Großen Mutter zu differenzieren?

W: Ja. Allerdings führte das Ergebnis zur Spaltung beider. Das Bewusstsein und das Unbewusste, Vernunft und Instinkt sind jetzt geteilt und verzerren sich gegenseitig.

F: Sie meinen, Verstand und Instinkt sind miteinander im Krieg?

W: Ja, andererseits ist das eigentliche Problem nicht die Existenz von Verstand und Instinkt, sondern vielmehr der Konflikt zwischen ihnen. Nicht die Existenz des Ichs ist bedauerlich, sondern die Unfähigkeit, das neu heranwachsende Ich mit den früheren Bereichen zu verschmelzen, den Emotionen, dem Fühlen und dem Körper-Ich.

F: Könnten Sie dieses neue Ich etwas genauer beschreiben?

W: Alle ich-haften Aktivitäten basieren weitgehend auf der Vergangenheit, das heißt auf Gedächtnisaufzeichnungen vergangener Erfahrungen und vergangener Ereignisse. Als die Menschheit begann, sich vom Körper in Richtung Geist zu bewegen, begann eine Verlagerung in Richtung Gedächtnis. Mentales Bewusstsein bedeutet in erster Linie Gedächtnis-Bewusstsein. Dadurch entstehen zwei Probleme. Sobald sich das Ich herausgebildet hat, ist es schwer zu transzendieren. Dieses Ich ist so stabil und so stark, dass es dazu neigt, das Überbewusste zu leugnen. Das Ich muss vom Leben schon ziemlich böse herumgestoßen werden, ehe es sich der Transzendenz öffnet. Als Zweites neigt unser Ich zu allerlei Komplikationen. Es operiert weitgehend mit der Vergangenheit und neigt dazu, sich von der Natur abzuspalten. Der Mensch begann, von sich selbst ein Bild zu formen. Die Schaffung eines Ichs beruht auf der Furcht vor Wandel und Veränderung. Seiner selbst gewahr werden heißt, der Tatsache des Todes gewahr zu werden. Das Denken schien etwas zu bieten, was weder die Natur noch der Körper bieten konnte, nämlich „Dauer".

F: Können Sie das genauer erklären?

W: Das Wort „Baum" beispielsweise bleibt stets dasselbe, während der tatsächliche Baum sich verändert, wächst und schließlich stirbt. Das Denken verspricht Ewigkeit. Deshalb wird das menschliche Denken zum Hauptträger dieser Epoche. Es ist ein Versuch, unsterblich zu werden und den Tod ein für allemal durch die Welt der Begriffe zu besiegen. Auf der Flucht vor dem Tod wandte man sich von den Körperempfindungen ab, von diesem allzu sterblichen Körper, und fand in der Welt der Gedanken einen Ersatz.

F: Und da verstecken wir uns noch heute.

W: Mit der Entstehung dieses Bewusstseins begann eine neue Zeit und gleichzeitig eine neue Art von Körper. Die Zeit war jetzt linear und begrifflich, während der Körper seiner Lebenskraft beraubt war. Die gefahrvolle Situation wurde dadurch noch verschlimmert, dass sowohl Körper als auch Natur gewaltsam unterdrückt wurden. Das Ego scheute sich nicht, einen gewaltsamen Angriff auf die Natur einzuleiten, ohne Rücksicht auf irgendwelche Konsequenzen in der Zukunft.

F: Unser Ich kann nicht begreifen, dass ein Angriff auf die Natur gleichsam ein Angriff auf den eigenen Körper ist.

W: Das ist richtig. Typisch für dieses gespaltene Ich ist auf der einen Seite die Betonung der Sexualität, auf der anderen Seite der Drang nach Macht. Mit der Trennung von Körper und Geist degenerierte die Liebe zu dem, was man heute allgemein unter dem Begriff Sex versteht. Egoismus und Sex einerseits, andererseits die Besessenheit von Sex und Gewalt ist dem Menschen bis heute geblieben.

F: Diesen verheerenden Konsequenzen sind wir immer noch nicht entwachsen.

W: Als Folge davon empfindet der Mensch echtes Körpergefühl beinahe nur noch während eines Orgasmus. Oftmals die einzige Gelegenheit, dem Ego und der eigenen Vitalität freien Lauf zu lassen. Weil aber das Ich ständig auf der Flucht vor dem Tod ist, muss es die Intensität des Körpers immer mehr dämpfen. Mit dem Versuch, den Körper zu vernachlässigen, kann das Ich vorgeben, mit dem Körper nichts zu tun zu haben und somit frei von Sterblichkeit zu sein. Der Körper ist „out".

F: In Griechenland gab es die Redewendung: „Der Körper, ein Grab."

W: Soweit bekannt ist, hat dieser Satz vor der ich-haften Periode nie existiert. Das Ich hat auf der Flucht vor dem Tod nicht nur den eigenen Körper geschwächt, es tritt auch ängstlich vor dem Körper zurück.

F: Oder es beutet ihn zwanghaft zur Gewinnung von Lust aus.

W: Die Konsequenzen waren schlichtweg katastrophal. Die Trennung zwischen Körper und Seele schwächt nicht nur das Leben des Körpers, sondern reduziert den Organismus zu einem bloßen Mechanismus. Mit dieser extremen Trennung von Körper und Geist fand gleichermaßen der Übergang vom Matriarchat zum Patriarchat statt.

F: Die Folge ist sicher, dass die ersten ichhaften Helden männlich sein mussten?

W: Ja. Das maskuline Prinzip war Unterdrückung und Ausbeutung. Dies führte schließlich zu dem erniedrigenden Satz: „Taceat mulier in ecclesia", „Möge die Frau in der Kirche schweigen", einem täglichen jüdischen Dankgebet, nicht als Frau geboren zu sein.

F: Wurde also der Körper mit Weiblichkeit und der Geist mit Männlichkeit gleichgesetzt?

W: Ja. Weil der Körper als Bedrohung angesehen wurde, betrachtete man das Weibliche als Gefahr. Es gilt als eine historische Tatsache, dass das weibliche Prinzip von der Welt des Verstandes ausgeschlossen wurde. Erstes Gebot für das Weibliche war: Es durfte sich zwar sehen lassen, aber nicht Gehör verschaffen. Bewusste Weiblichkeit war nicht erlaubt. Sie galt als erdhaft, gefährlich und wurde als Gefahr für den Verstand angesehen. In der Ehe war die Frau zwar nach der Geburt des Kindes automatisch Mutter, der Ehemann aber sah sich häufig nach einer neuen Verführerin um. Das war gleichsam die Geburt der sogenannten *doppelten Sexualmoral*. In dieser männlichen Welt waren die ersten aufgezeichneten Worte, die der Mensch zu Gott sprach „Das Weib, das Du mir zugesellt hast, gab mir von dem Baum, und ich aß." (Gen. 3,12) – Die Frau war es demnach, die ihn dazu brachte. Und die ersten aufgezeichneten Worten des Herrn zur Frau waren „Ich will dir viel Schmerzen schaffen, wenn du schwanger wirst; du sollst mit Schmerzen Kinder gebären; und dein Verlangen soll nach deinem Manne sein, und er soll dein Herr sein." (Gen. 3,16) Adam wurde also dafür bestraft, dass er auf Evas Stimme gehört hatte. Wie schnell die Unterdrückung der Frau erfolgte, zeigt uns die Geschichte.

F: Gab es zu dieser Zeit auch Unsterblichkeitssymbole?

W: Ja natürlich. Die Institution der Ehe ging vom König auf sein Volk über und jeder Vater wurde zu einem kleinen König, sein Heim seine Burg. „My home is my castle." So war Herr Jedermann selbst oberster Herrscher. Nach römischem Recht hatte der Vater uneingeschränkte Rechte über seine Familie und nach römischem Erbrecht galt damals, dass, obwohl der Vater gestorben ist, seine rechtliche Person weiterlebt und sich auf seine Erben überträgt, in denen sich seine Identität fortsetzt. So besaß der Vater Unsterblichkeitssymbole nicht nur in Form von Geld und Gütern, sondern auch in seinen Nachkommen, vor allem in seinen Söhnen, seinen rechtmäßigen Erben. Denn solange er lebte, waren seine Erben seine Untertanen, erst wenn er starb, waren sie seine Nachtod-Existenz. Das neue Ich ermöglichte es dem Durchschnittsbürger, die Könige auf breiter Front nachzuahmen. Eva jedoch blieb in der Küche, ohne Besitz und ohne Geld. Das Weibliche bedrohte also nicht nur die maskuline Ich-Mentalität, sondern auch die ichhafte Unsterblichkeit.

F: Wann trat die Transzendenz zum ersten Male auf?

W: Das geschah in einer parallel verlaufenden Linie der Evolution während der mentalen Ich-Periode. Einige Menschen in dieser Zeit, etwa Buddha, Krishna, Jesus und Laotse, sind in höchste Bereiche vorgedrungen, den Bereich jenseits des persönlichen Gottes, den Bereich der Leere. Die gewonnenen Einsichten reichten weit über alles hinaus, was es davor gegeben hatte. Diese hochentwickelten Weisen verliehen dem Bewusstsein einen unglaublichen Wachstumsschub und führten sie von der monotheistischen Religion zur Transzendenz. Im Monotheismus entdeckte der Mensch den *einen* Gott, dem man opferte. Dieser einzige Gott wurde als Schöpfer der Welten angesehen. Ab jetzt existiert sehr ausgeprägt eine Unterscheidung zwischen Schöpfer und Mensch. Die Transzendenz aber geht den Weg beharrlich weiter. Der Mensch kommuniziert nicht mehr mit diesem *einen* Gott, sondern *wird* selbst zu diesem Einen, das islamische Mystiker „Höchste Identität" nennen. Hier sind Subjekt und Objekt völlig identisch. Schöpfer und Mensch sind so sehr eins, dass beide als getrennte Einheiten verschwinden. Gott und Individuum lösen sich auf und kehren in ihren ursprünglichen Zustand der Leerheit zurück.

F: Der Monotheismus sagt: „Unser Vater, der Du bist in Himmel."

W: Die Stimme der Transzendenz aber sagt: „Ich und der Vater sind eins." Das war auch die Offenbarung der Upanishaden in Indien: „Tat tvam asi", „Du bist Das." Letztlich sind wir eins mit Gott.

F: In gnostischen Texten finden wir auch Belehrungen wie: Gib die Suche auf nach Gott, der Schöpfung und anderen Dingen. Suche ihn, indem du dich selbst als Ausgangspunkt nimmst. Erfahre, wer du im Inneren bist. Dich selbst kennen, heißt Gott kennen.

W: Ja. Man sieht in diesen gnostischen Evangelien eigentlich drei Leitlinien. Erstens: Sich selbst erkennen heißt Gott erkennen. Das bedeutet: Das Ich und das Göttliche sind eins. Zweitens: Jesus spricht von Illusion und Erleuchtung, nicht aber von Sünde und Buße. Und drittens: Jesus wird nicht als der Herrgott dargestellt, sondern als spiritueller Führer. Um diese lange und komplizierte Geschichte zu verkürzen: Diese „höhere" Religion hat im Abendland niemals wirklich Fuß gefasst. Angefangen bei Jesus bis hin zu Eckehart wurden solche Erkenntnisse immer fanatisch bekämpft.

F: Ich glaube, die ersten Priester erkannten schließlich, dass ein Gott jenseits von Gott das Ende ihrer persönlichen Macht bedeuten würde.

W: Und so nimmt die unglückselige Geschichte der exoterischen Religion im Abendland ihren Lauf. Heute stehen wir Menschen vor einem neuen Kampf mit dem Drachen und brauchen einen neuen Heldenmythos. Der Drache, den wir heute bekämpfen müssen, ist unsere ich-hafte Struktur. Heute müssen wir Intuition und wache, aber passive Bewusstheit entwickeln, so wie wir gestern unbedingt Logik und aktive Mentalität entwickeln mussten. Ich glaube, das Patriarchat und das mentale Ego haben ihre notwendige Zwischenfunktion erfüllt.

15. Kapitel
Hindernisse auf dem Weg

F: Warum werden Anhaften und Gier im Zen häufig als Ursache unseres Leidens betrachtet?

W: Da ist einfach ein brennendes Verlangen in uns, das sich ständig neue Objekte sucht, Macht, Geld, Einfluss oder auch den Wunsch, erleuchtet zu werden. Es ist immer derselbe Prozess. Das Objekt wechselt, die Gier bleibt. Unsere geistigen Konstruktionen wirken wie Blutpfropfen, d. h., sie sind gefährlich und blockieren unsere innere Zirkulation. Die Übung im Zazen löst diese Blutpfropfen auf, unser Geist wird wieder flüssig, ohne Fixierungen und ohne Hindernisse.

F: Dennoch gibt es Sitzeinheiten, in denen scheinbar nichts so klappt, wie es sein sollte. Das Sitzen wird ein hoffnungsloser Kampf und man ist froh, wenn es zu Ende ist. Der einzige Erfolg besteht darin, durchgehalten zu haben.

W: Die Auseinandersetzung mit Hindernissen bleibt beim Zazen keinem erspart. Die Ursachen liegen in unserer Unwissenheit. Sie lassen uns an die Existenz eines Egos glauben, das vom Rest des Universums getrennt zu sein scheint. Dieser Glaube macht aus uns hoffnungslose Narren, isolierte und begrenzte Individuen, die ständig in Angst und Mangel leben. Das ist auch der Grund, warum wir ununterbrochen nach neuen Objekten und Zielen suchen.

F: Meiner Meinung nach ist es auch ein Mangel an Sein und der Versuch, diesen Mangel auszugleichen, indem man allem Möglichen hinterherläuft, Gedanken, Beziehungen, Wünschen usw.

W: Und je mehr man läuft, umso offenkundiger wird der Mangel. Wir glauben, dass wir nie genug haben, also rennen wir noch schneller. Darauf basieren unsere ganze Zivilisation und unser ganzes Leid.

F: Wie unterscheidet sich mein Leid von dem des anderen? Im Grunde sind wir doch alle verschieden mit ganz unterschiedlichen, einzigartigen Geschichten?

W: Wir neigen eben dazu, Vorstellungen nachzuhängen, Ideen, Gedanken und Meinungen, die unser Ich erzeugt.

F: Aber es kann doch nicht darum gehen, den Glauben an ein festes und ewiges Ego zu ersetzen durch den Glauben an ein Nicht-Ego?

W: Das ist richtig. Nur dann, wenn man aufhört, irgendetwas zu verfolgen, entsteht eine große innere Entspannung in uns. Es geht überhaupt nicht darum, Täuschungen zurückzuweisen, sondern einzig und allein darum, sie als Täuschungen zu erkennen. Das bedeutet, je klarer unsere Sicht durch Zazen wird, desto deutlicher können wir unsere eigenen Illusionen, unsere Ängste und unsere Ansichten sehen. Nur wenn dieses Ego zurücktritt, werden wir den Raum entdecken, wo es nicht mehr dieses Ego ist, das unser Leben bestimmt. Veränderung geschieht, wenn wir werden, was wir sind, nicht, wenn wir zu werden versuchen, was wir nicht sind. Nur durch unser Identifiziertsein mit Macht, Besitz, Status, Ruhm und anderen Teilpersönlichkeiten erleben wir Aggression, Falschheit, Korruption, Krieg und Zerstörung der Umwelt. Vielleicht kennen Sie die ja Geschichte von den zwei Ameisen, die die Weltlage besprechen. „Diese Menschen sind wirklich dumm", sagt die eine Ameise, „sie bekämpfen sich und führen Kriege, weil sie einander beherrschen wollen, und zerstören dabei die schöne Erde." „Ich habe eine Idee", sagt die zweite Ameise. „Wir lassen sie sich gegenseitig umbringen, dann können wir die Welt übernehmen und sie schön machen. Wir können Frieden und Gerechtigkeit verwirklichen und unsere Ameisenrechte." „Die Idee ist wirklich gut", sagte die erste Ameise und nach einer Weile fügt sie hinzu: „Welche Ameisen meinst du eigentlich, die roten oder die schwarzen?" Ich glaube, es ist die Trennung von allem, was uns den Zusammenhang verschleiert. Diese Trennung führt immer der Verstand herbei. Verstand ist nun einmal unlösbar mit der Person verbunden. Verstand kann immer nur ausgehen von dem, was tatsächlich ist. Anders ausgedrückt, Unterschiede bestehen nur in den verstandesmäßigen Perspektiven.

F: Gibt es auch eine Perspektive, das Sein vom Nichts her zu betrachten?

W: Ich glaube, Heidegger hat sich dem in seiner rationalen Mystik angenähert. Er war es vielleicht, der den äußeren Rand der verstandesmäßigen Möglichkeiten erreicht hat. Ich persönlich meine, Leerheit und Sein müssen deckungsgleich sein. Um diesen Graben jedoch zu überwinden, braucht es einen Sprung, und das kann nur durch eine mystische Vereinigung beantwortet werden. Diese maximale Potenz ist jedem Menschen gegeben.

F: Würden Sie sagen, dass unsere rationale Durchsicht und Durchsichtigkeit am Ende ist?

W: Ja. Die Vernunft setzt immer Maßstäbe und hält an Einstellungen und Einsichten fest. Auf diese Weise kann unser Verhältnis zum Sein immer nur etwas Erdachtes sein, eine Art Denkschablone, die wir über die Wirklichkeit legen. Das absolute Nichts aber kann nur Erlebtes sein, ein sogenannter Ur-Sprung, der Ursprung, aus dem jedes Sein erst möglich ist.

F: Wie können wir das absolute Nichts erleben, wenn doch dieses rationale Selbstbewusstsein nicht beteiligt ist?

W: Ich kann mich da nur wiederholen. Wir sind Nicht-Zwei. Man kann nicht darüber denken und auch nicht reden. Das absolute Nichts ist weder erdachte Negation noch gedachter Gegensatz zum Sein, sondern nur eine Worthülse. Dieses Nichts ist gleichsam ein unbewegter Beweger, der in einem Feld der Leere zum Ereignis wird.

F: Aber wie kann ich dann wissen, dass ich in diese Bewusstseinsschicht eingedrungen bin?

W: Wir können das nicht wissen. Alles, was ich darüber weiß oder vorgebe zu wissen, ist es nicht. Unser Sein, ja auch die Leerheit sind der Person unbekannt, weil es im Personalen nur verschiedene Bewusstseinsebenen gibt, die vernunftmäßig interpretiert werden. Das Nichts jedoch besitzt eine dem menschlichen Bewusstsein unerträgliche Offenheit, d. h., alles Sein ist in Verbindung und Kommunikation miteinander. Diese „Wahrheit“ der Dinge kann nicht mehr durch Worte ausgedrückt werden. Die Einheit mit Gott, wie wir Abendländer dazu sagen, ist eine Bewusstseins- und Erfahrungsebene, die kein Wort mehr erreichen kann. Es gleicht einer Explosion des Bewusstseins und aller Bewusstheit und führt uns auf den Urgrund des Ursprungs, in ein „In-Kontakt-Kommen“ damit.

F: Die Frage, wie man diesem Numinosen näher kommt, beschäftigt die Menschheit ja schon lange.

W: Genau aus diesem Grund haben sich auch sehr viele und sehr unterschiedliche Erkenntniswege entwickelt. Es gibt Wege der Stille und der Ekstase, Methoden, die mit der Wahrnehmung des Körpers arbeiten, Wege, die in den Alltag führen oder aus dem Alltag heraus; schamanistische Wege und kontemplative Wege. Eines aber ist allen Wegen gemeinsam: das Ziel der „unio mystica“, die Vereinigung mit Gott, das Einswerden mit dem Ursprung des Seins, der Leerheit, aus der heraus alles entspringt.

F: Ein gedachter und konzeptionell geglaubter Gott ist bereits vielen Menschen, die ich kenne, abhanden gekommen.

W: Glaube beruht eben auf vielen Fiktionen und ist immer besorgt, dass der Faden nicht abreißt. Religionen gießen lebendige Erfahrungen in Gefäße und gefrieren sie anschließend ein, um sie haltbar zu machen.

F: Diese Dogmen empfinden viele Christen oft als starre Struktur, und sie stehen ihnen sehr kritisch gegenüber. Der eine hat Angst, weil er nicht alles versteht, der andere sorgt sich vor Veränderungen in diesem Bezugssystem.

W: Diese Angst kommt häufig in Diskussionen zum Ausdruck. Ich wurde vor kurzem ungewollt Zeuge eines Gesprächs unter Mönchen in einem Kloster. Sie saßen beim Mittagessen und diskutierten heftig über Gott. Aus jedem einzelnen Satz konnte ich ihre Unsicherheit hören. Sie verstrickten sich in Gegensätze und ihre Gemüter wurden immer erregter. „Wie kann ein Gott das zulassen, wenn er doch Gott ist?“, war eine der Fragen. Ich wurde sehr traurig und ging schnell weiter. Was kann dabei herauskommen, wenn Blinde versuchen, Blinde zu führen? Das kann doch nicht gut gehen.

F: Für viele fundamentale Christen ist Leerheit fast ein Drohbegriff, ein Abgrund und oft ein totaler Gegensatz von Gott und Sein.

W: Für den Buddhisten ist das kein Problem. Er ist identisch mit Gott. Christus ist hier nicht mehr Objekt, sondern Lebensquelle. Es ist schon erstaunlich, dass viele Buddhisten die Bibel besser kennen als mancher Christ. Und wenn dann ein Buddhist Paulus zitiert: „Ich lebe, doch nicht mehr ich, Christus lebt in mir“ (Gal. 2,20), dann ist man wirklich verblüfft. Tatsächlich beschreiben Buddha-Natur und Christus-Bewusstsein doch im wesentlichen zwei Begriffe für ein und denselben Hintergrund.

F: Meiner Meinung nach beschreiten Buddhisten und Christen den gleichen Heilsweg, sie kommen nur aus verschiedenen Richtungen. Demnach sind Jesus und Buddha für mich zwei Aspekte des menschlichen Weges.

W: Allerdings vertragen sich Geschwister nicht immer, wie wir aus unserer persönlichen Erfahrung wissen. Durch die Begegnung mit dem Buddhismus entsteht für das Christentum eine große Herausforderung, ihre Theologie neu zu überdenken.

F: … und sich vielleicht auch stärker der spirituellen Praxis wieder anzunähern?

W: Ich glaube, die neue Theologie wird eine nicht-dualistische Theologie sein. Für viele ist die Personalität Gottes ein offenes Problem. Gott ist aber kein Ding.

F: Für mich sind Jesus und Buddha eine Art Matrix für unser Leben.

W: Und sie lehren, dass sich menschliches Leben öffnen soll für neue und unbekannte Dimensionen. Die Welt, so sehe ich es, ist ein Fenster zu Gott, eine Spur Gottes. Unser Ich jedoch konstruiert ein Glaubensschema, in dem ein Heilsschauspiel aufgeführt wird. In diesem „Heilsschauspiel“ wird ein „Du“ gebraucht, dem man sich gläubig zuwendet. Wer jedoch sagt, Gott sei gut, braucht natürlich auch einen Gegenspieler, den Teufel, um zu erklären, warum es so viel Leid auf der Welt gibt. Diesen Gegenspieler gibt es im Buddhismus nicht, deshalb entstehen auch keine dualistischen Konflikte in dieser Richtung. Transzendenz ist etwas, wo sich nichts Heiliges mehr zeigt, und in dieser offenen Weite wird ein „Nichts-von-Heilig“ erfahren. Hier gibt es kein Gegenüber mehr. Religion ist überwunden. Gott ist kein Du mehr und die sogenannte Frömmigkeit hört an diesem Punkt auf. Auch Jesus wird nicht mehr als Held der Vergangenheit gesehen. Christliches ist nicht mehr wahrnehmbar, und es wird einem klar, dass all dies nur im Kopf stattgefunden hat. Im Licht der „Auferstehung" strahlt die Welt in einem neuen Licht, ja, sie wird aus dieser „Gottesperspektive" erst richtig wahrgenommen und erlebt. Dieses Erlebenwollen spielt für viele Menschen eine wichtige Rolle. Sie haben die ganze Theorie satt und verstehen nicht einmal mehr die Priester, wenn sie predigen. Sie spüren, da sind nur Worte, nur Theorie, aber kein Erlebnishintergrund. Sie wollen die Praxis.

F: Ich vermute, dass der heutige Mensch nicht so sehr unter der Sünde leidet, als vielmehr unter der Sinnlosigkeit des Daseins.

W: Das glaube ich auch. Trotzdem geben sich viele Menschen einem Glauben hin an die Vernunft, die Wissenschaft, den Fortschritt oder an eine persönliche Autonomie. Hier werden die Welt, der Mensch und die Gesellschaft einfach nur als System betrachtet. Das geht so weit, dass durch die Objektivierung Gottes und unser Denken der Anschein erweckt wird, als könne sich der Mensch gegen Gott erheben. Aus diesem Grund erstarrt die Religion einerseits zum Dogma oder degeneriert andererseits zum Herrschaftsinstrument.

F: Ken Wilber hat einmal gesagt, „Gott schläft im Stein, atmet in der Pflanze, träumt im Tier und erwacht im Menschen." [18]

W: Es scheint so, als wollte sich das Sein seiner selbst in uns bewusst werden. Das Absolute sucht sich selbst in uns. Diese Erfahrung war in der Vergangenheit einzelnen Mystikern und Heiligen vorbehalten. Der große Zuwachs jedoch an Menschen, die heute bestrebt sind, einen Weg nach innen zu gehen, könnte andeuten, dass dies der Beginn einer Entwicklung auf einer kollektiven Ebene ist. Wir sollten daher aufpassen, dass wir dieses Schiff nicht versäumen und übrig bleiben.

F: Alles, was dazu nötig ist, so hat es einmal Ramana Maharshi formuliert, ist, dass wir aufhören sollen, das Nicht-Wahre als wahr zu bezeichnen.

W: Das ist richtig. Wir halten ständig etwas für wirklich, was nicht wirklich ist. Um jedoch herauszufinden, was wirklich *ist*, und um auf den Erlebensgehalt unserer Innerlichkeit zu stoßen, müssen wir unsere

Begrifflichkeit und unseren Verstand abstreifen, denn wirkliche Erfahrung kann nur aus lebendiger Innerlichkeit und einem hinter der Vernunft liegenden Vermögen stammen. Nur in der Realität der absoluten Leerheit erfahren wir die Scheinhaftigkeit der Dinge und durchschauen die Ego-Funktion. Erst hier wird der Schein alles Seienden erkannt und begriffen, dass die Erscheinungen der Dinge um uns herum nur im Verstand vorkommen. Die Wesensschau ist es also, die alles Seiende in bloßen Schein und in eine Art Nichtswürdigkeit verwandelt. Man könnte auch sagen: In der Wesensschau hat der Absolutheitsanspruch der Vernunft resigniert und aufgegeben. Das bedeutet, die Ent-Individualisierung hat stattgefunden, und konditionierte Beschränkungen haben aufgehört zu sein. Die ganze Welt hat sich gleichsam in uns inkarniert.

F: Ist es manchmal nicht viel wichtiger, dass wir uns mit unserem individuellen Dasein auseinandersetzen, anstatt zu meditieren?

W: Das eine schließt das andere nicht aus. Wir sollten erkennen, dass Sein und Leerheit keine Gegensätze sind, sondern identisch. „Form ist Leere, Leere ist Form“ [19] heißt es im Herz-Sutra. Weder unsere Hände noch unser Geist können etwas ergreifen. Erst auf dieser Ebene erkennen wir, dass sich in jeder Hochreligion der Gläubige seine individuellen Glaubensinhalte selbst schafft.

F: Ist die Leerheit etwas, worauf nur die Vernunft des Menschen aufmerksam werden kann?

W: Vielleicht ist es so, dass die Vernunft göttlich werden will. Der Verstandesmensch sieht sich gezwungen, seine Begriffsschalen immer wieder von neuem zu füllen. Das Ich will sich ständig selbst bestätigen. Solange die Vernunft jedoch nicht vollkommen verzweifelt ist und den Kampf aufgibt, drehen wir uns permanent im Kreis. Leerheit lässt sich nicht in rationale Bewusstheit übersetzen, sie kann uns rational nichts sagen. Manchmal neigen wir dazu, der Sprache, die ein Ausdrucksmittel unseres Ichs ist, eine allzu große Bedeutung beizumessen. In Wirklichkeit ist es oft ein Ausweichen vor der Realität. Mit unserem Reden und Analysieren schaffen wir häufig gigantische Rauchwolken, die alles vernebeln. Wer jedoch den Worten verhaftet ist, lässt den Dualismus aufleben.

F: Trotzdem haben aber die Fragen in den Koans auch eine große Kraft, unseren Geist zu öffnen und unsere Anhaftungen aufzulösen.

W: Alles, was geschieht, unterstützt unsere Entwicklung, einschließlich der Sprache, die wir erlernt haben. Dennoch sind viele Menschen in sich gespalten und reden anders, als sie handeln. Spiritualität und Alltag passen vielfach nicht zusammen. Einerseits wollen sie Spiritualität, andererseits sind sie im Alltag gefangen, der nun einmal ganz anders ist. Da ist eben keine heile Welt, tatsächlich sind da Kummer und Sorgen, Ängste und nichterfüllte Erwartungen. Auf diese Art entsteht Getrenntsein. Deshalb sehnen wir uns nach dem anderen Bereich. Wir können es einfach nicht oder nur sehr schwer annehmen, dass sich alles ständig verändert und im Fluss ist. Meditative Praxis hingegen ist die bewusste Entscheidung, all dies zu akzeptieren. Wir sollten aufhören, uns in diesem Getrenntheitsdenken zu üben und uns von der Welt und den Dingen um uns herum abzugrenzen. Wir sollten wissen, dass die Trennung keine Realität besitzt, sondern eine von uns selbst herbeigeführte Unterscheidung ist, die manchmal einen Unterschied macht und manchmal eben nicht. Aber auch dies müssen wir persönlich erfahren. Wir können keine Stufe überspringen. Eine Sufi-Geschichte mag dies verdeutlichen. Ein Mann war gefangen im Turm eines Gefängnisses, und seine Frau wollte ihn daraus befreien. Also band sie einen feinen Seidenfaden an einen Käfer, an den Seidenfaden band sie eine Schnur, an die Schnur einen Strick und an den Strick band sie schließlich ein Seil. Der Mann nahm zuerst den Seidenfaden, dann die Schnur, dann den Strick, und zuletzt konnte er sich mit dem Seil aus dem Gefängnis befreien.

F: Sie wollen deutlich machen, dass man keine Bewusstheitsstufe überspringen kann?

W: Ja. Wir müssen jede einzelne Stufe in allen Einzelheiten durchleben. Dazu gehören natürlich auch die jeweiligen Bewusstheitszustände. Wie unterschiedlich diese sein können, zeigt die folgende Geschichte. Ein Mann kam zu einem Bauwerk, an dem viele Arbeiter beschäftigt waren. Er fragte einen von ihnen, was er tue, und bekam zur Antwort: „Ich behaue Steine." Er fragte einen anderen, der sagte: „Ich verdiene hier mein Geld." Der dritte antwortete ihm: „Ich ernähre meine Familie.“ Der vierte sagte: „Ich baue mit an einem Dom zur Ehre Gottes.“ Sie sehen, wie unterschiedlich Motivationen sein können, eine Arbeit zu tun.

F: Viele Menschen, die meditieren, möchten in ihrer Entwicklung schnell große Sprünge machen.

W: Das ist richtig. Auch mir ist es am Anfang so ergangen. Ich wollte alles sofort. Erst nach vielen Jahren erkennt man die Schönheit jedes einzelnen Schrittes. Jeder kleine Schritt hat seine eigene Dynamik. Wenn wir achtsam Schritt für Schritt in unserer inneren Entwicklung weitergehen, machen wir die Erfahrung, dass wir stärker werden. Das lässt in uns auch die Überzeugung, auf dem richtigen Weg zu sein, weiter wachsen. Unser Ich wird dabei immer durchsichtiger, weil es immer mehr zurücktritt. Spannungen und Verkrampfungen werden offenkundig, unser Neid und unsere Verbissenheit, unsere Gier und unsere Eifersucht, unsere Härte gegen uns und andere. Wir erfahren so ein Festhalten an Bildern und erleben unser bisheriges Leben als Wartesaal einer ungewissen Zukunft. Wir erkennen jetzt unsere Erwartungen und Befürchtungen, mit denen wir uns beim Sitzen auseinandersetzen. Und wir werden uns darüber klar, dass sich all dies durch das Hier und Jetzt langsam auflöst.

F: Sie sprechen manchmal vom Ich und manchmal vom Ego. Gibt es da einen Unterschied?

W: Das Ich und das Ego können natürlich auch getrennt voneinander beschrieben werden. Umgangssprachlich können wir einem Menschen dann ein starkes Ich bescheinigen, wenn er weiß, was er will, wenn er seine eigene Meinung vertritt und sich für seine Ziele auch einsetzt. Zu diesem Ich gehören jedoch auch Toleranz und Dialogfähigkeit. Allerdings wird ein starkes Ich zum Ego, wenn es seine Ziele gegen die berechtigten Ansprüche anderer durchsetzt, Grenzen nicht respektiert oder manipuliert, um das Beste für sich herauszuholen. Ein solcher Mensch kreist nur um sich selbst. Wenn wir zum Beispiel einen Computer kaufen, ist das Ich sehr wichtig. Sind jedoch Leute vor mir und ich beschwere mich, warum man mich nicht sofort bedient, weil ich es eilig habe, war das Ego in Aktion.

F: Wozu gehört dann der Wille?

W: Der Wille, so könnte man sagen, ist der Bruder des Ichs. Wille ist, sich für etwas zu entscheiden oder etwas anderes sein zu lassen, also die Wahl zwischen zwei Alternativen. Der Wille kann etwas beginnen oder etwas beenden. Wille bedeutet aber in jedem Fall, wir sind die Urheber unserer Handlungen und psychischen Akte. Wille ist die Fähigkeit, etwas in Angriff zu nehmen. Dennoch wählen wir, auch wenn wir unbewusst wählen.

F: Im Zen wird häufig das Shin-jin-mei rezitiert, dessen beide ersten Zeilen lauten, „Der höchste Weg ist nicht schwer, wenn du nur aufhörst zu wählen.“ [20]

W: Das hört sich ganz einfach an, ist dennoch ungeheuer schwer zu realisieren. Die Prozesse unseres Bewusstseins laufen meistens gewohnheitsmäßig ab, d. h., wir sind ihrer nicht gewahr, ja, wir bemerken sie überhaupt nicht. Sie sind so selbstverständlich für uns, dass wir glauben, die Wirklichkeit kann nur so erlebt werden, wie wir sie erleben. Wir wählen ständig, ohne uns dessen überhaupt bewusst zu sein. Beim Sitzen bemerken wir hin und wieder, dass einzelne Themen und Begriffe auftauchen, mit denen wir unser Erlebtes beschreiben, dass wir das eine mögen und das andere ablehnen. Auf diese Weise sitzen wir vorwiegend in einer Welt von Annehmen und Ablehnen, von Begriffen und Interpretationen. Genau das ist das Charakteristikum unseres personalen, begrifflichen und ich-haften dualistischen Bewusstseins. Einer der wesentlichen Prozesse ist dabei der Prozess des Sich-Identifizierens. „Ich bin es, der genau das jetzt erlebt, will oder nicht will! Ich bin es, der hört, es aber nicht hören will! Ich bin es, der das sieht, aber abscheulich oder geschmacklos findet.“ Wir sind meistens auf der Suche nach einer perfekten Welt, d. h. einer Welt, wie wir sie uns vorstellen und für gut befinden. So produzieren wir ständig unsere eigene Gedankenwelt und gestalten auf diese Weise unsere inneren Räume.

F: Was ist, wenn sich unser Bewusstsein nicht mehr mit den einzelnen Inhalten identifiziert?

W: Wenn unser Bewusstsein von Mögen und Nicht-Mögen losließe, könnte es wahrnehmen, wie sich dieses Energiefeld anfühlt. Würden wir uns nicht mehr mit irgendwelchen Einzelinhalten identifizieren, gäbe es keine Begrenzungen mehr. Wir würden zum „Echo der Leerheit“, wie ich eine meiner Koan-Sammlungen genannt habe. Innen und außen würden verschwinden und wir selbst mit unserer Umgebung verschmelzen. Das Verbunden- und Verwobensein in einer Sitzgemeinschaft lässt ein großes Kraftfeld entstehen. Wir sind gleichsam aufeinander eingestimmt. Man könnte es auch umschreiben als eine Übereinstimmung der gleichen Wellenlänge oder der gleichen Schwingung. Die Qualitäten, die daraus entstehen, sind Mitgefühl und Durchlässigkeit. Wir treten in Kontakt mit dem größeren Ganzen, dem Wir, der Einheit. Alle Begrenzungen unseres personalen Bewusstseins und des damit verbundenen Ich-Gefühls, das ständig das Angenehme will und das Unangenehme auszuklammern versucht, lösen sich auf und fallen weg. So entsteht gleichsam ein unisono energetisches Klima. Auf dieser Ebene hilft jeder jedem, der Mensch wird von Liebe und Mitgefühl überwältigt. Diese allumfassende Liebe kann nicht mehr in Worten ausgedrückt werden. Sie ist es, die dem menschlichen Leben einen wirklich tragenden Grund gibt und ihm den Sinn des Daseins erschließt.

F: Wenn ich also offen bin und leer von persönlichen Wünschen…

W: … nur dann kann die Welt gesehen werden, wie sie wirklich ist, als ewiger Fluss von Werden und Vergehen, als ständiger Wandel von Erscheinungen, die in sich substanzlos sind und das eigene Ich nicht ausklammern.

F: Wie ist denn dieses personale Bewusstsein eigentlich entstanden?

W: Man könnte die Entstehung vergleichen mit der Entwicklung eines Kindes. Am Anfang steht die prä-personale Stufe. Sie kann vielleicht am besten als ein ozeanisches Bewusstsein umschrieben werden, als eine unbewusst grenzenlose Einheit mit der Umgebung. Diese vorpersonale Stufe kennt weder eine Ich-Identität, noch gibt es eine Trennung von Mensch und Natur. Aus diesem archaischen Bewusstsein entwickelte sich ein magisches und mythisches Bewusstsein, das sich an den Zyklen der Natur orientierte. Das weibliche Prinzip überwog, man verehrte die Große Mutter im exoterischen Bereich und die Große Göttin im esoterischen Bereich. Es war die Zeit des Ackerbaus und der magischen Opferhandlungen, mit denen die Fruchtbarkeit beschworen wurde. Wir kennen dies heute noch in den Bittprozessionen. Langsam entstand ein starkes Gefühl der Gruppenzugehörigkeit, des Clans. In der Entwicklung der folgenden personalen Stufe wurde vor allem das männliche Prinzip vorangetrieben. Das mentale Ich entstand also im Patriarchat. Ein altes Bild für diese personale Entwicklung ist der Kampf des Helden mit dem Drachen, der die Instinkte und Gefühle einerseits und die Mächte der Nacht andererseits symbolisiert. Der Held wird in der Sonne wiedergeboren. Das Licht wird zum Kernsymbol des Helden. Durch ein Verdrängen der Instinkte und Gefühle entsteht im vorwiegend rationalen Menschen die Entfremdung von der Natur, ein Loslösen von den eigenen Wurzeln, die Spaltung von Geist und Materie, von Wissenschaft und Religion. Typisch für diese personale Stufe ist das Selbstbewusstsein, ein reflektierendes Ich-Bewusstsein und damit einhergehend die Entdeckung des Intellekts und der Logik. Daraus entstehen einerseits kritische und analytische Verfahrensweisen sowie unser individuelles Denken, andererseits die ganzen Probleme des modernen Menschen: Sinnlosigkeit, Ängste, Entfremdung und Isolierung. Der Ausweg aus dieser Krise kann nur die Entwicklung unseres Bewusstseins in die Nicht-Dualität sein. Nur die Explosion unseres alten Bewusstseins kann dies bewirken. Erst auf der Stufe eines gemeinsamen Bewusstseins wird es uns Menschen möglich sein, in Frieden miteinander zu leben.

16. Kapitel
Der Prozess des Lebens

F: Könnte man sagen, dass wir uns und die Welt, wie wir sie wahrnehmen und auf sie reagieren, in jedem Augenblick neu erschaffen?

W: Vielleicht sollte man das Wort „erschaffen" durch „produzieren" ersetzen, denn wir sind nur in den seltensten Fällen wirklich kreativ. Vielmehr reproduzieren wir altbewährte Konzepte, je nachdem, wie sie sich bewährt haben. Durch das ständige Wiederholen unserer Identifikationen und Abgrenzungen verbraucht dieser Vorgang sehr viel Energie. Eigentlich wollen wir uns ständig unserer Eigenständigkeit und Unabhängigkeit vergewissern. In Wirklichkeit verleugnen wir die Wahrnehmung von Einheit und Vernetzung aller Dinge. Die Konstruktion eines getrennten Ichs ist ein sehr kostspieliger Luxus, den wir Menschen uns leisten. Es kostet uns viel Kraft, weil wir fortwährend damit beschäftigt sind, auf dem Fluss unseres Daseins feste Konstruktionen zu bauen, an denen wir uns festhalten wollen. Dazu bedarf es unablässig Aktionen des Abstützens, denn andauernd fließt etwas weg, muss gestützt und untermauert werden.

F: Sie meinen, der Mensch hat sich die Wirklichkeit, in der er denkt, fühlt und handelt, selbst konstruiert?

W: Ja. Unser ganzes Leid basiert auf der menschlichen Fähigkeit, dass wir Selbstgemachtes als eine Tatsache hinstellen und uns dadurch eine Orientierung und Identität verschaffen. Allerdings halten diese Konstruktionen nur so lange, wie wir glauben, vom anderen getrennt zu sein, durch Geben zu verlieren und durch Nehmen zu gewinnen. Die eigentliche Wirklichkeit geht bei diesem Prozess verloren. Wir selber sind die Erbauer dieser Konstruktionen.

F: Wer meditiert, nimmt doch aber auch Abstand von diesen Konstruktionen?

W: Ja. Meditieren ist ein Entlarven der sogenannten Wirklichkeit. Es ist ein Verzicht auf alle Identifikationen und ein totales Sich-Ausliefern. Dadurch geschieht ein heilsames Unterbrechen alter Muster.

F: Dennoch werden unsere Reaktionen von innen geleitet?

W: Genau aus diesem Grund können wir auch nur von innen her unsere Gewohnheiten und Muster, unter denen wir leiden oder an denen wir hängen, verändern. Veränderung passiert nie gewollt. Das einzige, was wir wirklich tun können, ist das Unterbrechen der Muster, indem wir uns auf jeden Augenblick neu einstellen. Der unendliche Strom, der wir sind, lässt sich nicht fassen. Jemand fragte Gott einmal im Hinblick auf alles Leid in der Welt: „Warum tust Du nichts dagegen?“ Gott antwortete: „Ich habe etwas getan. Ich habe Dich erschaffen.“ In Wahrheit sind wir der Prozess des Lebens selbst.

F: Wer die Welt hingegen nur als Objekt sieht, kann nicht verstehen, warum sie geschützt werden sollte.

W: Genau diese Objekthaftigkeit verursacht unser ganzes Leid. Die globale Krise, in der wir uns befinden, ist das Resultat falscher oder unentwickelter Identitäten. Trotzdem sollten wir wissen, dass unser Ich zwar ein schlechter Meister ist, aber ein guter Diener.

F: Können wir dabei die Aussagen eines Jesus oder eines Buddha auch auf uns anwenden, obwohl der Mensch nicht immer und überall der Gleiche ist?

W: Wir können nicht so tun, als ob sich seitdem nichts verändert hätte. Die Weisheit eines Jesus oder eines Buddha könnte uns natürlich dabei helfen, wenn wir nicht an den Buchstaben hängen bleiben würden.

F: Hat sich der Mensch, abgesehen von der ganzen Technik und Wissenschaft, verändert?

W: Grundsätzlich sicher nicht. Vielleicht ist das Ego in unserer Zeit noch stärker in den Vordergrund getreten, vor allem das Besitz- und Machtstreben einiger großer Staaten und ihrer Oberhäupter.

F: Daran ändern auch alle Philosophien nichts.

W: Sie haben sich totgelaufen. Sie enthalten zwar alle einen großen Zweifel, aber sie bieten uns keine wirklichen Lösungen zur Überwindung des „alten Bewusstseins“ an. Die westliche Metaphysik nähert sich allmählich dem „neuen“ Bewusstsein und beschreibt neue Bewusstseinsschichten. Die Physik würde vielleicht den Ursprung erste Singularität nennen, eine Einzigartigkeit, die keine Qualitäten mehr hat und über die infolgedessen nichts mehr ausgesagt werden kann. Schon Plotins Anschauung kreiste um das Verhältnis des Einen zum Vielen. Eines ist alles. Dennoch hat dieses Eine bei Plotin den Charakter einer Null, Gott wird als eine Null-Dimension, als Leere, als ein Nichts betrachtet. Gott ist für ihn ein Überkochen, wobei Herd und Topf fehlen, reines Kochen, ein Quellprozess ohne Quelle. Daher ist sein Leitspruch: „Lass alles weg“.[21] Das Ich ist für Plotin eine Bewegung in der Zeit. Wo jedoch die Zeit fehlt, ist auch kein Ich mehr vorhanden. So taucht immer wieder der griechische Begriff „Kenosis“ auf, was soviel bedeutet wie „Entleerung“ oder „Entäußerung“. Wir sollten Gott nicht vor uns hinstellen oder uns vorstellen, wie er ist. Wir sollten das Göttliche vielmehr sein lassen, d. h. es wirken lassen in uns. Diese Nicht-Objekthaftigkeit Gottes wird von den christlichen Mystikern häufig als ein Nichts Gottes, eine Wie-es-ist-heit, ein Sosein ausgedrückt.

F: Meiner Meinung nach tendieren Religionen immer in zwei Richtungen, in die mystische und in die ethisch-moralische, wobei die zweite Richtung meistens überwiegt.

W: Das ist richtig. In der heutigen Zeit suchen Menschen mehr und mehr die mystische Richtung, weil sie der Ansicht sind, dass sie ihrem Leben mehr Sinn geben kann. Außerdem hat die ethisch-moralische Richtung, wenn wir ehrlich sind, 2000 Jahre lang versagt. Der erhobene Zeigefinger wird schlichtweg nicht mehr respektiert. Immer mehr Menschen haben inzwischen selbst erfahren, dass Gott nicht gedacht werden kann, weder als Subjekt noch als Objekt. Ihnen geht es vor allem um eine erlebte Erfahrung, nicht um Meinungen und Ansichten, die sich ständig verändern.

F: Ich habe mich auch mit vielen Menschen darüber unterhalten. Sie bestätigen alle – und das ist verwunderlich –, dass der Sinn des

Daseins nur in der Überschreitung des Ichs, also des Ich-Bewusstseins, zu finden ist. Inzwischen weisen auch immer mehr Bücher darauf hin.

W: Meine Erfahrung ist, dass nur im transpersonalen Bewusstsein der Sinn für unser Leben zu finden ist. Wer seine wirkliche Aufgabe gefunden hat, weiß, was das bedeutet, nämlich sich selbst aufzugeben. Wir müssen jegliche Dualität überwinden, die Dualität von Leben und Tod, aber auch die Dualität von Göttlichem und Menschlichem. Dasselbe sagt auch der christliche Mystiker Jakob Böhme. Für ihn ist die Menschwerdung Jesu das große Thema. Er ist der Meinung, dass das Endliche das Ewige nicht fassen kann. Die Weisheit von Gott und Mensch kann nicht durch Fleisch und Blut begriffen werden. Es bedarf der Erleuchtung durch das göttliche Licht. Der natürliche Mensch, er meint den Alltagsmenschen, weiß nichts vom Geist Gottes. Selbst durch biblische Überlieferungen lässt sich diese innere Erleuchtung nicht ersetzen. An diesem Punkt wird Jakob Böhmes Kritik ganz deutlich. Viele heben zwar die Bibel als alleinige Quelle der Offenbarung hervor, sind allerdings ohne eine spirituelle Eigenerfahrung erkenntnislos. Dennoch ist der Mensch mehr, als er scheint.

F: Was ist dann der Mensch?

W: Für Jakob Böhme ist der Mensch ein Mischwesen, ein Bürger zweier Welten, einer inneren und einer äußeren Welt. Er betont, dass der Körper kein Mangelprodukt ist. Für Böhme ist die innere und die äußere, die spirituelle und materielle Wesensseite des Menschen eine Einheit.

F: Damit ist Böhme weit entfernt von einer dualistischen Aufspaltung der Wirklichkeit.

W: Ja. Es liegt ihm einfach viel daran, dieses gestörte Verhältnis wiederherzustellen. Voraussetzung für ihn ist dabei, die alte Seinsweise und Bewusstseinsart aufzugeben. Gott und Welt, Zeit und Ewigkeit sind für ihn Nicht-Zwei. Er ist der Meinung, dass göttliches Leben im Wesenskern des Menschen enthalten ist. Er spricht von der Wiederherstellung einer verlorenen Ganzheit und der Aufspaltung des Menschen in die Zweiheit. Immer wieder beschreibt Böhme auch das Ideenbild des Jungfräulichen, das für ihn das Urbild der menschlichen Ganzwerdung ist. Immer wieder prägt er seinen spirituellen Schülern ein, dass das Gold im „groben Stein“ verborgen ist.[22]

F: Böhme spricht wirklich über dieses neue Sein?

W: Ja. Er spricht auch davon, wie sich die Augen des Schauenden im Geschauten, jenseits allen Subjekt-Objekt-Denkens, spiegeln. Dies ist nur durch eine meditative Bewusstseinseinstellung möglich.

F: Spricht Böhme auch die dramatischen Begleitumstände an, in denen diese Offenbarung geschieht?

W: Ja. Er sagt, es ist als schlüge man Stein und Stahl aneinander. Trotzdem will Böhme niemanden zu seinem Denken bekehren. Es geht ihm schließlich nur darum, einen spirituellen Prozess in Gang zu bringen. Böhmes Anliegen ist, dass wir uns selber suchen und finden, dass wir *ein* Geist mit Gott sind. Spirituelle Übungen dürfen seiner Meinung nach den Menschen niemals der Erde entfremden, denn diese Erde ist ein großes Geheimnis. Und dieses Geheimnis gilt es mehr und mehr zu entdecken. Wir Menschen, so sagt Böhme, sind dazu erschaffen worden, die Wunder dieses Mysteriums ans Licht zu bringen.

17. Kapitel
Ich – Persönlichkeit – Ich-Tod

F: Gestern sprachen Sie vom Ich als einem Modell, das sich selbst ständig bestätigt sehen will, eine Art Schutzmechanismus, den wir entwickelt haben, um den Tod zu verdrängen.

W: Ja. Dieses Ich erklärt uns ständig, was wir alles brauchen, um glücklich zu sein. Ein islamischer Mystiker hat einmal gesagt: „Wer erklärt, der lügt." Wir müssen nichts erklären, wir müssen uns nicht rechtfertigen.

F: Wie kann ich aber beweisen, ein Original zu sein, ohne etwas zu sagen?

W: Das ist nicht einfach. Aus diesem Grund sagen Mystiker auch, dass sich das Geheimnis selbst beschützt. Obwohl die Lösung nicht einfach ist, ist sie doch das Einfachste von der Welt. Aber unser Ich, das immer eine Trennung von mir und einer äußeren Welt annimmt, steht uns dabei im Weg. An diesem Punkt sind auch schon moderne Bewusstseinsphilosophen angekommen. Sie stellen fest, dass nicht nur die äußere Welt, sondern auch unser Selbstbild, unser Ich, auf das wir alle so stolz sind, nur eine Erfindung unseres Gehirns ist. Sie bezeichnen das Ich als eine Illusion, und zwar die beste, die die Natur je erfunden hat.

F: Wie steht es in diesem Zusammenhang mit der Erleuchtungserfahrung?

W: Die Erleuchtungserfahrung ist nichts weiter als ein Durchsichtigwerden dieses Selbstmodells. Das Durchsichtigwerden geschieht im zwanglosen Beobachten des Augenblicks. Dazu müssen wir allerdings alles loslassen, sogar unsere bisherigen Erfahrungen, all unser Wissen, alle Modelle und Konzepte, die wir uns im Kopf zurechtgelegt haben.

„Stirb auf deinem Kissen", sagt Zen. Es ist ein Sterben in den Augenblick hinein.

F: Glauben Sie, dass die Menschheit dies begreift?

W: Die Menschheit ist inzwischen langsam aus ihren Kinderschuhen herausgewachsen, auch wenn manche Rückfälle in die Krabbelphase nicht zu übersehen sind. Immer mehr Bücher und Filme machen auf diesen Umstand aufmerksam. Kürzlich habe ich das Buch „Die Möwe Jonathan" gelesen. Richard Bach erzählt hier den Zen-Weg anhand der Geschichte einer Möwe.[23] Diese Möwe ist ein Sonderling, sie übt das Unmögliche. Aus diesem Grund wird sie aus ihrem Schwarm ausgestoßen. Dennoch findet sie einen Lehrer, der sie das Unmögliche lehrt. Schließlich kehrt sie zu ihrem Schwarm zurück, um andere Interessierte zu unterrichten. Wir sind alt genug, um unser Leben eigenverantwortlich in die Hand zu nehmen.

F: Trotz allem sind die meisten Menschen im Grunde wie kleine Kinder, die geliebt und an die Hand genommen werden wollen. Sie wollen geführt werden.

W: Wenn das nicht geschieht und sie ständig enttäuscht werden, fangen sie an zu jammern, sind traurig oder frustriert und gehen schließlich auf die Suche nach etwas Neuem. In Wirklichkeit suchen sie jemanden, der es für sie macht. Es ist ein ewiger Kreislauf, der sich ständig wiederholt. Suchen, Finden, Enttäuscht-Werden, neues Suchen, neues Finden.

F: Wie können wir diesem Kreislauf entrinnen?

W: Unser Problem ist, dass wir erkennen müssen, dass es nichts zu suchen gibt und nichts gefunden werden kann. Denn das, was wir finden, kann es niemals sein. Die Wirklichkeit ist ganz einfach. Alles ist da. Die ganze Herrlichkeit der Welt liegt vor uns und ist tatsächlich nur für uns gemacht. Jede Blume, jeder Sonnenaufgang kann nur sein, weil es mich gibt, weil ich bin, weil ich das bin, was da aufscheint. Wir sollten aufgeben, irgendetwas erreichen zu wollen. Es genügt, wach zu sein, ganz da zu sein für dieses Leben, für diesen einen Augenblick. Das Leben birgt so viele Potenzen in sich, aber sie sind nicht beschreibbar und noch viel weniger fassbar. Es hält unbeschreibliche

Wunder für uns bereit, wenn wir uns nur aufmachen würden, in eine Welt jenseits des Denkens vorzustoßen. Wir sollten das Leben jenseits von Leben und Tod entdecken, das Leben, das ungeboren ist und niemals sterben kann. Aber dies kann ich nur alleine, kein anderer kann es für mich tun. Ich kann nicht erklären, wie Tee schmeckt, ich muss ihn trinken. Das ist das Leben. Jede Erklärung ist nichts weiter als eine Überdeckung dieser Wirklichkeit, etwas Daraufgesetztes, allerdings nicht die Wirklichkeit selbst.

F: Eine Art Second-Hand-Wirklichkeit?

W: Ja. Eine Wirklichkeit aus zweiter Hand. Wir müssen nur da sein, ganz wach für diesen Augenblick, nicht mehr.

F: Ich glaube, viele Menschen haben Angst davor, in diese Wirklichkeit einzutauchen. Sie haben Angst davor, vielleicht nicht wieder zurückzufinden in diese Welt.

W: Ja. Ich selbst hatte auch diese Angst. Wer angekommen ist, stellt fest, dass diese Angst völlig unbegründet war. Unser Ich arbeitet eben mit vielen Tricks, um zu überleben. Tatsächlich brauchen wir uns nicht davor zu fürchten, denn wir können immer wieder zurückkehren, wenn wir dies für nötig halten. Oder, um es anders auszudrücken: Es gibt nur *eine* Ebene, und diese Ebene enthält die Ich-Ebene gleichermaßen.

F: Dennoch neigen die meisten Menschen dazu, sich als ein materielles Produkt der Evolution zu begreifen, während sie ihrer spirituellen Natur nur wenig oder gar keine Aufmerksamkeit schenken.

W: Das stimmt. Die meisten Menschen betrachten sich als etwas, das so und so groß, so und so alt ist und so und so aussieht. Sie gehen durch diese Welt, sehen im Außen Objekte, haben manchmal Schmerzen und gehen zum Arzt, wenn sie krank sind. Sie träumen vielleicht von einer besseren Welt, von mehr Geld usw. Das alles erlebt der Mensch als absolut real. Manchmal ist er wütend, manchmal liebt er, wird geliebt oder gehasst. Die Menschen beurteilen die Welt als subjektiv oder objektiv, verstehen dies und anderes nicht, glauben an das eine und lehnen etwas anderes ab, andererseits denken sie manchmal auch über sich selbst nach.

F: Inzwischen weiß man heute, dass sich unser Körper alle sieben Jahre vollständig erneuert. Mitunter stelle ich mir vor, wie es wäre, wenn ich diesen langsam fortschreitenden Prozess ganz plötzlich erleben würde. Ich vermute, ich würde sagen: Das bin nicht ich.

W: Ein sehr gutes Beispiel. Wir wären vermutlich alle schockiert. Die Frage ist, wer bin ich wirklich? Was ist denn dieses Ich?

F: Die meisten Menschen sagen: Ich bin dieser Körper.

W: Wenn ich mir einen Finger wegschneide, wird mein Ich nicht weniger, auch nicht, wenn der ganze Arm fehlt oder beide Beine.

F: Dabei entsteht die Frage, wieviel muss denn von mir noch vorhanden sein, damit ich „Ich" sagen kann?

W: Wenn unser Denken verschwindet, gibt es auch kein Ich mehr. Wenn wir beispielsweise schlafen, existiert kein Ich mehr, kein Körper, kein Denken. Wir erholen uns und tanken neue Energie. Somit ist das Denken doch ein erlernter Prozess. Wir haben unser Ich erlernt. Die Frage „Wer bin ich?", „Wer bin ich wirklich?", kann in den unterschiedlichsten Situationen an uns herantreten. Etwa, wenn wir uns in der Mitte unseres Lebens befinden und erkennen, dass das, was das Leben uns bietet, nicht alles sein kann. Es kann eine Krise sein, die plötzlich in uns aufbricht, oder ein Schicksalsschlag, der uns ereilt. Gekennzeichnet ist dieser Ausgangspunkt dennoch immer durch ein Fehlen von etwas Wesentlichem. In uns entsteht eine innere Unruhe oder einfach nur eine allgemeine Unzufriedenheit.

F: Vielleicht haben wir schon alles ausgekostet, was das Personale zu bieten hatte?

W: Eine wesentliche Triebkraft in unserem Leben ist das Erkennen unserer Unvollkommenheit. Wir erkennen unsere Schattenanteile und leiden daran. Wir vergessen einfach, dass wir nicht nur den Berg hinaufgehen, sondern auch wieder herunterkommen müssen. So lange wir den Berg hinaufgehen, sind die Schule, das Lernen, der Beruf, die Karriere, Hobbys, Urlaub usw. wichtig. All dies liegt im Außen. Aber wir müssen den Berg wieder hinuntersteigen, d. h. einen Weg nach innen finden.

F: Dieses Bewusstwerden hat sich bei mir so ereignet: Ich ging zur Arbeit und plötzlich wurde mir klar, dass ich mit 27 Jahren eigentlich immer noch derselbe Mensch war wie mit 15 oder 18 Jahren. Ich hatte mich überhaupt nicht verändert. Äußerlich ja, aber innen nicht. Plötzlich dachte ich, ich bin ja gar nicht erwachsen geworden. Das war ein großer Schock.

W: Oft ist dies der Startschuss für einen Weg nach innen, und viele beginnen an diesem Punkt mit der Suche. Die Evolution des Menschen drängt nun einmal in die Bewusstwerdung der eigenen Unsterblichkeit.

F: Glauben Sie, dass dieses Potenzial in jedem menschlichen Wesen steckt?

W: Ja, und dieses Potenzial will sich zur Vollkommenheit hin entwickeln.

F: Was halten Sie für den Sinn des Lebens?

W: Der Sinn des Lebens ist meiner Meinung nach einerseits das Leben selbst, andererseits aber auch das Sterbliche selbst als unsterblich zu erkennen.

F: Das hört sich an wie die Erschaffung eines Übermenschen.

W: Nein. Ich betrachte Zen als eine Art Lebensschule, die unsere Persönlichkeit reifen lässt. Wer sich auf die Spiritualität einlässt, verändert seine Sichtweise der Welt, er verändert seine Wahrnehmung und seine Auffassung von dieser Welt. So wird sein Alltag zu einem spannenden Abenteuer, das es zu bestehen gilt.

F: Trotzdem erlebe ich oft eine große Diskrepanz zwischen dem, was im gewöhnlichen Leben abläuft, und meiner eigenen Tiefe.

W: Das kommt sehr häufig vor. Das Problem liegt in der Trennung von Alltag und Meditation. Wir sollten uns auf die Welt einlassen, ohne sie auf der einen Seite zu beherrschen, uns aber auf der anderen Seite nicht an sie zu verlieren. Erst dann, wenn dieser Balanceakt gelingt, wird unsere spirituelle Entwicklung erfolgreich sein. Es ist nicht der Alltag, der sich dadurch verändert, sondern unsere Einstellung ihm gegenüber und der damit verbundene Umgang. Wenn dies gelingt, wird unsere Übung doppelt wirksam.

F: Ist Zen für Sie eine Verwandlung der Persönlichkeit?

W: Durchaus. Zen kann uns durchlässig machen und uns in die Transzendenz führen. Dabei geht es in der meditativen Praxis nicht um eine Beruhigung der Gedankenwelt, sondern um ein Öffnen des Herzens, ein Zerstören des vermeintlichen Ichs und ein Sich-Bewähren im Alltag.

F: Hängt der Fortschritt des Schülers davon ab, wie engagiert er sich bemüht?

W: Ich mag das Wort „Fortschritt" nicht, aber unser Engagement ist wirklich ganz entscheidend. Die Macht der Übung liegt nicht im Vorsatz, sondern im Tun. Hierzu sind Konzentration und Disziplin erforderlich, Disziplin natürlich ohne irgendwelche autoritären Züge. Ein Diamant wird nun einmal wesentlich kostbarer, wenn er zum Brillanten geschliffenen wird. Wir sollten uns dennoch im Klaren darüber sein, dass der Brillant bereits wesentlich im Diamanten enthalten ist.

F: Sie wollen damit sagen, ich muss trotzdem üben?

W: Ja, natürlich. Wir müssen die Fähigkeit in uns entwickeln, loszulassen. Dazu ist es wichtig, ständig sehr aufmerksam zu sein. Wer Neues erfahren will, kommt nicht darum herum, Gewohntes loszulassen und seine starren Haltungen aufzugeben. Nur wenn das Alte in uns stirbt, kann etwas Neues entstehen.

F: Ich stelle oft beim Sitzen fest, dass es gerade dann am lautesten in mir wird, wenn ich es ruhig haben will.

W: Das Gleiche können Sie auch beobachten, wenn Sie sich entspannen wollen, denn genau das Gegenteil geschieht. Die körperlichen Spannungen werden sich in diesem Augenblick verstärken. Nur dann, wenn jede Aktivität zur Ruhe kommt – dazu gehört auch dieses Wollen –, kommen die Saiten unserer tieferen Identität zum Klingen.

F: Wie wichtig ist die innere Ruhe beim Sitzen?

W: Wenn es in mir ruhig ist, ist es ruhig. Wenn aber Krieg in mir ist, ist es eben der Krieg, den ich beobachte. Innere Ruhe ist eigentlich nur der Vorgeschmack eines beginnenden Verwandlungsprozesses. Ich persönlich betrachte das Sitzen nicht als einen Weg, um ruhig zu werden, sondern als eine Methode, unsere Bewusstheit zu vertiefen. Dabei geht es nicht um ein Machen, sondern um ein Zulassen dessen, was ist. Loslassen ist für mich kein Verdrängen, sondern ein Registrieren und aufmerksames Beobachten. Dabei sind die Hindernisse, die im Alltag auftauchen, oft wie ein Spiegel, der mir vorgehalten wird, eine Konfrontation mit meinem Ich. Ich betrachte dieses Ich einfach nur als ein Übungsfeld, eine zeitweise Rolle, die ich spiele. In Wirklichkeit sind wir Kinder des Universums.

F: Wie würden Sie die Persönlichkeit beschreiben?

W: Bei genauer Betrachtung ist unsere Persönlichkeit ein Prozess von Abläufen, die ständig wechseln. Es sind körperliche und geistige Befindlichkeiten, die wir, obwohl sie sich ständig verändern, als etwas Konstantes betrachten.

F: Aber woher kommen diese Energien?

W: Es ist wie eine Pflanze, die verdorrt und ihre Samen auf die Erde fallen lässt. Unter entsprechenden Bedingungen beginnen sie zu keimen und bringen neue Pflanzen hervor. Sie sind es, die die neue Persönlichkeit formen.

F: Könnte man auch sagen, unser Leben schafft Situationen, an denen wir innerlich wachsen können und weiterkommen?

W: Ja. Diese Situationen stehen immer im Einklang mit unserem inneren Potenzial, sodass wir nie überfordert werden.

F: Dennoch sind es oft gerade Krisen, die uns Menschen zur Veränderung zwingen.

W: Das ist richtig. Krisen sind unsere spirituellen Entwicklungshelfer. Hintergrund sind häufig Ohnmacht und fehlende Kontrolle über das Geschehen. Sie können wirkliche Wendepunkte in unserer Entwicklung sein und beinhalten einerseits Gefahren, aber auch große Chancen.

F: Sie bezeichnen manchmal die Welt, in der wir leben, als eine Konstruktion unseres Geistes.

W: Ja. Diese Konstruktion geschieht durch unsere Sinnesorgane und unser verstandesmäßiges Betrachten. Eine Katze sieht die Welt nicht auf dieselbe Weise wie wir. Es gibt ebenso viele Wirklichkeiten, wie es Sichtweisen gibt. Weil uns die Erfahrung für die Einheit verloren gegangen ist, schließen wir uns bewusst oder unbewusst in der begrenzten Sichtweise unseres Lebens ein, werden somit Gefangene dieser Sichtweise. Das Unsterbliche bleibt verhüllt durch eine scheinbare Realität, die wir mit unserem Verstand erzeugen. Oder, anders gesagt, das, was wir als Realität wahrnehmen, ist wie ein Schleier, der sich über die wahre Wirklichkeit legt. Was wir als unsere Persönlichkeit betrachten, modelliert und konstruiert sich gleichsam ständig selbst.

F: Wenn ich Sie richtig verstehe, ist es also der Verstand, der mich hindert, meine Unsterblichkeit zu erfahren?

W: Ja. Der Verstand sagt immer *wenn* und *aber*. Er fragt ständig nach Absichten und Ursachen, weil er es so gewohnt ist. Wir sind wie Kinder, die hinter allem ein Warum suchen. Niemand aber fragt nach der Wahrheit, stattdessen wird gekämpft. Meine Meinung, deine Meinung, viele törichte Meinungen. Wir beanspruchen dieses oder jenes Land als unser Eigentum. Wir erklären dies für Deutschland, jenes für Frankreich, aber wir sollten begreifen, dass kein Land dieser Erde uns wirklich gehört. Wir haben das Land, die Berge und Flüsse nicht geschaffen. Wie kommen wir also dazu zu sagen, dieses Land ist deutsch, dieser Fluss gehört England? Das sind falsche Vorstellungen. Wir sollten zu einem Verständnis gelangen, dass uns nichts gehört, dass wir nichts zu vereinigen haben. Wir kämpfen auf der falschen Ebene.

F: Sie glauben, wir sind Gefangene unserer Meinungen?

W: Ja. Deshalb werden viele Menschen auch dem einfachsten Weg, den man ihnen zeigt, nicht folgen. Sie folgen nur ihrer eigenen Meinung, ihrer eigenen Wirklichkeit. Aber was ist diese Wirklichkeit wert? Nehmen Sie als Beispiel die Theologen und Philosophen. Sie besitzen kein wirkliches Wissen und sind trotzdem Lehrer. Das ist ein großer Fehler. Obwohl jemand nicht qualifiziert ist, darf er andere belehren. Die heutige Theologie ist eine Ansammlung trockener Interpretationen auf der Basis ursprünglicher Erfahrungen. Weil die eigene Erfahrung fehlt, hat die Theologie unserer Generation nichts mehr zu sagen. Bei Matthäus (Mt 23,13) lesen wir, „Wehe euch, ihr Schriftgelehrten und Pharisäer, ihr Heuchler. Ihr verschließt den Menschen das Himmelreich. Ihr selbst geht nicht hinein, aber ihr lasst auch die nicht hinein, die hineingehen wollen.“ Sie sehen, das Problem des Verstandes betrifft viele Schichten.

F: Manchmal habe ich den Eindruck, die Theologen sind ein rotes Tuch für Sie.

W: Nein, das ist nicht richtig.Ich glaube, wir sollten selbst einmal die Bibel lesen, um zu wissen, was darin steht und was nicht. Manches haben wir so oft vom Pfarrer in der Kirche gehört, dass wir der Ansicht sind, es stünde in der Bibel. In Wirklichkeit ist es meistens nur die Interpretation eines Textes, der eben so und so ausgelegt wird. Haben Sie schon einmal die Bibel gelesen?

F: Ich muss gestehen, nein, nie ganz.

W: Mir ist es auch so gegangen, bis ich meine beiden Zen-Lehrer kennengelernt habe, einen Franziskaner und einen Benediktiner.

F: Gleichwohl wird immer wieder behauptet, Zen führe vom Christentum weg.

W: Das Gegenteil ist der Fall. Schauen Sie, ich sprach vorhin vom Verstand. Selbst Adam scheiterte am Baum der Erkenntnis und musste den Fluch der Arbeit auf sich nehmen. Die Kraft, allen Dingen einen Namen zu geben, gebiert den Dualismus. Als Folge erkennt man sich als Person, als Form, als nackt. Erst durch diesen Dualismus ist der Mensch fähig geworden, Ich zu sagen und mit Gott als einem Du, einem Gegenüber zu sprechen. Dieses Ich ist der Fluch des Baumes der Erkenntnis. Dualität ist letztlich ein Abstraktionsprozess, der sich entfaltet durch ein Bezeichnen von Formen durch Worte, Namen und Zeichen. Dualismus tritt gerade dann auf, wenn sich das Zeichen vom Bezeichneten trennt, ist also ein Prozess der Trennung, der Abtrennung, der Absonderung oder der Sünde, wie es christlich genannt wird. Das sprachliche Bewusstsein spielt demnach eine sehr zentrale Rolle in der Erzeugung der Illusionen und setzt sich fort im Beurteilen von Gefühlen, im Begehren und im Anhaften. Auf diese Weise erzeugen wir selbst unser Ich und unsere Selbstillusion. So entstehen Macht, Gewalt und Kriege. Sie sind Anteile des Egos. Wir sollten herausfinden, was das Absolute ist und was hinter und in jedem Sein steckt. Das sollte unser

Ziel sein. Solange wir jedoch keinen Maßstab haben, werden die Kriege andauern. Das Wesen der Evolution entwickelt sich vom Persönlichen hin zur Transzendenz. Solange wir in unseren Eigeninteressen gefangen sind, wird die schöpferische Kraft in uns verschleiert, und wir verkümmern im engen Gefängnis unserer eigenen Persönlichkeit. Unser wahres Wissen finden wir nicht in Büchern, sondern nur in uns.

F: Sie sprachen vorhin von einem Abstraktionsprozess durch die Sprache. Meinen Sie damit auch den inneren Dialog?

W: Ja. Vor allem ist es dieser innere Dialog, der oft wie ein Gift in uns wirkt und unsere eigentliche Klarheit vernebelt. Der innere Dialog kann allerdings nicht willentlich aufgehoben werden, wir können ihn nur erkennen. Würden wir unser Denken unterdrücken, wäre dieses Unterdrücken selbst nur wieder Kommentar. Zenmeister Bankei hat diesen Versuch beschrieben, wie wenn jemand versuchen würde, Blut mit Blut abzuwaschen. Denken kann nicht aufgehoben werden, aber der Inhalt des Denkens, die Art und Weise, wie ich denke, kann verwandelt werden. Denken gewaltsam zu unterdrücken wäre Selbstquälerei. Auch Buddha unterlag lange Zeit diesem Irrtum. Er sagte: „Ich drückte es nieder und quälte es nieder.“ [24] Schweigen und innere Stille können nicht erzwungen werden. Denken tritt immer nur dann auf, solange wir etwas wollen, solange wir ein Ziel vor Augen haben und es mit irgendetwas anderem in Verbindung bringen.

F: Warum wird Zen so häufig im Zusammenhang mit Buddhismus erwähnt?

W: Ein Mensch, der nie Zen praktiziert hat, wird Zen immer mit Buddhismus in Verbindung bringen. Wer jedoch tief in sein eigenes Wesen eingedrungen ist, wird keinen Goldstaub mehr in den Augen haben, auch wenn Goldstaub etwas sehr Kostbares ist.

F: Sie bezeichnen Buddhismus als Goldstaub?

W: Ja, nicht nur den Buddhismus, jede Religion. Alles, was zu einer Religion gehört, auch religiöse Texte, Feiern, Rituale und heilige Bücher könnte man als Goldstaub bezeichnen.

F: Was meinen Sie damit?

W: Wenn Goldstaub in die Augen gerät, nimmt er einem die Sicht, d.h., das Wertvolle, der Goldstaub, der eigentlich nur Mittel ist, wird als Ziel betrachtet und behindert die Sicht. Im Zen geht es nicht um Glauben oder Wissen, sondern allein um die Erfahrung. Dazu könnte auch die Religion ein Mittel sein. Vielen Religionen fehlt es jedoch an Liebe und Toleranz. Ohne diese Liebe kann keine Erkenntnis erlangt werden. Thomas von Aquin hat gesagt, dass jede große Liebe die Tochter einer großen Erkenntnis ist.[25] Wenn wir wollen, dass es uns gut geht, müssen wir dafür sorgen, dass es auch dem anderen gut geht, denn wir leben von dem, was wir geben. Dabei müssen wir uns auch unserer eigenen Verletzlichkeit öffnen.

F: Sie meinen damit unser gekränktes Ich?

W: Ja. Wir müssen wirklich erfahren, dass dieses Ich nur ein geistiges Konzept ist, ein Gedankenprodukt, ein sich ständig wandelnder Prozess, der gemäß den Ursachen und Wirkungen dahinfließt. Unwissende Menschen klammern sich ständig an etwas und sei es die Hoffnung auf etwas Besseres in der Zukunft. Auf diese Weise wird selbst das Glück in Schmerz verwandelt. Wer sich an einen Pol klammert, ist gefangen im Entgegengesetzten. Wir sollten so intelligent sein, alle Formen des Dualismus loszulassen, wenn wir sie nicht mehr benötigen. Unser Ich ist beinahe ununterbrochen in Aktion. Diesen Prozess kann ich beim Sitzen sehr genau beobachten. Ich fühle mich dem zugeneigt und finde etwas anderes abstoßend. Ständig bin ich damit beschäftigt zu sortieren. Das Ich hebt ständig die Bruchstücke dieser Welt auf und sortiert sie in erstrebenswerte oder uninteressante Ziele.

F: Wie kommt es, dass wir so viel Ballast mit uns herumtragen?

W: Es ist so, dass uns einige Trümmer völlig gleichgültig lassen, während wir von anderen Trümmern fasziniert sind. Ich bezeichne die Trümmer, die wir mit uns herumtragen, oft als Hinkelsteine. Durch die Übung des Zazen verlieren wir sie, sie lösen sich auf und wir fühlen uns erleichtert. Viele der Trümmer rufen böse Erinnerungen in uns wach. Wir versuchen sie wegzuwerfen, aber es gelingt nicht. Sie holen uns immer wieder ein und verselbstständigen sich. Wir wollen sie verdrängen, aber durch eine andere Tür kommen sie wieder zurück, ohne dass wir es bemerken.

F: Sie sprechen von unseren Schattenseiten?

W: Ja. Von ihnen fühlen wir uns beim Sitzen am meisten bedrängt und verfallen oft in eine große innere Unruhe. Daher sollten wir wirklich hellwach sein und aufpassen, dass unser Ego nicht die Ohren spitzt. Selbst wenn wir sprechen, sollten wir unseren Geist davon unberührt lassen. Eine alte Weisheit lautet: „Der Mund ist das eine, der Geist das andere.“ Das hat nichts mit Dualismus zu tun. Ich meine, wir können sagen „das gehört mir“, ohne im Geist etwas zu besitzen. In Wirklichkeit können wir weder etwas besitzen, noch etwas finden, das wirklich ein separates oder andauerndes Wesen besitzt. Die Leerheit enthält weder eine Substanz noch irgendeine eigenständige Existenz.

F: Ihre Sprache ist für mich manchmal schwer zu verstehen.

W: Sie sollten daran denken, dass es nicht notwendig ist, das, was ich sage, sofort zu glauben oder dem beizupflichten. Manchmal fühlen wir einfach, dass uns etwas hindert, einander zu verstehen. Das Problem ist dabei die Sprache selbst. Auch ich hatte früher ähnliche Schwierigkeiten. Die Sprache, die von Zen-Lehrern gesprochen wird, ist häufig anders als die Umgangssprache. Sie wirkt paradox und wird nur von demjenigen verstanden, der das rechte Verständnis dafür hat. In dieser Sprache ist es nicht einmal notwendig, auch nur einen Ton von sich zu geben. Da wird mit einem Finger gedeutet oder eine Augenbraue gehoben, und schon ist alles vollkommen klar.

F: Kann es sein, dass genau aus diesem Grund viele Christen ihre eigene Bibel oder die Texte in den Büchern anderer Religionen nicht verstehen?

W: Ja. Die Bibel ist ein Weisheitsbuch und größtenteils nicht in unserer Umgangssprache zu verstehen. Dieses Nichtwissen und Nichterfahren muss zwangsläufig zu Auseinandersetzungen führen, bis hin zu Religionskriegen. Nur, wer wirklich tief eingedrungen ist, kann beide Sprachen verstehen und ihre Bedeutungen auseinanderhalten. Nehmen Sie als Beispiel das Wort „Leben“. An einer Stelle in der Bibel heißt es: „Christus gab sein Leben“ (Mt 20,28). Gemeint ist hier das umgangssprachlich gebräuchliche Leben, dass sie ihm sein Leben nahmen. Auf der anderen Seite gibt es den Ausspruch: „Willst du aber zum Leben eingehen…“ (Mt 19,17) Hier ist ein Leben gemeint, das nicht sterben kann, das nicht getötet werden kann, das den Tod nicht kennt. Sie können sehen, wie unterschiedlich die Bedeutungen für ein und dasselbe Wort sein können. Nehmen wir das Wort „sterben". Umgangssprachlich bedeutet „sterben", wenn die Funktionen des Körpers aufhören. Der Ausspruch: „Wer vom Baum der Erkenntnis isst, wird sterben" (Gen 2,17) bedeutet im spirituellen Sinn: Wann auch immer wir die Frucht des Dualismus essen, müssen wir sterben. Das bedeutet, wann immer auch dualistische Gedanken aufsteigen, bedeutet dies den Tod für uns. So sterben viele von uns viele Tode an einem Tag. Dieses Sterben ruft Depressionen, Unruhe und Angst hervor. Intelligente Menschen werden sehr oft sterben. Deshalb sollten wir versuchen, die Tricks unseres Denkens zu durchschauen, um nicht ständig und immer wieder neu darauf hereinzufallen. Wir sollten lernen, mit leerem Geist zu arbeiten, denn unser wirklicher Geist ist völlig ungehindert und frei, er steht schließlich über allen Dualitäten. Wer jedoch mit einem sehr geschäftigen Geist arbeitet, wird in seiner Arbeit ruhelos sein, voller Sorgen und Ängste. Es ist wichtig, dass wir alles, was wir tun, mit Körper *und* Geist praktizieren. Die Arbeit tun wir immer mit dem Körper, dennoch sollte unser Geist gleichzeitig dabei leer bleiben. Das ist die richtige Praxis im Zen. Wir sollten unsere Arbeit tun, ohne in das Ego verwickelt zu sein. Aber auch nur ein Moment der Unachtsamkeit, und schon befällt uns wieder die Angst, etwas falsch oder nicht gut genug gemacht zu haben. Dieses Nicht-Hängen an den Dingen wird auch in der Bibel beschrieben: „Denn ich sage euch, Brüder, die Zeit ist kurz. Daher soll, wer eine Frau hat, sich in Zukunft so verhalten, als habe er keine, wer weint, als weine er nicht, wer sich freut, als freue er sich nicht, wer kauft, als würde er nicht Eigentümer, wer sich die Welt zunutze macht, als nutze er sie nicht." (1 Kor. 7,29–31) Das heißt: Klammere dich nicht an die Menschen, an die Dinge, an die Welt. Auch wenn wir unsere Rechte vor Gericht schützen, können wir dies mit einem leeren Geist tun. Auf diese Weise werden die Dinge nicht kompliziert und schwierig sein. Das Gleiche gilt, wenn wir in ein Streitgespräch verwickelt sind. Selbst wenn wir aus erzieherischen Gründen bestrafen, ist es möglich, dies mit einem leeren Geist zu tun. Unser ganzes Leben wird auf diese Weise zu einem Nicht-Ich und einem Nicht-Mein.

F: Im Zen wird viel über dieses Nicht-Ich geschrieben. Können Sie mir dies an einem praktischen Beispiel erläutern?

W: Wenn ich beim Sitzen den Nicht-Ich-Standpunkt einnehme, fühle nicht mehr ich die Verspannung – die Verspannung spürt sich selbst. Meine Verspannung ist die Verspannung von niemandem geworden. Es ist ein Freisein von Verspannung trotz Verspannung. Es ist nicht mehr *meine* Verspannung, sondern nur noch *eine* Verspannung. Dies ist vergleichbar mit einem Wassertropfen, der ins Meer fällt. Er ist zum Meer geworden. Seine Identität ist verloren gegangen zugunsten von etwas Größerem, der Leerheit. Unsere beiden Körper mögen zwar verschieden sein, aber unser Bewusstsein, das Sie zu dem macht, was Sie sind, ist vollkommen identisch.

F: Könnte man also sagen, unser Geist hat nicht mehr das Gefühl, Ich zu sein?

W: Ja. Und es gibt keine Möglichkeit mehr, dass Leiden auftreten könnte, weil es ja kein Ich mehr gibt, das leiden könnte.

F: Was bedeutet es, Leerheit zu erfahren?

W: Zu sehen, dass alles leer ist, bedeutet zu sehen, dass nichts mehr von einem selbst da ist. Umgangssprachlich bedeutet „leer", dass nichts mehr existiert. Leerheit aus der Erfahrung heraus gesehen, bedeutet: Alles existiert, ohne jedoch auf irgendetwas bezogen zu sein, weder auf ein Ich noch auf etwas anderes. Nur die Unwissenheit darüber, wer ich wirklich bin, gebiert unser Ego-Bewusstsein und alle damit verbundenen Formen und Ideen.

F: Viele, die das nicht verstehen, denken nach und überlegen.

W: Diejenigen aber, die es erkannt haben, verstehen es sofort, auch ohne Erklärung. Das Wort „Geburt" bedeutet in der Umgangssprache, aus der Mutter geboren zu werden. In der Dharmasprache aber bedeutet Geburt, dass eine neue Form von Daran-Hängen geboren wurde. Eine solche Geburt geschieht jedes Mal, wenn in uns ein Gedanke oder ein Gefühl aufsteigt, das verbunden ist mit einem „Ich-Will" oder „Ich-Will-Nicht". Es ist eine ständige Ich-Geburt. Wer sich zum Beispiel Witze ausdenkt, wird in diesem Augenblick als Witzbold geboren. Wer mörderische Gedanken hat, wird in diesem Augenblick als Mörder, wer ängstliche Gedanken denkt, als Feigling geboren. So können wir an einem Tag in vielen verschiedenen Formen geboren werden. Jedes

Mal jedoch findet eine Geburt statt. Jeder Gedanke von „ich bin“ oder „ich will“ bedeutet eine neue Geburt. Geburt aber bedeutet Leiden. Immer, wenn wir „ich“ sagen, setzt die Geburt ein, also auch das Leid. Wenn wir hingegen in einem Zustand von Nicht-Ich leben könnten, wäre das, wie ungeboren zu sein und kein Leid mehr zu erfahren. Leid entsteht immer nur dann, wenn unser egoistisches Denken einsetzt. Mit dieser Frage sollten wir uns wirklich auseinandersetzen. Wenn es dieses ständige Geborenwerden nicht mehr gäbe, würde schließlich auch niemand mehr da sein, der die Probleme hätte. Es ist eigentlich ganz einfach.

F: Andererseits steht in der Bibel auch, dass wir sterben müssen, um zu leben?

W: Das ist richtig. Damit ist aber nicht unser physischer Tod gemeint, sondern der Ego-Tod, der mystische Tod.

F: Können Sie mir das genauer erklären?

W: Der mystische Tod stellt die letzte Stufe der Selbstverwirklichung dar. Dieser Tod vernichtet unsere scheinbare personale Individualität. In Wirklichkeit ist es eine Transformation, die stattfindet.

F: Könnte man auch sagen, es ist ein Tod vor dem eigentlichen Tod?

W: Ja. Angelus Silesius, ein christlicher Mystiker, hat es so ausgedrückt: „Stirb, eh du stirbst, damit du nicht verdirbst, wenn du stirbst.“ [26] Deutlicher kann man es meiner Meinung nach nicht sagen.

F: Kann dieser Ich-Tod auch näher beschrieben werden?

W: Der Ich-Tod bedeutet kein Auslöschen unseres Seins. Er führt vielmehr in ein neues Sein, in ein transparentes Sein. Er ist eine Befreiung von allen vordergründigen Identitätsfixierungen, von allem verstellenden Denken, einem gegenständlichen und begrifflichen Denken. Dieses neue Sein ist nicht mehr eingegrenzt in Raum und Zeit, und dieses Bewusstsein benötigt keinen Halt mehr in logischen Strukturen und Denkmustern. Es ist jetzt einfach und klar geworden. Jeder Augenblick ist zu einem nackten Augenblick geworden. Der Dualismus ist überwunden. Dieses neue Sein in Worte fassen zu wollen würde eine Verkürzung durch den Verstand bedeuten. Menschen, denen dies widerfährt, geschieht es urplötzlich. Sie haben zunächst den Eindruck, verrückt zu sein. Sie lachen oder sie weinen und können es nicht fassen. Wohl dem, der in diesem Augenblick einen Lehrer hat, der ihm zur Seite steht. Alle Schleier sind gelüftet und sämtliche existenziellen Fragen beantwortet. Die „Auferstehung" wird erfahren. Ein solcher Mensch befindet sich in einem Zustand absoluter Glückseligkeit. Er ist nicht mehr in Verbindung mit Gott, sondern mit Gott vereinigt. Alles geschieht in purer Zeitlosigkeit. Man könnte auch sagen, es ist die Erfahrung eines formhaften Gottseins in formloser Form, bewusstloses Bewusstsein, reine Gegenwart, ohne gegenwärtig zu sein. Es ist ein Versinken in eine unendliche Weite und Offenheit, ohne die geringste Trübung. Ein Christ, der diese Erfahrung macht, wird alles als göttlich betrachten. Jede noch so kleine Bewegung hat in diesem Augenblick etwas Erhabenes und Großartiges, aber auch jeder Laut, jedes Ding, jeder Mensch. Der Christ würde sagen: Die Gottesgeburt hat stattgefunden. Er kann nur noch stammeln und wird Wunder über Wunder erleben, Augenblick für Augenblick. Er wird sich als verkörperte Leere, als Verkörperung Gottes erleben, Gott und Mensch zugleich, ewig und absolut frei. Ein solcher Mensch ist zu einem majestätischen Geheimnis geworden. Er hat seine wahre Identität, seine kosmische Identität gefunden. Er wird sich fühlen als alles und nichts zugleich. Aus der Puppe ist ein Schmetterling geworden, der sich über diese Welt erhebt. Für solche Menschen ist selbst Verblendung und Erleuchtung kein Gegensatz mehr, ja sogar die Illusion ist zur wahren Wirklichkeit geworden.

F: Sie sprechen so voller Begeisterung.

W: Begeisterung ist das falsche Wort. Ich glaube, es ist mehr eine sehr tiefe Achtung und Dankbarkeit vor dem, was nicht mehr in Worte zu fassen ist. Selbst Gebete werden dann nicht mehr Bittgebete sein, sondern nur noch Dankgebete.

18. Kapitel
Umbruch

F: Manchmal habe ich den Eindruck, dass vielen Menschen in unserer Zeit eine rationale Weltdeutung nicht mehr genügt.

W: Das ist richtig. Wir leben in einer Zeit des großen Umbruchs. Dennoch haben auch schon früher die Menschen versucht, sich aus den Fesseln ihres Alltags zu befreien. Rückblickend kann man das schon 800-200 v. Chr. beobachten, wo in vielen Ländern beinahe gleichzeitig eine einheitliche Entwicklung in diese Richtung feststellbar war. Karl Jaspers nannte diese Zeit „Achsenzeit“[27]. Da lebten in China Konfuzius und Laotse, Tschuang-Tse und Lie-Tse. In Indien entstanden die Upanishaden, Buddha wurde geboren, während im Iran Zarathustra lehrte. In Palästina traten Propheten auf, Elias und Jeremias, und in Griechenland Paramenides, Heraklit, Platon bis hin zu Archimedes. Alle diese geistigen Umbrüche lösten das mythische Zeitalter ab. Man könnte diese Zeit als einen großen bewusstseinsgeschichtlichen Durchbruch von unvorstellbarem Ausmaß bezeichnen.

F: Sie meinen, eine neue Art der Weltdeutung fasst Fuß, weil den Menschen eine rationale Deutung nicht mehr genügte?

W: Ja. Ähnlich wie in der heutigen Zeit. Der Mensch ist sich seiner selbst ungewiss und daher aufgeschlossen für neue Möglichkeiten. Die mythische Welt versank langsam und blieb nur noch im Glauben der Volksmassen lebendig. Zum ersten Mal gab es Philosophen, die ganz allein auf sich selbst gestellt waren. Der Mensch entdeckte in sich den Ursprung und erhob sich über sich selbst.

F: Ich glaube, damals wie heute waren die Menschen getrieben von einer Sehnsucht nach Befreiung und Erlösung.

W: Das ist richtig. Ich glaube, die Menschheit als Ganzes tat einen Sprung. Es fanden geistige Auseinandersetzungen statt, geistige

Kämpfe, Diskussionen und Parteibildungen, um den anderen zu überzeugen. Oft wurden diese geistigen Horizonte von der Allgemeinheit nicht mehr verstanden und noch weniger begriffen.

F: Meines Wissens entstanden auch Schulen, die untereinander konkurrierten, um den richtigen Weg zur Wahrheit zu finden.

W: Ja. Der Gegenstand des Nachdenkens war jedoch immer das menschliche Dasein. Daher könnte man diese Zeit auch als einen Anfang des Erwachens des menschlichen Geistes bezeichnen. Von all dem, was damals geschaffen und gedacht wurde, lebt die Menschheit bis heute. Während früher nach einer neuen Bedeutung und Fragwürdigkeit in allem menschlichen Tun gesucht wurde, ist es heute eher ein Kampf um Transzendenz. Um wirklichen Frieden auf der Welt zu schaffen, müssen wir eine gemeinsame Basis finden. Denn je verwandter wir werden, desto näher fühlen wir uns. Dies kann nur ein neues, uns allen gemeinsames Bewusstsein sein, eine gemeinsame Wirklichkeit, die jede individuelle Wirklichkeit übersteigt. Viele Menschen sind auf der Suche, um die Enge ihres Ego-Bewusstseins zu überwinden. Bewusst oder unbewusst suchen sie den Absprung in die grenzenlose Weite und nach einer Erweiterung und Vertiefung ihres menschlichen Seins.

F: Eigentlich sucht der Mensch nach einer Wahrheit, die nicht mehr verloren gehen kann.

W: Ja. Das kann aber nur geschehen in einer Transformation des menschlichen Bewusstseins. Es wird uns langsam klar, dass wir das „gute Alte" nicht mehr zurückgewinnen und uns auch nicht mehr darauf verlassen können.

F: Sind Sie der Meinung, dass ein Weltfrieden aus der Religion kommen kann?

W: Nein. Schauen Sie sich um auf dieser Welt. Ist der Mensch besser geworden durch seine Religionen? Ich glaube, dass es nicht um einen ethisch-moralischen Grundkonsens der Religionen geht. Es geht auch nicht um eine einheitliche Weltreligion oder um eine neue Weltideologie, schon gar nicht um die Herrschaft einer einzigen Religion oder um ein Neutralisieren religiöser Inhalte. Religionen sind sich immer uneins und streiten. Wirklicher Weltfrieden kann nur von innen kommen, nie von außen.

F: Aber wenn Sie all das ablehnen, was ist dann Ihre Meinung?

W: Der Erdball ist die gemeinsame Heimat der ganzen Menschheit. Das muss uns klar werden. Alle Grenzen sind nur in unserem Kopf. Wir sollten zum wesentlichen Kern unseres existenziellen Menschseins vorstoßen. Dabei geht es um die Erkundung und Ausweitung von Gemeinsamkeiten. Wir sehen die Bruchlinien zwischen den großen kulturellen Systemen und Traditionen, die sich im 21. Jahrhundert sicher noch vergrößern werden. Deshalb ist es notwendig, zu kultur- und religionsübergreifenden Einsichten zu gelangen, um sie dann wieder in jede einzelne Kultur neu einzubetten. Das mythische Denken früher, das Götterdenken, wurde abgelöst von einem theozentrischen Weltbild, dem Bild der Schöpferrolle eines obersten Gottes. Aber auch dieses theozentrische Weltbild wird abgelöst werden zugunsten eines mystischen Bewusstseins und Weltbildes. Die Entfaltung der dualistischen Denkmuster ist abgeschlossen, wir befinden uns schon inmitten eines neuen Weltdeutungsmodells.

F: Warum sind Sie da so sicher?

W: Eine im Außen immer stärker vernetzte Welt weist auf eine innere Vernetzung hin. *Ein* Wassertropfen allein ist sehr schwach und klein, wenn er aus dem Meer genommen wird. Vielen Menschen ist dies bewusst, sie suchen daher nach der Ganzheit, dem Meer, im Vertrauen auf diese letzte Wirklichkeit. Letztlich ist es eigentlich die Quelle, aus der alle Religionen kommen, die gesucht wird.

F: Wird der neue Mensch unreligiös sein?

W: Nein. Aber er ist eigentlich viel weiter als derjenige, der sich an etwas klammert, und sei es an eine Religion. Wir sollten von der Außenperspektive „ich bin hier“ und „Gott ist dort“ zu einer Innenperspektive gelangen und unabhängig werden von Religionen und ihren moralischen Vorstellungen „du sollst nicht“. Eine der wesentlichen Erfahrungen ist „ich kann nicht“, weil es mich selber treffen würde. Trotzdem geht es mir nicht um einen Absolutheitsanspruch, der von außen nach innen verlagert wird. Auch die Geschichte lehrt, dass selbst friedliche Kulturbegegnungen zum Scheitern verurteilt waren, wenn Absolutheitsansprüche am Werk waren. Diese Entwicklung wird von ganz allein ihren Lauf nehmen. Vielen Menschen, die bereits in das neue Bewusstsein eingedrungen sind, ist es klar, dass die Wege der anderen Menschen einfach andere sind, ohne deswegen falsch zu sein. Wir müssen unsere eigenen Erfahrungen machen und uns die freie Wahl einräumen, auch einen „falschen“ Weg zu beschreiten. Der schnellste Weg zum Ziel ist eben oft ein Umweg.

F: Wenn ich Sie richtig verstehe, müssen wir bis in den Kern der Religion vordringen, ihren innersten Sinn erkennen, um dann die Religion zu vergessen?

W: Vergessen werden wir sie sicher nicht, so wenig wie ein Angler die Angel vergessen wird, wenn er den Fisch gefangen hat. Aber er ist nicht mehr auf die Angel angewiesen. Wenn man Religion als Boot betrachten könnte, das uns zum anderen Ufer hinüberträgt, wäre es doch wirklich dumm, dort angekommen, das Boot noch weiter ständig mit sich herumzutragen. Diejenigen, die bis zur Quelle einer Religion vorgestoßen sind, erkennen, dass das Wesen aller Religionen im tiefsten Inneren absolut leer ist. Diese Leerheit ist vollkommen identisch mit uns selbst. Wenn diese wahre Identität gefunden und erfahren wurde, gibt es kein Christentum mehr, keinen Buddhismus, Islam oder Hinduismus. Wer das Herz seiner Religion gefunden hat, wird feststellen, dass da keine Religion ist.

F: Können Sie das genauer erklären?

W: Nehmen Sie als Beispiel das Wasser. Es gibt viele Arten von Wasser: Regenwasser, Grundwasser, Toilettenwasser, Urin usw. Wenn wir aber durch die verunreinigenden Elemente hindurchschauen, sehen wir, dass das Wasser immer das gleiche ist. So viele Arten von Wasser es auch geben mag, in ihrem Wesen sind sie alle gleich. Natürlich wehrt sich ein religiöser Mensch sofort gegen solche Vorstellungen. Es kann nie um eine Vereinheitlichung aller Religionen gehen. Das ist nicht möglich. Grundwasser ist nun einmal Grundwasser, ich kann keinen Urin daraus machen. Aber die Essenz ist die Gleiche. Wenn für uns Religionen unterschiedlich sind, dann ist das nur deshalb so, weil wir sie aufgrund äußerer Erscheinungen betrachten. Würden wir das Wasser näher untersuchen, könnten wir feststellen: Da ist eigentlich kein Wasser. Da sind nur zwei Teile Wasserstoff und ein Teil Sauerstoff. Es bleibt kein Wasser übrig. Das, was wir als Wasser bezeichnet haben, ist verschwunden. Was bleibt, ist lediglich etwas, das wir so genannt haben, das aber in sich absolut leer ist. Wir können diese Essenz nennen, wie wir wollen, Gott, Tao, Buddhanatur oder Wesensgrund, aber wir können es nicht eingrenzen oder beschränken auf Christentum, Buddhismus oder Islam. Solche Definitionen werden nur von *den* Menschen vorgenommen, die das wahre Wesen für sich noch nicht erfahren haben. Sie haben eben einfach nur die äußere Ebene kennengelernt. Buddha wollte uns klarmachen, dass es keine Person und kein separates Individuum gibt, sondern nur Phänomene, Erscheinungen, für die wir Namen und Bezeichnungen erfunden haben. Deswegen gibt Buddha seiner Lehre keinen Namen, er hinterlässt auch nichts Schriftliches. Was wir Menschen daraus gemacht haben, wird eben einfach Buddhismus genannt.

F: Wenn ich Sie richtig verstanden habe, sagen Sie, wenn diese letzte Ebene, das Absolute, erreicht worden ist, existiert nicht einmal mehr der Mensch?

W: Das ist richtig. Unser tiefstes Wesen ist absolut leer. Auf dieser Ebene ist der Mensch vollkommen verschwunden. Es existiert nur noch die reine Aktion, die reine Dynamik. Da gibt es kein Gelb oder Grün, kein Östlich oder Westlich, kein Christlich oder Buddhistisch. Wer sich als Christ bezeichnet, hat die tiefe Wahrheit des Christentums noch nicht erkannt. Er kennt nur einen winzigen Aspekt des Christentums. Aus diesem Grund denkt er, dass sich seine Religion von den anderen unterscheidet.

F: Weil er die eigentliche Essenz seiner Religion noch nicht erkannt hat, schaut er also auf andere Religionen herab und hält nur seine eigene für die einzig richtige?

W: Ja. Er ist der Meinung, dass nur er allein die absolute Wahrheit und den Weg zur Erlösung besitzt.

F: Sie meinen, wir sollten erkennen, dass Religionen nur Formen sind, ihre eigentliche Essenz aber verborgen ist?

W: Ja. Die Essenz ist allen gemeinsam, so unterschiedlich auch die äußeren Formen sein mögen. Nicht das Wasser ist schmutzig, sondern die Elemente, die ihm beigemischt wurden. Verbinden wir uns mit diesen Elementen, werden wir schmutzig, d. h., wir trinken kein reines, klares Wasser, sondern eingefärbtes Wasser. Körper und Geist sind von Natur aus nicht schmutzig. Nur durch unsere Unachtsamkeit und Oberflächlichkeit dringen Unreinheiten in uns ein und besetzen uns. Es sind diese unreinen Gäste, die unseren Geist verschmutzen und vernebeln. Ich glaube, wir sollten die große Chance nutzen, als Mensch geboren zu sein, und alle Möglichkeiten ausschöpfen, die dieses Leben zu bieten hat. Das Bewusstsein der Menschen wird langsam volljährig. Sie kennen sicher das Märchen von Dornröschen, einer Prinzessin, zu deren Geburt ein großes Fest gefeiert wird. Zwölf Feen wurden eingeladen und bringen Geschenke mit. Die 13. Fee aber wurde vergessen, sie wurde nicht eingeladen. So spricht sie einen Zauberspruch und alle versinken in einen tiefen Schlaf. Ein Prinz dringt jedoch in das verwunschene Schloss ein und erweckt die Prinzessin zu neuem Leben. Dieses Märchen enthält eine wichtige Botschaft für uns. Ebenso haben wir die ganze Welt eingeladen, doch das Wichtigste vergessen. Unser Leben gleicht einem Schlaf, aus dem es aufzuwachen gilt. Der Weg dahin ist ein dornenreicher und abenteuerlicher Weg, gleichwohl steht am Ende das Erwachen zu unserem wahren Wesen.

19. Kapitel
Die vier Großen Gelübde

F: Bei jedem Sesshin werden morgens und abends die vier großen Gelübde rezitiert. Das erste lautet: *Zahllos sind die Lebewesen. Ich gelobe sie alle zu retten.*[28] Ich habe dabei immer große Schwierigkeiten. Was halten Sie davon?

W: Die alten Meister stellten die Rettung aller Lebewesen immer in den Vordergrund. Heutzutage töten wir Tiere, um uns zu ernähren, wir fällen Bäume, um sie zu verarbeiten. Und selbst wenn wir zum Vegetarier geworden sind, töten wir Tiere mit jedem Schritt, ohne dass wir uns dessen bewusst sind.

F: Aber was ist mit den Menschen? Können wir sie überhaupt retten, und wovor sollen wir sie überhaupt retten?

W: Viele Fragen tauchen auf, die verstandesmäßig unbeantwortet bleiben müssen. Nicht umsonst haben so viele Menschen ihre liebe Not mit den Gelübden.

F: Kann ich denn etwas geloben, was ich sowieso nicht halten kann? Wie können wir alle Lebewesen retten? Das ist doch ein übermenschliches Unterfangen.

W: Dogen sagt: „Jede Form der Existenz sucht ernsthaft die Rettung aller Lebewesen und verkündet die Wahrheit durch ihr unaufhörliches Kommen und Gehen. Der Geist, der sich nur an die Vergangenheit hält, kann dies nicht erfassen.“[29] Wir dürfen dieses Gelübde also nicht oberflächlich oder intellektuell betrachten, denn der Verstand setzt uns immer Grenzen. Aus diesem Grund sagt Rinzai zu seinen Schülern: „Wer meine Worte durch logische Unterscheidungen zu verstehen sucht, wird nicht einmal sich selbst retten können.“[30] Das bedeutet, wenn wir uns nur auf Worte stützen, werden wir weder uns selbst, noch irgendjemanden retten können. Wir werden uns in den Worten rettungslos verirren. Gibt es denn überhaupt etwas, das gerettet werden müsste, könnten wir fragen? Gibt es etwas, das erlöst werden müsste?

F: Im Christentum wird diese Erlöserfunktion doch auf Jesus übertragen?

W: Aber geschieht Erlösung tatsächlich durch Verehrung? Kann überhaupt irgendjemand etwas für uns tun? Ist nicht alles bereits in uns selbst? Jesus hat gesagt: „Folge mir nach!“ Das bedeutet: Gehe in dich, das Himmelreich ist in dir! In der Übung des Zen sind wir auf uns selbst zurückgeworfen. Wir haben keine Ablenkungen, keine Musik, keine interessanten Worte, keine schönen Ausblicke, nur die Wand vor uns und uns selbst. Im Thomasevangelium sagt Jesus: „Wenn ihr das in euch erzeugt, wird das, was ihr habt, euch erretten. Wenn ihr das nicht in euch habt, wird das, was ihr nicht habt, euch töten.“ [31]

F: Aber was ist dieses „Das“, was wir haben, das uns erretten wird?

W: Es ist der ungeteilte Geist, der jedem Menschen zu Eigen ist, der klare Spiegel, der alles spiegelt, was vor ihm auftaucht, reines So-Sein. Rinzai sagt: „Es ist für euch wahrhaft lebensrettend, keine Unterscheidungen zu treffen. Fälschlicherweise glaubt ihr, die Dinge zu verstehen, wenn ihr ihnen Namen und Bezeichnungen gebt.“ [32] Wir sehen also, es geht immer wieder darum, Sprache und Worte bei der Übung wegzulassen und *nur* zu hören, *nur* wahrzunehmen. Rettung besteht nur aus der Überwindung des Dualismus, in den wir verstrickt sind, der uns vorgaukelt, ich bin hier und du bist dort. Er lockt uns in die Falle und lässt uns grübeln: Wie soll ich denn alle Lebewesen retten? Der Dualismus spricht vom Individuum, vom Einzelnen, der sich unterscheidet vom anderen. Nicht-Zweiheit kennt nur Vernetzung unter den Lebewesen. Der Dualismus hingegen sieht nur ein Abhängigkeitsverhältnis zwischen dem Retter und dem Geretteten. Da will der Nichtraucher den Raucher vor dem Lungenkrebs retten und Eltern ihre Kinder vor dem Tinnitus durch die überlaute Hip-Hop-Musik. Der Intellekt kann die tiefe Wahrheit, die hinter den Worten steht, einfach nicht sehen. Shakyamuni Buddha sagt: „Wenn Körper und Geist auftauchen, erscheinen die verschiedenen Elemente, wenn Körper und Geist verschwinden, vergehen auch die Elemente.“ [33] Satori hat für uns eine rettende Wirkung und verwirklicht sich von selbst. Retten ist also ein

Prozess der Erkenntnis, des Erkennens unserer Wesensnatur. Vielleicht kennen Sie die Geschichte vom Vogel, der den Fisch aus dem Wasser gerettet hat, um ihn vor dem Ertrinken zu bewahren, und ganz stolz war, als er ihn oben auf den Baum gelegt hat.

F: Wollen Sie damit sagen, dass nicht jeder gerettet werden will?

W: Manchmal müssen wir auch erkennen, dass Leiden für den Menschen viel eher die Rettung sein kann als weise Worte. Rettung bedeutet für manchen Menschen eben auch das, was wir Unglück nennen. Rettung, so wie ich sie verstehe, besteht einfach darin, dass der Vogel in der Luft fliegt und der Fisch im Wasser schwimmt. Rettung besteht darin, im Augenblick zu sein. Eigentlich stellen die vier Gelübde die vier Merkmale eines Bodhisattvas dar. Der Weg nimmt seinen Anfang mit dem Auftauchen des Entschlusses, Erleuchtung zu erreichen und dem damit verbundenen Wunsch, alle fühlenden Wesen zu retten bzw. bei der Erlangung des Heils behilflich zu sein. Das Bodhisattva-Ideal hat auf entscheidende Weise den ganzen Buddhismus geprägt, und bis heute spielen die Bodhisattva-Gelübde eine wesentliche Rolle im Leben eines Zen-Schülers. Die Gelübde sind die Wurzeln der Zazen-Übung und stellen das Fundament dar, auf dem das Gebäude Zazen aufgebaut ist. Sie sind gleichsam der Bauplatz, auf dem das Gebäude Zazen steht. Jeder weiß, dass es nicht möglich ist, ein Haus zu bauen, wenn der Grund fehlt, und natürlich wird das eine durch das andere wertvoller. Fehlt also die Grundlage der Gelübde, werden keine Fortschritte im Zazen gemacht. Aufgabe der Gelübde ist es, einerseits in uns das Verlangen zu wecken, andererseits die Erleuchtung zu besiegeln. Wenn wir also die Gelübde als Baugrund bezeichnen und Zazen als das Gebäude, so stellt Satori die Möbel und Einrichtungsgegenstände dar. Alle drei gehören zusammen. Sie sind die Grundlage der Zen-Übung. Erleuchtungsgeist und Übung stützen sich auf die Gelübde und lassen uns in die höchste Freiheit durchbrechen. Schließlich sind alle Buddhas und Patriarchen diesen Weg gegangen. Das erste Gelübde beinhaltet großes Mitleid allen Lebewesen gegenüber ohne eine Spur von Hochmut oder Überheblichkeit. Es würdigt die unermesslichen Verdienste des Zazen, die Übung des Nichttuns, des absichtslosen Übens.

F: Die Gelübde wenden sich also in erster Linie an den nicht-unterscheidenden Geist?

W: Genau aus diesem Grund dürfen wir sie nicht als Ideal verstehen, sondern als Ausdruck der absoluten Wirklichkeit. Dogen Zenji hat im Shobogenzo geschrieben: „Das Verständnis von Leben und Tod ist das Mittel, womit die Bodhisattvas schließlich Rettung für sich und für andere erreichen.“ [34] Diese Einsicht in die „Wahre Natur“ hat für Dogen die Bedeutung von „Rettung“.

F: Besteht die Chance einer Rettung also darin, in diesen neuen Bewusstseinszustand zu gelangen?

W: Ja. Die Gelübde sind nichts anderes, als Ausdruck der absoluten Buddha-Natur, die weder moralisch noch unmoralisch erkennt, weder Karma noch Nicht-Karma, weder Leben noch Tod, weder Mensch noch Tier. Auf dieser Ebene ist jedes Wesen vollkommener Ausdruck des einen Geistes. Hier ist jedes Ding mit allen anderen verbunden und bildet ein untrennbares Ganzes. Ein Zen-Meister der Vergangenheit sagt es so: „Himmel, Erde und ich sind von derselben Wurzel, alle Dinge und ich sind von derselben Substanz.“ [35] Wenn wir also sanft und voller Mitgefühl mit uns selbst umgehen, werden wir nicht nur uns selbst, sondern auch alle anderen Lebewesen retten können. Zazen *ist* Erleuchtung. Sitzen ist also bereits Erleuchtung! – Wir sollten immer daran denken, wir sitzen niemals für uns allein. Wir sitzen für alle Menschen!

F: Das zweite Gelübde lautet: *Grenzenlos sind eitle Verhaftungen. Ich gelobe sie alle zu lassen.*

W: Das wäre schön, wenn uns das gelingen könnte. – Bereits im nächsten Augenblick denken wir, das geht doch gar nicht! Ich bin viel zu schwach dazu, ich bin schließlich kein Heiliger, kein Übermensch.

F: Was bedeutet in diesem Zusammenhang das Wort „eitel“?

W: Mit „eitel“ ist selbstsüchtig gemeint, das also, worauf wir besonders stolz sind, wie z. B. Aussehen, Beruf, Karriere und natürlich auch die Fortschritte im Zen. Grenzenlos sind eitle Verhaftungen. Ich gelobe sie alle zu lassen. Verhaftungen liegen meistens weit zurück. Ihr Ursprung liegt in alten Kindheitsmustern, in Traditionen, Regeln und Normen. Sie blitzen häufig in blinden Reaktionen auf, die in Wollen oder Ablehnung münden. Dazu gesellen sich Verhaftungen, die auf

Vorstellungen, eigene Vorlieben, Erwartungen oder Glaubensansichten zurückzuführen sind. Weitere Anhaftungen sind gewohnheitsmäßiges Denken, eigene alte Ansichten und vorgefasste Meinungen.

F: Eine ganze Menge, was wir da mit uns herumschleppen.

W: Und in die wir uns immer wieder verstricken. Von den Täuschungen, die uns unser unterscheidendes Begriffsvermögen vorgaukelt, gar nicht zu sprechen.

F: Wie können wir uns daraus lösen und uns von diesen tief verwurzelten Mustern befreien? Ist das überhaupt möglich?

W: Sehr leicht könnte in uns der Eindruck entstehen, es ginge darum, ein perfekter Mensch zu werden. Doch das ist nicht so. Gerade in dieser Nicht-Perfektion liegt unsere Perfektion. Trotzdem wissen wir natürlich, wie uns all diese Fesseln einengen in unserem Menschsein, uns behindern, um glücklich zu sein. Wir wissen, wenn wir Gefühlen und Aversionen nachhängen, leiden wir, denn sie erzeugen jetzt und in der Zukunft nur Unglück.

F: Wie also können wir uns von diesen konditionierten Neigungen befreien?

W: Die Antwort ist: Wir müssen uns hinsetzen. Der Wille ist da, sonst wären wir ja nicht hier. „Trachte nicht danach, ein Buddha zu werden", sagt Dogen, „denn das, was gerade ist, ist bereits Buddha". Nur das Nichtanhaften zerreißt die Fesseln und führt schließlich zur inneren Befreiung. Wir brauchen uns nicht zwanghaft von den Verhaftungen abzusondern. Es genügt, sie zu erkennen und wieder in den Augenblick der Übung zurückzukehren. Wo keine Reaktion ist, ist auch keine Ursache und somit auch kein Leiden. Es steht uns frei, Reaktionen zuzulassen, sie zu verstärken oder einfach nicht darauf zu reagieren. Wir betrachten die reine Empfindung, das reine Gefühl, das reine Geräusch, ohne Mögen oder Nichtmögen. Es kommt und geht wieder. Auf diese Weise bleibt unser Geist im Gleichgewicht, sein Friede wird nicht gestört.

F: Beim Sitzen nicht zu reagieren ist äußerst schwierig.

W: Dennoch werden diese kurzen Momente durch beharrliches Üben immer länger, bis schließlich die alte Gewohnheit, auf alles reagieren zu müssen, durchbrochen ist. So kann das Leiden beendet werden, und wir werden aufhören, Unglück über uns selbst zu bringen. Ist die Kette einmal aufgebrochen, wird das Leiden beendet, und es entsteht ein leidenschaftsloses Empfinden ohne Mögen oder Nichtmögen. Lassen wir unsere Verhaftungen los, überwinden wir die vergängliche Welt von Geburt, Alter, Krankheit und Tod und machen einer neuen inneren Wirklichkeit Platz.

F: „Ich gelobe sie zu lassen" bedeutet also, die Verhaftungen zu erkennen und loszulassen?

W: Ja. Dies ist das zweite Merkmal eines Bodhisattvas. Jeder, der ernsthaft Zazen übt, wird eine Lockerung und schließlich das Zerbrechen alter Gewohnheitsmuster erleben, sowie gleichzeitig eine Bewegung in Richtung auf das zweite Gelübde feststellen. Wir dürfen nur nicht den Mut verlieren. Wir alle sind nach langer, langer Zeit eines Marathonlaufes in das Stadion zurückgekehrt. Dieses Stadion ist jetzt hier.

F: *Unzählbar sind die Tore der Wahrheit. Ich gelobe sie zu durchschreiten.* So lautet das dritte der vier Großen Gelübde. Welches sind nun die Tore der Wahrheit?

W: Es sind die unzählbaren Augenblicke, die wir während unseres Lebens erleben. Augenblick für Augenblick durchschreiten wir die Tore der Wahrheit, die Nicht-Tore sind.

F: Was bedeutet das?

W: Jeder Augenblick ist in sich vollkommen leer. Wir nehmen ihn wahr, sind aber nicht in der Lage, ihn festzuhalten. Augenblicke kommen und gehen ständig, ohne Unterbrechung, sie sind absolut raum- und zeitlos. Dazu müssen wir nirgendwo hingehen, denn wir sind ununterbrochen davon umgeben wie der Fisch vom Wasser.

F: Aber wie gelingt es mir, überhaupt dahin zu kommen?

W: Gerade beim Sitzen taucht das Problem auf „Wo ist die Grenze zwischen Denken und einfachem Wahrnehmen? Wo beginnt das Denken und wie ist es, einfach nur wahrzunehmen? Dieses Schwierigkeit entsteht nur deshalb, weil wir es gewohnt sind, alles, was wir wahrnehmen, innerlich zu benennen, ihm ein Etikett umzuhängen. Wenn Sie wollen, könnten Sie einmal Folgendes ausprobieren. Setzten Sie sich ganz entspannt hin und schließen Sie die Augen. Stellen Sie sich vor, Ihr Kopf ist eine leere, transparente Kugel. Alles wird wahrgenommen, aber niemand ist da, der das Gehörte oder Gespürte benennt und kommentiert. Zum Vergleich und um den Unterschied wahrzunehmen, zählen Sie einmal ganz bewusst von 1 bis 5 und hören innerlich jede Zahl ganz deutlich. Seien Sie dann ruhig und hören Sie auf zu zählen. Jetzt bemerken Sie, dass da niemand ist, der in Ihnen plappert oder etwas als angenehm oder unangenehm beurteilt. – Sie haben ganz einfach aufgehört zu denken. Plötzlich ist da nur noch das Geräusch der Autos, das Husten im Raum usw. Beide Geräusche könnten ohne Schwierigkeiten miteinander ausgetauscht werden, denn es ist niemand mehr da, der das Gehörte benennt und ihm ein Etikett umhängt.

F: Sie meinen, so zu hören wie ein neugeborenes Baby, das in seinem Bettchen liegt und genau wie ich alles hört und wahrnimmt, aber noch keine Begriffe oder Worte dafür hat?

W: Ja. Dann könnten Sie feststellen, dass da keine Distanz mehr zwischen Ihnen und dem Gehörten ist, dem Auto und mir, dem Hund da draußen und mir. Jede Distanz ist verschwunden.

F: Und man kann also tatsächlich wahrnehmen, ob da jemand innerlich die Dinge benennt oder der Kommentator schweigt?

W: Ja. In diesem Augenblick werden selbst Worte bedeutungslos und austauschbar. Lassen Sie jetzt die Form der Kugel wegfallen, und im gleichen Augenblick finden Sie sich im unendlichen Raum wieder. Auf die gleiche Weise ist jetzt auch die Zeit verschwunden. Da ist nur noch das Spüren der Bauchdecke, die sich hebt und senkt, ohne ein Davor, ohne ein Danach. Selbst Schmerzen sind jetzt nur noch ein Gefühl, das weder angenehm noch unangenehm ist. Wo keine Sprache ist, ist auch kein Wissen. Aus diesem Grund sagt Hogen: „Nichtwissen ist am nächsten.“[36] Kinder spielen Ball, aber da sind keine Kinder, kein Ball, keine Bewegung, keine Worte. Wir sehen mit leeren Augen, wir hören mit leeren Ohren. Es ist eine einfache, kommentarlose Spiegelung. Wenn niemand mehr in uns ist, der die Dinge benennt, hat die Welt keine Farben mehr, keine Formen, und trotzdem sehen wir alles deutlicher als je zuvor. Geräusche verlieren ihre Bedeutung, und trotzdem hören wir intensiver als je zuvor. Vorher haben wir die Welt begrenzt, jetzt fallen die Grenzen weg. Wasser ist nicht mehr nass, es ist einfach, wie es ist. Unsere Sinnesorgane sind nur noch Tore, die uns die Welt öffnen, aber es ist niemand mehr da, der sie beurteilt und kommentiert. Die Wahrnehmung ist jetzt zu einer reinen Wahrnehmung geworden. Der Augenblick ein nackter Augenblick, das Dasein reines So-Sein. Jegliche Problematik von Leben und Tod erlischt in dem Augenblick, wo verstandesmäßiges Benennen wegfällt. Das ist der Boden, auf dem Erfahrungen wachsen können. Dieser Boden heißt Leerheit. Die Augenblicke, die auf diesen Boden fallen, sind die Perlen auf der Schnur unseres Lebens. Ängste und Konditionierungen lösen sich auf, und das Leben wird wieder einfach und klar.

F: Da sitze ich also, bin hochkonzentriert, und was geschieht? Werbung! Gedanken überschwemmen meinen Geist. Wie schön wäre es, denke ich, wenn meine Beine nicht wehtäten, wenn ich mein Lieblingsessen hätte, usw. Werbung, Werbung, Werbung. Ich male mir die tollsten Sachen aus, aber mit einem Mal erkenne ich, hoppla, ich bin ja gar nicht mehr da! Wie schön wäre Sitzen ohne diese lästige Werbung, die immer dann auftaucht, wenn ich gerade mitten drin bin! Ich mache mir Vorwürfe und gehe mit mir ins Gericht, dabei merke ich gar nicht, dass ich das eine durch etwas anderes ersetze. Der ganz normale Wahnsinn. Was soll ich also tun?

W: Die Antwort ist: Nichts. Im Zen geht es nie darum, werbefreies Fernsehen zu erzeugen, sondern immer nur darum, all das, was in uns auftaucht, wahrzunehmen und wieder fallen zu lassen. Erkennen Sie einfach, dass es nur Werbung ist. Das ist der Prozess der „passiven Reinigung“, von der Johannes vom Kreuz spricht. Das ist der eiserne Besen, der unser Inneres reinigt. Es geht nur darum, sich hinzusetzen, ohne etwas zu wollen. Trotz allem wünsche ich Ihnen natürlich ein werbefreies Fernsehen. Seien Sie hellwach für das, was gerade ist. Das ist es, was alle Zen-Meister uns immer wieder klarmachen wollen. Bleib nicht stehen, geh weiter! Nur aus diesem Grund schlagen Meister ihre Schüler, um sie immer wieder in den Augenblick zu stoßen, um ihnen klarzumachen: Das ist es! Alles Nachdenken darüber ist nur Überdeckung, nur Interpretation. Glück lässt sich nicht interpretieren.

Deshalb sage ich: „Wenn ihr geht, dann geht einfach und beobachtet, wie eure Füße von ganz allein gehen. Wenn ihr sitzt, dann sitzt einfach, d. h. hört, fühlt, nehmt wahr, ohne sprachliche Überdeckungen, ohne Zweck und Absicht, ohne Ziel."

F: Das vierte Gelübde lautet: *Unübertroffen ist der Weg des Erwachens. Ich gelobe ihn zu gehen.* Was ist dieser Weg, den ich gelobe zu gehen? Und wo ist dieser Weg?

W: Diese wichtigen Fragen wurden schon früher gestellt. Im 48. Koan des Mumonkan stellt ein Mönch Meister Kempo folgende Frage: „In einem Sutra heißt es: ‚Die Bhagavats der zehn Richtungen – ein WEG zum Tor des Nirvana.' Ich möchte gerne wissen: Wo ist dieser WEG?" Kempo hob seinen Stab, zog eine Linie und sagte: „Hier ist der WEG."[37] Zu allen Zeiten haben Schüler ihre Lehrer immer wieder gefragt: Wo soll ich denn suchen, um es zu erreichen? Hier kann es doch nicht sein, in diesem gewöhnlichen Leben, mit diesem gewöhnlichen Geist! So fragte auch der 20-jährige Joshu seinen Meister Nansen: „Was ist der WEG?" Nansen antwortete ihm: „Der gewöhnliche, alltägliche Geist ist es." Joshu bohrte weiter: „Ist es dann trotzdem nötig, nach ihm zu streben und zu üben?" Nansen erwiderte: „Wenn du nach ihm strebst, handelst du ihm zuwider." Joshu fragte weiter: „Wenn man nicht nach ihm strebt, wie kann ich ihn dann verstehen?" Nansen: „Der WEG hat nichts zu tun mit Verstehen oder Nichtverstehen. Verstehen ist falsche Kenntnis, Nichtverstehen ist Unbewusstheit. Wenn du wirklich den WEG jenseits jeglicher Bemühung erreichst, dann ist es wie der große weite Himmel, wunderbare Leere. Warum willst du mit Gewalt richtig und falsch erzeugen?" Bei diesen Worten erfuhr Joshu die Erleuchtung.[38] Der Weg hat also nichts zu tun mit lang oder kurz, mit etwas, dem man sich zuwenden müsste. Der Weg lässt sich auch nicht aufgliedern oder einteilen. Er ist vielmehr die Wahrheit in sich, direkt unter unseren Füßen. Wir können uns ihm gar nicht zuwenden, denn er ist immer da. Sich ihm zuzuwenden würde bedeuten, den Weg außerhalb von sich selbst zu suchen.

F: Wir sind also bereits da und müssen nichts erreichen?

W: Ja. Das lässt sich nicht begreifen, sondern nur erfahren. Aus diesem Grund gibt es die ganzen Koans. Das Anliegen aller Zen-Meister war stets, den Schüler in den Augenblick zu stoßen, denn nur hier liegt die Wahrheit, nur hier liegt die Wirklichkeit. Der Weg ist also nicht in abstrakten Ideen, Dogmen oder begrifflichem Denken zu finden. Deshalb sagt Nansen im 34. Koan des Mumonkan: „Wissen ist nicht der WEG“.[39] Und Sosan, der 3. chinesische Zen-Patriarch, sagt: „Der höchste WEG ist nicht schwer, wenn du nur aufhörst zu wählen.“[40] Wählen bedeutet immer, verstandesmäßig zu sortieren, um sich das Beste auszusuchen. Das Leben zu nehmen, wie es ist, bedeutet Nichtwählen. Sich dem eigenen Wesen anzuvertrauen ist die Verschmelzung mit dem Weg. Da, wo wir gerade sind, genau dort ist der Weg.

F: Wie können wir das annehmen? Vielleicht jetzt und hier. Aber zu Hause, wenn ich wieder einmal vor einem Berg mit Bügelwäsche sitze, wie ist es dann? Wenn da nur nicht dieses dumme Bügeln wäre. Bügeln, denke ich, ist das auch der Weg? Das kann es doch nicht sein?

W: Doch! Bügeln ist sogar ein sehr gefährlicher Weg. Leicht geraten wir dabei aus dem Tritt – und sind im Nu abgestürzt ins Reich der Fantasie. Wer kann schon einfach nur bügeln? Probieren Sie es doch selbst einmal aus, wie das Bügeln von ganz alleine funktioniert. Sie sehen sich beim Bügeln zu, in diesem Augenblick ist niemand mehr da, der bügelt. Hin und her und hin und her, das ist der Weg des Erwachens. Gerade die Dinge, die wir nicht gerne tun, die aber dennoch getan werden müssen, sind es, woran wir im Alltag üben können. Dieser anscheinend immer gleiche Trott des Alltags, dieser ganz normale Wahnsinn, das ist unser Übungsfeld.

F: Vielleicht mache ich den Fehler, immer nach etwas Wunderbarem, Außergewöhnlichem Ausschau zu halten?

W: Der höchste Weg hat nichts Außergewöhnliches an sich! Der Vers im 12. Beispiel des Mumonkan schildert diesen Zustand ganz drastisch. Da heißt es: „Viele, die den WEG erlernen, erfahren die Wahrheit nicht. Der Grund ist so einfach: Nur mit dem unterscheidenden Bewusstsein, das Sie schon immer hatten, nehmen Sie wahr. Das ist der Ursprung des endlosen Kreislaufs von Leben und Tod. Nur Dummköpfe halten es für das wahre Selbst.“[41]

F: Unser unterscheidendes Bewusstsein, der Dualismus, trennt mich also von der Erfahrung der Wahrheit?

W: Ja. Huang-po sagt: „Wenn Gelegenheit für Übungen vorhanden ist, führe sie aus. Wenn die Gelegenheit vorüber ist, gib Ruhe.“ [42] In diesen Stunden der inneren Zurückgezogenheit gibt es für uns keine Gelegenheit zu handeln.

F: Wie können wir aber Ruhe geben? Wo können wir die Ruhe finden?

W: Wer die Ruhe sucht, findet Unruhe. Wer die Ordnung sucht, findet immer nur Chaos. Wer die Stille sucht, fühlt sich vom Lärm belästigt. Nur der, der sich in die Unruhe stürzt, findet Ruhe. Nur der, der das innere Chaos akzeptiert, findet die Ordnung. Und nur der, der die Geräusche um sich herum annimmt, wird die Stille finden, denn in unserem tiefsten Wesen sind wir Stille, Ordnung und Ruhe, auch wenn hie und da die Gegenpole aufblitzen.

F: Der Weg besteht letztlich darin, sich selbst und alles darum herum zu akzeptieren?

W: Ja. Nur so werden wir eins mit dem Weg.

20. Kapitel
Üben

F: Ein wesentlicher Punkt im Zen ist meiner Meinung nach das regelmäßige Üben.

W: Das ist richtig, aber oft nicht einfach, weil unser Ich ständig nach Ausreden sucht, sich nicht hinsetzen zu müssen.

F: Was würden Sie jemandem empfehlen, der gerade begonnen hat, den Zen-Weg zu gehen?

W: Klavierspielen lernt man nicht, wenn man nur einmal in der Woche den Klavierunterricht besucht. Das regelmäßige und konsequente Üben zu Hause ist das Wichtigste.

F: Was könnte dabei für den Anfänger hilfreich sein?

W: Er sollte sich in seiner Wohnung einen Platz herrichten, wo er täglich üben kann. Dort liegt dann das Kissen oder das Bänkchen auf einer Unterlage. Man kann sich diesen Ort schön gestalten mit Blumen oder Räucherstäbchen. Der Platz sollte eine gewisse Atmosphäre ausstrahlen, denn es ist ein besonderer Ort. Als Nächstes sollte man sich eine Tageszeit überlegen, zu der man regelmäßig sitzen kann. Für den einen ist es besser, früh am Morgen zu sitzen, für einen anderen am Abend. Wir Menschen sind nun einmal Gewohnheitstiere. Nach einiger Zeit gewöhnt man sich an diese Sitzzeit, was das konsequente Sitzen erleichtert.

F: Ich habe mich früher immer daran gestört, wenn Autos vorbeifuhren oder ein Hund ständig gebellt hat.

W: Ja, mir ging es genauso. Am liebsten hätte ich mich in einen schalldichten Raum zurückgezogen, um ganz ungestört zu sein. Erst nach und nach wurde mir klar, dass jedes Geräusch außerordentlich hilfreich ist, weil es mich in den Augenblick zurückholt. Wir sind am

Anfang der Meinung, dass das Zuknallen der Türen hinderlich ist, um beim Atem zu bleiben, oder, anders ausgedrückt, wir wollen unsere Sinne verschließen. In Wirklichkeit ist es aber nicht die Tür, die zugeknallt wird, die mich stört, sondern die damit verbundenen Gedanken. „Warum streiten die Kinder wieder? Können sie nicht eine halbe Stunde auf mich Rücksicht nehmen? Was stellen sie nun schon wieder an?"

F: Das klingt sehr nach Praxis.

W: Ja. Ich habe drei Kinder. Aber mit der Zeit lernen sie und wissen, der Papa sitzt wieder, und sie finden das ganz normal.

F: Was glauben Sie, ist der größte Fehler des „Anfängers"?

W: Dass er am Anfang zu viel erreichen will. Wir sollten froh sein, wenn es uns gelingt, uns täglich hinzusetzen. Das ist schon eine ganze Menge. Alles andere ergibt sich dann von alleine.

F: Und welche Hindernisse gibt es bei den „Fortgeschrittenen"?

W: Eines der Hindernisse ist es zu glauben, bereits alles erreicht zu haben und den sogenannten „Zen-Gestank" um sich zu verbreiten.

F: Meinen Sie damit dieses esoterische Gehabe?

W: Ja. Es verbindet sich mit Besserwisserei und Hochmut. Ich glaube, es ist wichtig, Zen auch wieder zu vergessen und ein ganz normaler und einfacher Mensch zu werden.

21. Kapitel
Epilog

F: Eigentlich haben wir uns während der ganzen Gespräche nur im Kreis gedreht.

W: Das ist stimmt. Der Kreis ist ein Symbol der Leerheit.

F: Glauben Sie, damit etwas bewirken zu können?

W: Warum sollte ich etwas bewirken wollen? Ich habe doch kein Wort gesagt.

F: Sie haben nichts gesagt?

W: Nein.

F: Sie meinen, nicht Sie waren es, der gesprochen hat?

W: Es geht eigentlich immer um den Inhalt, nicht aber um die Worthülsen. Schauen Sie, ich lehre auch in der Schule die Kinder Meditation. Eines der Mädchen sagte mir einmal am Ende der Stunde: „Herr Walter, ich habe alles gehört, was Sie gesagt haben, aber ich habe nichts verstanden." Sie meinte damit nicht ein intellektuelles Verständnis, sondern ein Hören auf einer anderen Ebene.

F: Und trotzdem bewirkt es etwas?

W: Ja, das Eintauchen in eine neue Wirklichkeit. Diese Wirklichkeit kann nicht verstanden werden, sie kann nur erfahren werden. Das Mädchen hat diese Wirklichkeit erfahren.

F: Welchen Rat würden Sie den Menschen unserer Tage geben?

W: (trinkt einen Schluck Tee und schweigt)

F: Haben Sie mich nicht verstanden?

W: Wer ist das, der diese Frage stellt?

F: Ich.

W: Wer ist dieses Ich?

F: Ich weiß es nicht.

W: Das ist es!

Quellenverzeichnis

[1] Romano Guardini: Der Herr, Werkbund-Verlag Würzburg, 1951.
[2] Wolfgang Walter: (Hg.) Leere Worte, S. 49, Books on Demand GmbH.
[3] Wolfgang Walter: (Hg.) Leere Worte, S. 34, Books on Demand GmbH.
[4] Sri Aurobindo: The Life Divine, New York: India Library Society, 1955, S. 69.
[5] Wolfgang Walter: (Hg.) Leere Worte, S. 6, Books on Demand GmbH.
[6] Ignatius von Loyola, Geistliche Übungen, Nach dem spanischen Autograph übersetzt von Peter Knauer, Würzburg 1988.
[7] Dogen Zenji, Shobogenzo Bd. 1, Theseus Verlag Zürich 1986, S. 47.
[8] Bankei: Die Zen-Lehre vom Ungeborenen, O.W.Barth Verlag, 1988, S.76–77.
[9] Bodhidharmas Lehre des Zen, Theseus-Verlag, 1990, S. 41.
[10] Nikolaus von Kues: Aller Dinge Einheit ist Gott, Gerd Heinz-Mohr, Benziger Verlag.
[11] Ein Christ auf dem Zen-Weg, Hermann Müller 1988 Internet, Das blaue Kloster.
[12] Romano Guardini, Der Herr, Werkbund-Verlag Würzburg, 1951, S. 361.
[13] Bankei: Die Zen-Lehre vom Ungeborenen, O. W. Barth Verlag, 1988, S. 128.
[14] W. Walter (Hg.) Die große Koan-Sammlung Bd. 2, Angkor Verlag 2001, S. 24.
[15] Suzuki Shunryu, Zen-Geist Anfänger-Geist, Theseus-Verlag Zürich, 1982, S. 29.
[16] Samyutta-Nikaya III, 22.
[17] Wolfgang Walter: (Hg.) Leere Worte, S. 50, Books on Demand GmbH.
[18] Transpersonale Psychologie und Psychotherapie – 1. Jahrgang, Heft 2, 1995.
[19] Wolfgang Walter: (Hg.) Leere Worte, S. 28, Books on Demand GmbH.
[20] Wolfgang Walter: (Hg.) Leere Worte, S. 49, Books on Demand GmbH.
[21] Dr. Armin Münch: Die Dimension der Leere als Brücke zwischen Buddhismus und Christentum, Vortrag im Tagungszentrum Stuttgart-Hohenheim 5.–7. Okt. 2001.
[22] Jakob Böhme: Von der Menschwerdung Jesu Christi, Insel-Verlag 1995, S. 164.
[23] Richard Bach: Die Möve Jonathan, Ullstein Verlag, 1989.
[24] Pali-Kanon: Majjhima-Nikaya, Mittlere Sammlung, Mahasaccaka Sutta 36.IV, 6.
[25] Thomas von Aquin; zit. N.Sertillanges, Der Heilige Thomas von Aquin, 1954, S. 524.
[26] Angelus Silesius: Cherubinischer Wandersmann, Reclam, 1984, S. 164.
[27] Karl Jaspers: Die maßgebenden Menschen, Piper, München 1988.
[28] Wolfgang Walter: (Hg.) Leere Worte, S. 6, Books on Demand GmbH.
[29] Dogen Zenji, Shobogenzo Bd. 1, Theseus Verlag Zürich 1986, S. 65.
[30] Linji: Das Denken ist wie ein wilder Affe, O. W. Barth Verlag, 1. Aufl., 1996, S. 141–142.
[31] Da gedachte ich der Perle – Thomasevangelium und Perlenlied, Benziger Verlag 1998, S. 68.
[32] Lin-chi Lu: Das Zen von Meister Rinzai – Rinzai Roku, Octopus Verlag, Wien, 1987, S. 35.
[33] Dogen Zenji, Shobogenzo Bd. 1, Theseus Verlag Zürich 1986, S. 63.
[34] Dogen Zenji, Shobogenzo Bd. 1, Theseus Verlag Zürich 1986, S. 104.
[35] Ph. Kapleau: Der 4. Pfeiler des Zen, O. W. Barth Verlag, Der Brahmane und die Ziege.
[36] W. Walter (Hg.) Die große Koan-Sammlung Bd. 2, Angkor Verlag 2001, S. 24.
[37] W. Walter (Hg.) Die große Koan-Sammlung Bd. 1, Angkor Verlag 2001, S. 84.
[38] W. Walter (Hg.) Die große Koan-Sammlung Bd. 1, Angkor Verlag 2001, S. 51.
[39] W. Walter (Hg.) Die große Koan-Sammlung Bd. 1, Angkor Verlag 2001, S. 68.
[40] Wolfgang Walter: (Hg.) Leere Worte, Books on Demand GmbH, S. 49.
[41] W. Walter (Hg.) Die große Koan-Sammlung Bd. 1, Angkor Verlag 2001, S. 44.
[42] Huang-po: Der Geist des Zen, O. W. Barth Verlag, 1987, S. 44

Weitere Bücher des Autors:

Ohne Grenzen I – Teishos zum Shoyoroku, Books on Demand.

Leere Worte – Ursprüngliche Zen-Texte, Books on Demand.

Koan-Schulung – Goi – Das Gebot der dreifachen Zuflucht – Books on Demand.

Shunyata-roku – Koan-Sammlung mit 100 Beispielen, Books on Demand .

Die große Koan-Sammlung I

Gemischte Koan, Mumonkan, Hekiganroku, Angkor Verlag.

Die große Koan-Sammlung II

Shoyoroku, Denkoroku, Echo der Leerheit, Angkor-Verlag.

Homepage: www.zen-walter.de
E-Mail: w.k.walter@gmx.de
Tel.: 0 87 52 / 72 18

Adresse:
W. Walter
Mozartstraße 2
84072 Au/Hallertau

Weitere Bücher aus dem Verlag Via Nova:

Wohin unsere Sehnsucht führt

Mystik im 21. Jahrhundert

2. Auflage

Willigis Jäger

Paperback, 328 Seiten – ISBN 3-936486-21-2

Der bekannte Benediktinerpater und Zenmeister Willigis Jäger legt eine Sammlung von Texten vor, die um einen einzigen Themenkomplex kreisen: das Göttliche und den Menschen in seinem Verhältnis zum Göttlichen. Um diese mystische Erfahrung dem Leser nahe zu bringen, macht der Verfasser immer wieder deutlich, dass Jesus die Menschen in diese Fülle des Lebens führen wollte. Er interpretiert die biblischen Aussagen unter diesem Gesichtspunkt völlig neu und vermittelt damit den suchenden Menschen unserer Zeit, die sich von den traditionellen Glaubenslehren nicht mehr genügend angesprochen fühlen, tiefere Einsichten und neue Perspektiven von Gott, Religion und Welt. Gleichzeitig werden aus der mystischen Tiefe kommende Anweisungen und Lebenshilfen für die Bewältigung des Alltags gegeben.

27 Perlen der Weisheit von Willigis Jäger

Keiko Nimura-Eckert (Hrsg.)
Gerd Aumeier (Fotoillustrationen)

Hardcover, 96 Seiten – ISBN 3-936486-44-1

Der bekannte Zenmeister und Kontemplationslehrer Willigis Jäger ist heute für viele Menschen zu einem Wegbegleiter auf dem Weg nach innen geworden. Eine langjährige Schülerin von Willigis Jäger, die Japanerin Dr. Keiko Nimura-Eckert, hat 27 Texte aus den Veröffentlichungen ihres Meisters mit Liebe und Achtsamkeit ausgesucht. (Die Zahl 27 ist in Japan eine heilige Zahl spirituellen Wachstums.) Sie geben Antwort auf die Grundfragen des Lebens, die heute so viele Menschen bewegen. Der Fotodesigner und Künstler Gerd Aumeier hat aus seiner eigenen meditativen Praxis schöpfend mit einer durchgehenden visuellen Symbolsprache spirituelle Inhalte in künstlerischen Farbillustrationen sichtbar gemacht. So ist ein attraktiver Band mit spirituellem und künstlerischem Tiefgang entstanden, der nicht nur zur persönlichen Besinnung einlädt und der Wahrheits- und Sinnsuche dient. Er ist sowohl in seiner äußeren Form als auch vom Inhalt her als ein anspruchsvolles Geschenk geeignet.

Gesang der Stille

Spirituelle Gedichte der Weggemeinschaft Willigis Jäger

Willigis Jäger / Christa Spannbauer (Hrsg.)

Hardcover, 104 Seiten, 8 Tuschebilder – ISBN 3-936486-75-1

Gesang der Stille beinhaltet Gedichte von Menschen, die einen spirituellen Weg gehen. Mittels der poetischen Sprache tasten sich die Gedichte an Erfahrungen heran, die in der Stille unseres Seelengrundes gesammelt werden. Die große Errungenschaft dieser Gedichte liegt darin, dass sie spirituellen Tiefenerfahrungen Ausdruck zu verleihen vermögen. Angesiedelt an der Grenze zur Wortlosigkeit entfalten sie an eben diesem Ort eine Sprache ungeheurer Kraft und Fülle. Mittels der Lyrik wird hier das kaum Mögliche möglich gemacht: Der Gesang der Stille wird zum Klingen gebracht, so dass der Leser seine Schwingung tief in seinem Inneren spüren kann. Geboren aus der Kraft der Stille werden die Gedichte zu Liebesgedichten. Menschen haben sie nach einer spirituellen Erfahrung geschrieben. Sie durften eine Liebe erfahren, die alle Trennung aufhebt und die in den ursprünglichen Zustand der Einheit allen Seins führt. Zu einigen Gedichten hat die Künstlerin Gundula Schneidewind zur Verstärkung der spirituellen Aussage Tuschebilder gemalt.

Spirituelle Vorträge auf 2 CDs

Willigis Jäger

Grundlagen der integralen Spiritualität

Barbara Schenkbier

Das Öffnen der Tore zu einem neuen Bewusstsein

ISBN 3-936486-43-3

Zwei bedeutende spirituelle Lehrer unserer Zeit begleiten Sie mit zwei beeindruckenden Vorträgen, die sie gemeinsam auf einer Vortragsreise gehalten haben, auf Ihrem Weg.

Willigis Jäger, der bekannte Buchautor, Zenmeister und Kontemplationslehrer, nimmt seine Zuhörer gleichsam an die Hand, um sie in ihre eigene Tiefe auf dem Weg in ein neues Bewusstsein zu begleiten. Er macht vor allem deutlich, dass die Erkenntnisform der Zukunft zur Lösung aller Menschheitsprobleme nur in der Erfahrung der Einheit allen Seins möglich wird. Durch viele Geschichten und Beispiele verdeutlicht, eröffnet er dem Zuhörer eine neue Sicht von Gott, Mensch, Welt und Religion. Willigis Jäger spricht über die Hindernisse auf dem Weg nach innen und wie sie überwunden werden.

Barbara Schenkbier, die durch ihr Buch *„Die Vision vom göttlichen Menschen"* in weiten Kreisen bekannt wurde, macht den Zuhörern mit Hilfe von überzeugenden Argumenten aus verschiedenen Wissensgebieten deutlich, dass ein neues Bewusstsein als eine nicht zu leugnende Wirklichkeit in die Manifestation drängt. Sie gibt vor allem dem Zuhörer Schlüssel an die Hand, die die Tore zu dem neuen, ganzheitlichen und mit allem Sein bestehenden und vernetzten Bewusstsein öffnen können.

Geh den Weg der Mystiker

Meister Eckharts Lehren für die spirituelle Praxis im Alltag

Peter Reiter

Hardcover, 304 Seiten – ISBN 3-936486-37-9

Noch nie war Mystik so spannend, so aufregend! Zeitgemäß, lebendig und alltagsorientiert vermittelt der Meister-Eckhart-Experte Peter Reiter die Lehre des größten deutschen Mystikers – exemplarisch für alle mystischen Traditionen. Die Kraft und Inspirationen der Lehre Meister Eckharts werden hier so vermittelt, dass sie direkt ins Herz des Lesers fließen. Schritt für Schritt begleitet Peter Reiter den Suchenden an den Ort, wohin der alte Meister schon seine Zuhörer führte: zur unmittelbaren Erfahrung des All-Eins-Seins inmitten der Welt, ins Hier und Jetzt! In allen Lebensbereichen kann das Göttliche geahnt, gefühlt und erfahren werden. Der Weg zum Ziel führt mit entsprechenden Übungen über verschiedene Etappen: Mitgefühl mit allem Sein, leben in Gelassenheit, Widerstand aufgeben, die Welt annehmen, Verantwortung übernehmen, Altes bereinigen, Bewerten und Verurteilen sein lassen, mit Trauer und Leid umgehen und die Liebe leben. Die Übungen im Geiste Eckharts stammen aus verschiedenen mystischen Schulen und geistigen Traditionen.

Rückkehr zur Quelle

Der Weg zur Erfahrung Gottes

Wilson van Dusen

Paperback, 312 Seiten – ISBN 3-936486-61-1

Wilson van Dusen macht in diesem Buch deutlich, dass Gotteserfahrungen weder selten noch schwierig zu erlangen sind. Es ist vielmehr unser menschliches Verständnis, das der Verbesserung bedarf, um die kleinen, oft scheinbar alltäglichen Zeichen zu erkennen, die Gottes Gegenwart offenbaren. Schrittweise wird der Leser in diesem spannenden Buch an Wege zur un-mittelbaren Gotteserfahrung herangeführt, indem der Verfasser einfühlsam und humorvoll zugleich verschiedene Aspekte mystischer Erfahrung darstellt und kleinere und größere Veränderungen in der Wahrnehmung und im Verständnis des Gott Suchenden beschreibt, die ihn zum Prozess der Gotteserfahrung hinführen. Dabei beschränkt er sich nicht auf eine bestimmte Religion, sondern erschafft aus verschiedenen Traditionen eine Synthese, die frei von jeglicher Doktrin ist.

Auf halbem Weg zum Gipfel der Erleuchtung

Die Gefahren und Irrtümer verfrühter Ansprüche, erleuchtet zu sein.

Mariana Caplan

Paperback, 272 Seiten – ISBN 3-928632-95-7

Welches sind die Maßstäbe für Erleuchtung? Werden wir jemals ganz oben auf dem Gipfel ankommen? Welche Fallen und Krisen erwarten uns auf dem Weg zum Gipfel? Diesen und vielen anderen Fragen ist Mariana Caplan in dem vorliegenden Buch nachgegangen. Zu diesem Zweck studierte sie die Schriften berühmter spiritueller Lehrer aus allen Epochen, unter ihnen Johannes vom Kreuz, Carlos Castaneda, Chogyam Trungpa und viele andere. Des weiteren führte sie viele persönliche Interviews mit bekannten spirituellen Meistern unserer heutigen Zeit. Dieses Buch beschreibt offen alle Fallgruben und Hindernisse, die dem Menschen auf seinem spirituellen Weg begegnen können. Es zeigt uns, wie Macht und Korruption unser Ego verführen, und welche Krisen uns auf unserem Weg erwarten. Zugleich weist es aber auch Wege durch das „Minenfeld" falscher Erleuchtung und zeigt, wie man trotz aller Gefahren auf den richtigen Weg zurückfindet.

50 Wege, loszulassen und glücklich zu sein

4. Auflage

Wegweiser, Vergangenes loszulassen und glücklich in der Gegenwart zu leben

Chuck Spezzano

Hardcover, 168 Seiten – ISBN 3-936486-20-4

Dieses Buch des weltweit bekannten Lebenslehrers Chuck Spezzano ist ein wichtiger Wegweiser für alle, die einen Ausweg aus ihrer Lebenskrise suchen, eine Veränderung in ihrem Leben herbeiführen und eine bessere und glücklichere Gegenwart und Zukunft für sich eröffnen wollen. In kurzen und einprägsamen Lektionen erklärt der Verfasser an vielen Beispielen, wie alte Muster aus der Vergangenheit unser Handeln in der Gegenwart beeinflussen, und macht deutlich, dass wir nur dann wahrhaftig glücklich sein können, wenn wir die Fähigkeit entwickeln, Vergangenes loszulassen. Die Wahrheit seiner Lehren und Prinzipien erweist sich immer wieder in ihrer praktischen Umsetzung im Alltag, ganz gleich, ob die Krise durch den Verlust einer Beziehung, den Tod eines geliebten Menschen oder den Verlust der Gesundheit oder des Arbeitsplatzes ausgelöst wurde. Dieses Buch wird zu einem Ratgeber, Lehrer und weisen Freund werden, der dem Leser jederzeit hilfreich zur Seite steht.

Der Weg zum Christus-Bewusstsein

Eine Landkarte für spirituelles Wachstum in die Tiefe der Seele

Jim Marion

Hardcover, 296 Seiten – ISBN 3-936486-27-1

Gestützt auf das Werk des bekannten Bewusstseinsforschers Ken Wilber und auf das Modell der stufenweisen Bewusstseinsentwicklung, zeichnet der Verfasser unter Berücksichtigung der neuesten Erkenntnisse auf dem Gebiet der Psychologie, aber auch des Neuen Testaments und so bedeutender christlicher Mystiker wie Teresa von Avila und Johannes vom Kreuz eine Karte, die uns Schritt für Schritt zu dem Bewusstsein hinführt, das Jesus als das Reich Gottes bezeichnete – zur höchsten Stufe der spirituellen Entwicklung des Menschen. Das Buch will zeigen, dass Jesu Lehren und auch sein Tod und seine Auferstehung uns den Weg zu diesem inneren Reich weisen sollten, und dass wir, wenn wir Christus in diesem Reich Gottes begegnen wollen, dies tun müssen, solange wir als Menschen hier auf dieser Erde leben. Ken Wilber schreibt in seinem Vorwort: „Das Buch ist eine wahrhaft inspirierende Offenbarung und ein behutsamer Führer in die tiefsten Bereiche unserer eigenen Seele."

Mit Gewinn alt werden

Manfred Arndt

Hardcover, 160 Seiten – ISBN 3-936486-69-7

Mit Gewinn alt werden, wie könnte das aussehen? Angesichts der zunehmenden Zahl alter Menschen geht es in diesem Buch um einige Aspekte einer „Kultur des Alterns". Vor Augen geführt werden in erster Linie zu beobachtende Entwicklungen und mögliche Weichenstellungen im Leben „junger Alter". „Anders altern" heißt für den Verfasser, das Augenmerk nicht vornehmlich auf die Erhaltung der Jugendlichkeit oder, im Gegenteil, auf den unentrinnbaren Verfall zu richten, sondern – trotz aller Einschränkungen – auf die im Grundton positive, lohnende, befreiende, wenn nicht gar genussvolle Chance nochmaliger Bereicherung, persönlicher Reifung und Verwandlung, eingedenk des bereits deutlich sichtbaren Lebensendes.

Kultur des Wohlwollens

Aus der Kraft des Herzens leben

Helga Kerschbaum

Hardcover, 248 Seiten – ISBN 3-936486-45-X

Die Kultur des Wohlwollens will in einer Zeit der Pluralitäten, Multipolaritäten und Spaltungen ein Bewusstsein für das „allen Gemeinsame" bilden und auch jene Einheit bewusst machen, die erst alle Vielheit schafft. Sie sucht das Verbindende, die gemeinsame Wurzel der Kulturen und Religionen. Sie beruht auf einem Wohlwollen, das in der Spiritualität grundgelegt ist und auch als „aktives Mitgefühl" bezeichnet werden kann. *„Kultur des Wohlwollens"* beschreibt das kultur- und religionsübergreifende Urmuster des allem zugrunde liegenden Seins. Aus diesem wird eine Ethik, die zu Handlungsweisheit führt, entwickelt. Aus einer holistischen Weitsicht und den großen spirituellen Menschheitserfahrungen werden jene Segenswerte formuliert, die zu den fundamentalen Bedürfnissen gelungenen Lebens gehören. „Darin liegt aber gerade die Stärke dieses Buches, dass es Einsicht und Motivation bringt, die aus der Tiefe unseres Menschseins kommen. Die Liebe und die Sorge um unsere Spezies hat dieses Buch geschrieben." *Willigis Jäger in seinem Geleitwort*

Kontemplation und Mystik

Paperback, 48 Seiten, zwei Ausgaben: Frühjahr und Herbst

ISSN 1610-2185

Kontemplation und Mystik ist eine **Zeitschrift** zu Praxis und Theorie kontemplativen Lebens. Ihr Anliegen ist, den alten, fast vergessenen christlichen Gebetsweg der Kontemplation wieder bekannt zu machen, der in den Raum mystischer Erfahrungen führt. So möchte diese Zeitschrift all jenen als Forum dienen, die sich der mystischen Tradition verbunden fühlen und konkrete Anregungen und Impulse für den eigenen spirituellen Weg suchen. Damit dient die Zeitschrift dem Dialog sowohl innerhalb der christlichen Tradition sowie zwischen den verschiedenen mystischen Erfahrungswegen der Religionen als auch den angrenzenden Wissensgebieten und Forschungsfeldern, insbesondere der transpersonalen Psychologie.

Die Beiträge in **„Kontemplation und Mystik"** sind aus der Erfahrung heraus für die Erfahrung transpersonaler, mystischer Bewusstseinsräume geschrieben. Sie berücksichtigen gleichermaßen die mystische Tradition sowie deren Verwirklichung im spirituellen Alltag. So ist diese Zeitschrift ein wichtiger Begleiter auf dem Weg nach innen.